Gilles et Jacques

Les Villeneuve et moi

Pierre Lecours

Gilles et Jacques

Les Villeneuve et moi

Stanké

Données de catalogage avant publication (Canada)

Lecours, Pierre

Gilles et Jacques: les Villeneuve et moi

ISBN 2-7604-0635-0

1. Villeneuve, Gilles, 1950-1982. 2. Villeneuve, Jacques, 1971-   . 3. Courses automobiles. 4. Lecours, Pierre. 5. Coureurs automobiles - Québec (Province) - Biographies. I. Titre.

GV1032.V54L42 1998   796.72'092'2714   C98-940167-7

Infographie du cahier photos et de la couverture: Gaston Dugas

Infographie: Composition Monika, Québec

Collaboration spéciale: Jean-Guy Fugère

Les Éditions internationales Alain Stanké bénéficient du soutien financier du Conseil des Arts du Canada et de la Société de développement des entreprises culturelles (SODEC) pour leur programme de publication.

Distribué en Suisse par Diffusion Transat S.A.

En page couverture: Gilles Villeneuve *(Archives Journal de Montréal)*
Jacques Villeneuve *(ICN-Rothman's)*

En quatrième   Jacques et Mélanie embrassant leur père après une victoire.
de couverture: *(Photothèque Player's)*

ISBN 2-7604-0635-0

Dépôt légal: Bibliothèque nationale du Québec, 1998

Les Éditions internationales Alain Stanké

IMPRIMÉ AU QUÉBEC (CANADA)

Prologue

Juillet 1968, il est 3 heures du matin. Le téléphone résonne dans la tiédeur de la nuit à la station de police de Repentigny, dans la banlieue est de Montréal.

– Service de police de Repentigny, bonjour!

– Venez rapidement, il y a des jeunes qui sont dans la cour du garage en face de chez moi. Ils tentent de voler des roues. Dépêchez-vous!

– À quelle adresse? Chez le concessionnaire Ford du 94, rue Notre-Dame?

Le responsable se met immédiatement en communication avec les deux policiers occupant la seule auto-patrouille en service.

– 10-4, nous serons sur place en moins de 30 secondes.

Moins d'une minute plus tard, une voix essoufflée reprend la communication.

– Nous venons de croiser la voiture des suspects, nous nous engageons dans une poursuite en direction est dans la rue Notre-Dame. Rapidement, demandez l'aide de la Sûreté du Québec. Nous aurions besoin d'un barrage routier à la croisée des chemins à Saint-Sulpice (une quinzaine de kilomètres plus loin).

Dans la nuit, le bruit de la sirène est strident; on voit très bien les gyrophares. Une première voiture de type sport, couleur foncée, surgit des ténèbres à une vitesse vertigineuse. Tout juste derrière, à moins de 10 secondes, il y a celle des policiers. Les fuyards foncent à toute vitesse, comme dans le tunnel de l'évasion ou celui de la mort. La tension monte à l'intérieur de la voiture des policiers. Les deux patrouilleurs sont conscients du danger qui les guette, mais tentent d'exercer leur devoir: arrêter des malfaiteurs ou des jeunes en quête de sensations fortes.

La radiocommunication reprend:

— Avez-vous joint la Sûreté du Québec? Nous avons besoin d'aide. Leur voiture est beaucoup trop rapide pour nous.

— Ils sont en route, mais je doute qu'ils puissent arriver à temps. Ils étaient occupés sur les lieux d'un accident.

— Demandez un barrage routier plus loin, nous avons besoin d'aide!

Quelques minutes plus tard, la poursuite à plus de 160 kilomètres à l'heure s'éternise. Personne ne veut abandonner; ni les fuyards, ni les policiers, même si des vies sont en jeu.

Puis, soudainement, le bruit de la radio crépite de nouveau:

— Nous venons de les perdre. Le moteur de notre auto-patrouille vient d'exploser et nous avons failli nous retrouver dans le décor. Appelez la remorqueuse pour venir nous chercher!

Une dizaine d'années plus tard

Gilles Villeneuve, accompagné de sa femme Joann, de son gérant Gaston Parent et sa femme Danielle, partagent avec quelques amis une table, au soir d'une journée d'essais du Grand Prix d'Italie de formule 1. Gilles est dans une forme splendide et raconte ses derniers «exploits» à l'extérieur d'un circuit de course automobile, témoignage de sa passion pour la vitesse. Puis, spontanément, il raconte une folie de jeunesse:

— Je me souviendrai toujours d'un soir d'été, il y a une dizaine d'années. Nous étions à une cinquantaine de kilomètres de Berthier, avec des amis, et nous voulions *emprunter* des roues et des pneus sur une Mustang neuve dans le stationnement d'un concessionnaire Ford, pour aller au *drag* le week-end suivant. Comme nous n'avions pas d'argent et que les pneus de notre voiture étaient usés à la corde, il fallait bien trouver une solution. On avait failli se faire *pincer* puisque la police est arrivée comme nous terminions notre travail! Nous avions eu un plaisir fou lorsqu'ils sont partis derrière nous. Il n'était pas question de s'arrêter, même lorsqu'ils ont fait hurler leur sirène. Je les voyais, derrière, tenter de nous rejoindre. Ils étaient tout croches dans les courbes. C'était dangereux, mais je me régalais. Je me suis encore amusé davantage quand j'ai vu la *boucane* sortir du capot et leur voiture qui s'est mise en travers. Leur moteur venait d'exploser! J'avais presque envie de retourner les voir et leur dire: meilleure chance la prochaine fois! Nous étions jeunes... et baveux sur les bords!

À cette table, dans ce sympathique petit restaurant italien, il y avait Pierre Lecours, le journaliste responsable de la couverture du sport motorisé au *Journal de Montréal* et au *Journal de Québec*... la même personne qui avait reçu l'appel au service de police de Repentigny une dizaine d'années plus tôt! Après l'avoir appris, Gilles en riait comme un gamin. Il s'amusait souvent de ses folies, de ses bêtises.

Se souvenant du tort causé, il avait demandé à son gérant Gaston Parent de communiquer avec les propriétaires du concessionnaire (c'étaient les mêmes) pour les dédommager.

Un quart de siècle avec les Villeneuve

De 1971 à aujourd'hui, Pierre Lecours a côtoyé, comme journaliste, les membres de la famille Villeneuve. Il a partagé avec eux leurs moments de gloire, mais aussi leurs échecs, leurs difficultés. Contrairement aux apparences, tout n'a pas toujours été facile pour Gilles et son frère Jacques à leurs débuts en compétition de motoneige, puis en course automobile.

La route vers la gloire a été longue et ardue.

Une fois le chemin de la célébrité bien balisé, ce qui a permis d'ouvrir plusieurs portes, le *p'tit* Jacques a su assurer la continuité en ajoutant une marque bien personnelle à un nom de famille déjà célèbre.

Pierre Lecours a été un témoin privilégié de la réussite unique de cette famille québécoise.

Aujourd'hui, il a décidé d'écrire le récit de sa carrière en compagnie de ce triumvirat exceptionnel. Sa relation privilégiée avec eux nous permettra de connaître les dessous d'une carrière réussie.

Chapitre 1

Présentation de l'auteur

Deuxième d'une famille de six enfants, je suis né à Montréal le 27 février 1950. Mon père était ébéniste dans une filiale de la compagnie Bell Canada et ma mère, couturière.

Deux ans plus tard, notre *p'tite* famille déménageait à Repentigny, une banlieue située à l'est de l'île de Montréal. C'est là que j'ai fait mes études primaires et secondaires.

Même s'il existait très peu de sport structuré et qu'il n'y avait pas d'aréna, j'organisais des matchs de hockey, parfois dans la cuisine, avec des balles en caoutchouc, pendant l'absence des parents, évidemment. Je faisais la même chose avec le football et j'invitais des amis, près de la maison ou à l'école, durant les récréations, avant et après les cours, plus souvent qu'autrement à la hâte! Chez nous, il fallait travailler très jeune. Valait mieux dépenser de l'énergie à apprendre les rudiments du travail que de gaspiller son temps à pratiquer des sports. Dès l'âge de 10 ans, j'occupais mes samedis à livrer du lait à plus de 700 familles avec André Provost, le laitier familial. Je commençais à 5 heures pour terminer à 18 heures. Deux ans plus tard, j'occupais mes jeudis et vendredis soirs, mes samedis et toutes mes journées de congé, y compris mes vacances estivales, à travailler comme commis d'épicerie. Lorsque l'occasion se présentait, je poursuivais mon travail avec le laitier du coin.

Je me souviens d'une journée chaude et humide de l'été 1962. J'avais 12 ans. Marcel Deschamps, l'employé régulier de mon patron laitier, était en congé à l'extérieur de la ville. L'état de santé de sa femme, enceinte de sept mois, était chancelante. Monsieur Provost était inquiet au déjeuner où je me rendais à 4 h 30 après avoir parcouru cinq kilomètres à bicyclette. Vers 7 h 30, un message l'attendait dans un des commerces où nous livrions du lait. Sa femme venait de partir en ambulance. Les médecins le demandaient de toute urgence à l'hôpital. Sur place, une grave et pénible décision l'attendait: sauver la mère ou l'enfant! Comme il y avait d'autres enfants à la maison, une seule solution s'imposait. Cependant, le retour à la santé de cette généreuse mère de famille a été long et ardu. Que faire devant une telle situation quand on a 12 ans, pas de permis de conduire et que 700 familles attendent leur lait quotidien?

Mon père était en vacances. Je l'ai joint pour lui expliquer la situation. Une quinzaine de minutes plus tard, il est arrivé pour compléter la *run* de lait. Toute la journée, il a conduit le camion et j'ai servi seul toute notre clientèle, terminant avec moins d'une heure de retard. Nous nous sommes même rendus à l'entrepôt pour préparer la journée suivante en faisant le plein de caisses de lait.

Le travail, c'est la santé

À 14 ans, j'ai trouvé un emploi supplémentaire avec l'aide de mon père, car j'avais une idée en tête: acheter ma première moto-neige et avoir ma première voiture le plus rapidement possible.

C'est ainsi que je suis devenu répartiteur pour une compagnie de taxi qui avait une douzaine de voitures sur la route. Mon père, qui voulait augmenter les revenus familiaux, en conduisait une occasionnellement. Comme le bureau était situé dans la maison du patron, j'avais comme tâche supplémentaire de garder – souvent – ses trois enfants!

À cette époque-là, j'ai eu droit à mes premières leçons de conduite, dans un champ voisin, avec un des chauffeurs de taxi. En échange de quelques appels de clients plus payants que d'autres, je pouvais de temps en temps conduire sa voiture décapotable! De connivence avec mon père – ma mère refusait toutes nos demandes – j'ai acheté ma première motoneige au début de l'hiver 1966.

Quelques mois plus tard, mon père a également accepté de signer pour que j'obtienne mon permis de conduire. Moins d'un an plus tard, il signait de nouveau pour que j'achète ma première voiture, une Volkswagen coccinelle blanche. Entre-temps, j'ai accepté un nouvel emploi temporaire: livreur pour une pharmacie quand mon père n'était pas disponible, puisqu'il avait délaissé son poste de chauffeur de taxi occasionnel. Cela avait un gros avantage à mes yeux: je pouvais conduire régulièrement sans avoir à payer l'essence et les réparations. Évidemment, je conduisais toujours à la limite et j'étais la cible favorite des policiers, désireux de me protéger contre mon gré.

Tous ces métiers ont éveillé chez moi un désir intense: quitter l'école pour me retrouver rapidement sur le marché du travail.

Le français, quel calvaire!

L'occasion rêvée s'est présentée à la fin de l'été 1967. Le service de police de Repentigny cherchait des commis qui, éventuellement, deviendraient policiers à 21 ans.

Un proche de la famille occupait le poste de conseiller municipal responsable du service de police. Ma candidature fut donc retenue, même si je n'avais pas l'âge minimum requis, 18 ans, et le diplôme scolaire de 11e année. Je n'avais pas obtenu la note de passage en français lors des examens de fin d'année!

Quelques mois plus tard, des amis motoneigistes décidaient de former un des premiers clubs du Québec. J'ai accepté le poste de responsable des relations publiques. Au printemps, j'ai eu mes premiers contacts avec le monde journalistique en rencontrant monsieur Yvon Larrivée, du *Journal de Montréal*. Il était très impliqué dans la promotion d'épreuves de stock-car à la piste Riverside Speedway de Laval où j'ai assisté à une première compétition automobile.

Mon intérêt pour la course automobile a été instantané. Quelques jours après avoir assisté à cette première épreuve, j'ai rencontré les propriétaires d'une équipe de Repentigny pour leur proposer mon aide et mon soutien, au début comme aide-mécanicien, puis comme relationniste. Je désirais faire connaître leur pilote, Georges Loiselle, dans les médias de la région métropolitaine. C'est ainsi que j'ai rencontré monsieur Larrivée qui allait devenir mon mentor dans le monde journalistique. Nos premiers entretiens ont été chaleureux. Il a été le premier à me faire découvrir l'univers d'un vrai journal...

L'amour de la motoneige

La réussite de notre club de motoneigistes (plus de 3 000 membres le premier hiver) et ma passion accrue pour le sport motorisé (courses d'automobiles, de motos et de motoneiges) m'ont rapidement rapproché du monde journalistique.

Dès que je ne travaillais pas au service de police, je talonnais Yvon Larrivée pour l'accompagner à son travail. Il occupait, en soirée, le poste de chef de pupitre au *Journal de Montréal*, après sa journée comme inspecteur au service social de la Ville de Montréal.

Sur place, je collaborais avec le personnel en rendant de menus services: aller chercher le café, le lunch, livrer les textes corrigés à l'imprimerie au deuxième étage de l'édifice, etc. Ce travail bénévole avait un attrait particulier. Je côtoyais un monde qui me fascinait, celui des journalistes et des photographes de la presse sportive. Cela m'a permis de rencontrer en 1968 Jean-Pierre Sanche, alors directeur des sports. Rien ne me tentait plus que de devenir journaliste sportif. Après m'avoir demandé de traduire un texte sur le hockey, il a rapidement compris pourquoi j'avais raté mon examen de passage en français, un an auparavant!

Désireux de me joindre à la famille du *Journal de Montréal*, j'ai alors décidé d'étudier la photographie en côtoyant les André Gingras, Normand Pichette, André Viau et Jacques Bourdon, tous des photographes de renom. J'ai même poussé mes démarches jusqu'à effectuer des patrouilles de nuit avec Jacques Bourdon, un des meilleurs photographes-patrouilleurs de cette époque. Cela nous a permis de vivre ensemble les moments forts de la crise du FLQ.

Évidemment, lorsque je travaillais au service de police de Repentigny, toujours comme apprenti-policier, et qu'un événement important se produisait, mes *chums* du *Journal de Montréal* étaient rapidement avertis, arrivant parfois sur la scène des crimes avant les enquêteurs. Cette situation «chatouillait» les dirigeants du service de police dont certains étaient des anti-journalistes reconnus.

Mes patrons m'ont fait comprendre, quelques semaines avant que j'atteigne l'âge requis de 21 ans pour être promu policier, que mon acuité visuelle déficiente ne me permettrait pas d'exercer ce métier. À cette époque, on n'embauchait pas de candidats obligés de porter des lunettes!

Évidemment, c'était une forme de congédiement déguisé pour me punir de mes contacts trop étroits avec le monde journalistique!

Un mal pour un bien

Ce renvoi m'a été comme un coup de masse sur la tête mais, aujourd'hui, j'estime que ce fut probablement la décision la plus bénéfique de ma vie, celle qui allait me conduire directement dans le monde journalistique.

Pour survivre, je me suis trouvé un emploi de simple ouvrier dans une compagnie de matériaux isolants. J'ai poursuivi mon apprentissage dans le monde du journal en collaborant à des revues, des magazines, des journaux spécialisés et des hebdomadaires régionaux comme journaliste, photographe et vendeur de publicité!

Après deux années d'apprentissage sur le tas, je suis retourné voir Jacques Beauchamp et Jean-Pierre Sanche, les patrons de la section sportive du *Journal de Montréal*, à l'été 1973. Je voulais leur faire comprendre que j'étais prêt à accepter n'importe quel emploi au sein de leur entreprise. Le samedi 3 novembre, en début d'après-midi, Jean-Pierre Sanche a téléphoné à la maison. À mon retour, je l'ai joint à son bureau.

— Pierre, je voudrais te voir à 5 heures.

— Pas de problème, c'est sur ma route.

La rencontre a été brève:

— Tu vois le bureau, là-bas (celui du statisticien). Ça peut devenir le tien. Ça fait longtemps que tu veux mettre les pieds dans la place, voici ta chance et il ne va y en avoir qu'une.

Une heure plus tard, c'était au tour de Jacques Beauchamp de m'appeler dans son bureau.

— Dans la vie, lorsque la chance passe, il ne faut pas la rater. J'espère que tu vas t'en souvenir.

Je venais d'être embauché au *Journal de Montréal*, après cinq ans d'attente et d'espoir. J'y suis encore aujourd'hui. Cela m'a permis de vivre l'inimaginable...

Devenu responsable de la couverture du sport motorisé au *Journal de Montréal* à la fin de 1975, en plus de collaborer avec plusieurs médias électroniques, j'ai pu vivre la difficile ascension du légendaire Gilles Villeneuve, sans oublier ses heures de gloire et sa tragique disparition, le 8 mai 1982. J'ai assisté aux succès et aux déboires de son frère Jacques. J'ai vécu la consécration du *jeune* Jacques Villeneuve, le fils de Gilles et de Joann!

Chapitre 2

Première rencontre avec Gilles

Durant cette longue attente pour me joindre au *Journal de Montréal*, ma passion pour le sport motorisé n'a cessé de grandir. En plus d'assister régulièrement aux courses de stock-car durant la saison estivale, je planifiais mes congés hivernaux pour assister à des compétitions de motoneige.

À cette époque, ce sport connaissait un essor vertigineux et des manufacturiers poussaient à tous les coins de rue. À un certain moment, on en comptait plus de 80. Aujourd'hui, il en reste quatre. Question de mieux faire connaître leurs produits, les compagnies participaient à des compétitions sur neige glacée; ça devenait de plus en plus populaire. Les fabricants se livraient une lutte sans merci. Certains dirigeants d'équipe se croyaient sur le sentier de la guerre.

Vers la fin de 1970, je suis parvenu, avec la complicité d'Yvon Larrivée – nous étions associés dans une petite compagnie de photographies sportives du nom de L-L Photo – à me faire embaucher comme représentant publicitaire, journaliste et photographe par le *Journal de l'Auto-neige*. L'avantage? Cela me permettait d'assister gratuitement aux compétitions, d'avoir une accréditation de presse de l'ACAN (Association canadienne de l'auto-neige) pour côtoyer ceux qui m'impressionnaient tant, les concurrents.

À l'époque, les vedettes du *cirque blanc* étaient Yvon Duhamel (pilote de moto légendaire), Gaston Ferland, Marcel Corriveau, Michel Levac, Pierre Caron, Jacques Lalancette et un dénommé Gilles Villeneuve.

Je me souviens de l'une de mes premières assignations: assurer la couverture d'une compétition à Sanair, un complexe ultramoderne de sport motorisé inauguré la saison estivale précédente. La «grosse machine» Ski-Doo de Bombardier venait de connaître une journée difficile. Les vedettes n'avaient pas été à la hauteur de leur réputation. Parmi les héros de la journée, il y avait Gilles Villeneuve qui défendait alors les couleurs d'une compagnie en plein essor: Motoski.

Jeune journaliste sans expérience, désireux de bien remplir ma mission, je me devais d'aller demander des explications sur les déboires Ski-Doo au directeur, le bourru Roger Bourret, qui en faisait frémir plus d'un avec ses sautes d'humeur. Oubliant même de me présenter, j'ai eu le temps de lui poser une seule question:

— Mauvaise journée pour Ski-Doo! Comment expliquer un tel échec avec autant de ressources?

Après avoir pris une grande et bruyante respiration, puis bien ajusté son tir avec les yeux qui lui sortaient des orbites, il a été aussi cinglant que sa réputation l'exigeait.

— Toé, t'as tu connu une bonne journée?

Il venait alors de pointer du doigt, comme s'il avait une mitraillette, l'identification de la compagnie concurrente Sno-Jet (elle n'avait pas d'équipes officielles inscrites à cette course) qui ornait mon manteau. Tout confus, je suis resté bouche bée pendant qu'il tournait sur un dix cents pour disparaître à la vitesse de l'éclair. Il venait de m'administrer une sévère leçon qui allait m'être utile pour le reste de ma carrière: prendre le temps de se présenter et porter des vêtements anonymes quand on décide de s'improviser journaliste!

Roger Bourret – il est devenu un de mes amis par la suite – a cru à ce moment-là que j'appartenais à la concurrence. Il m'a traité comme il traitait ses ennemis!

La détermination d'un champion

La semaine suivante, tout le monde s'est retrouvé le samedi dans la région de Québec pour une épreuve disputée dans le cadre du carnaval, le lendemain à Saint-Henri-de-Lévis. Tout comme à Sanair, à Valleyfield et à Napierville plus tôt dans la saison, un jeune pilote mal soutenu financièrement, avec un équipement sommaire, s'imposait de plus en plus régulièrement. Ce nom que l'on commençait à retrouver dans les manchettes après chacune des courses était celui de Gilles Villeneuve, un *p'tit gars* de Berthier. Il avait amorcé sa carrière dans des compétitions régionales avec une motoneige achetée par son père Séville, avant de poursuivre avec la complicité de Gilles Ferland, un ami de la famille qui vendait des motoneiges Skiroule.

Au mois de décembre 1970, Gilles a perdu le soutien de Skiroule et a été obligé de trouver une solution de dernière minute pour participer aux épreuves de la saison suivante. Il a obtenu l'aide de Motoski. Cheveux longs, allure décontractée, mais un visage où il était facile de lire une détermination à toute épreuve, Gilles s'imposait comme un adversaire redoutable. Lorsqu'il acceptait un drapeau vert pour une épreuve, que ce soit pour une qualification, une consolation ou une finale, il n'avait qu'un seul objectif: remporter la victoire, être le plus rapide en piste.

À l'issue de ce week-end, il avait eu sa large part de réussite: une douzaine de victoires.

Ses succès étaient suffisamment impressionnants pour qu'un jeune journaliste soit intéressé à lui parler pour lui demander sa recette magique.

— Monsieur Villeneuve, comment expliquer qu'avec des moyens aussi modestes, vous parveniez à vous imposer face à des équipes bien structurées, des pilotes de renom appuyés par une solide équipe de mécaniciens?

Sa réponse a été directe:

— Il suffit de travailler plus fort qu'eux, de trouver de nouvelles idées pour obtenir des machines plus performantes. Le reste se joue sur la piste. Elles ont de bons pilotes, mais ils ne connaissent rien à la mécanique. Moi, je suis seul avec quelques copains et ma femme, mais on parvient à se débrouiller avec un budget limité. La différence, il faut la faire sur la piste.

À ses côtés, il y avait Joann, sa compagne, enceinte de sept mois; elle allait donner naissance à un fils (Jacques) le 9 avril suivant. Elle souriait de voir des personnes s'intéresser finalement aux efforts de son *chum*.

Malgré sa timidité, Gilles dégageait un charisme indiscutable. Tout le monde semblait l'apprécier, même s'il imposait de plus en plus le respect sur les pistes glacées.

Presque guillotiné par une lame au carbure...

La deuxième rencontre avec le couple Villeneuve devait avoir lieu la semaine suivante dans le cadre de l'une des courses importantes de la saison: le Grand Prix de Saint-Lazare, prévu pour le 14 février.

Une violente tempête de neige avait fait rage le samedi, rendant impossible tout déplacement vers cette banlieue située à une quarantaine de kilomètres à l'ouest de Montréal. Têtu comme une mule, j'avais voulu défier cette tempête hivernale au volant d'une Pontiac Tempest. Malgré les protestations de l'expérimenté Yvon Larrivée, je voulais me rendre chez lui pour aller le chercher comme prévu, tempête ou non.

J'étais rendu à moins d'un kilomètre de sa résidence mais, en voulant défier une congère de neige plus haute que le pare-chocs de ma voiture, je me suis enlisé. Ce n'était pas suffisant pour me refroidir, bien au contraire. Je voulais m'en sortir sans l'aide d'une remorqueuse ou de quelque âme charitable. Je me suis enragé au point de torturer la transmission pendant de longues minutes et de la faire exploser de chaleur. Quelques jours plus tard, les spécialistes ont fait exploser mon compte en banque avec une facture dépassant les 500 dollars!

C'est finalement un mois plus tard que cette course a pu être disputée. Le climat printanier avait incité plus de 10 000 personnes à se déplacer pour assister à d'autres performances étincelantes du jeune Villeneuve, même si ce dernier avait failli se faire blesser sérieusement lors d'une séance de qualification. Lors d'un accrochage survenu après un départ serré, Gilles était tombé de sa machine. En perdition sur la surface de neige durcie, Jacques

Lalancette – une des vedettes du stock-car sur terre battue durant les saisons estivales – avait frappé Gilles à la hauteur de la tête avec la lame tranchante d'un ski!

En soirée, lors de la remise des prix au *Bar Chez Maurice*, l'endroit par excellence de la région, Gilles et Lalancette fêtaient ensemble. Ils avaient enterré la hache de guerre après une brève explication. La nouvelle coqueluche avait même pris le soin d'apporter avec lui son casque intégral pour montrer à tous comment il avait côtoyé la mort. On voyait très bien la trace laissée par la portion tranchante – une lame au carbure – du ski.

Quelques centimètres plus bas et Gilles aurait eu la gorge tranchée. Un accident du genre s'était produit quelques semaines plus tôt lors d'une compétition aux États-Unis.

Cette journée du 14 mars 1971 est gravée à tout jamais dans ma mémoire. D'abord, il y a eu cet incident entre Gilles Villeneuve et Jacques Lalancette qui m'a permis de connaître davantage ces deux champions. Puis, en soirée, j'ai rencontré Carole Chartrand, la fille aînée du propriétaire du *Bar Chez Maurice*, qui allait devenir ma femme trois ans plus tard, puis la mère de mes deux filles, Mélanie (1977) et Karine (1980).

Cette compétition a mis fin à la saison hivernale. Gilles était le nouveau champion du Québec. De plus, il avait remporté le titre en 440 cc des championnats mondiaux disputés lors du premier week-end de mars dans l'État de New York.

Chapitre 3

Recherché par la police américaine

En 1972, Gilles a délaissé ses motoneiges Skiroule pour utiliser des Motoski. Nous étions ensemble le 6 février, à l'entrée du paddock de la piste de Saint-Henri-de-Lévis, pour surveiller la finale en 650 cc. À la fin de la journée, il est reparti avec des victoires en 340 cc et en 440 cc.

Comme Gilles rêvait de préparer une machine pour rivaliser avec l'élite regroupée dans cette catégorie de pointe, les machines les plus puissantes, il aimait surveiller de près les confrontations dans cette classe. Dès le départ, un accrochage fit perdre le contrôle à Serge Bédard, un des amis de Gilles. La motoneige en perdition – à l'époque les cordons coupe-circuit n'étaient pas utilisés – avait poursuivi son chemin jusqu'à l'entrée du paddock, fauchant une dizaine de personnes au passage. Deux d'entre elles ont été grièvement blessées.

Nous avons évité le pire, puisque la machine s'est immobilisée à quelques centimètres de nos pieds. Sans perdre son sang-froid, Gilles a coupé le contact avant de regarder les blessés au sol. Il a émis un seul commentaire, sec et direct:

– Il n'aurait pas dû y avoir de spectateurs à cet endroit. C'était beaucoup trop dangereux.

À la fin de la saison hivernale 1972, les efforts et le talent de Gilles commencèrent à être reconnus. La compagnie Alouette l'embaucha comme pilote d'usine avec un soutien financier décent et la possibilité de consulter les ingénieurs pour la préparation de ses machines de compétition.

Après avoir *confortablement* installé sa petite famille dans une maison-roulotte au milieu d'un champ en face de la maison familiale à Berthierville, Gilles s'est payé le luxe d'aménager durant l'été un vieil autobus scolaire pour voyager d'une piste à l'autre, au Québec, dans le reste du pays et dans le Nord des États-Unis.

La *Grosse Bertha* (le surnom de l'autobus peint en rouge aux couleurs de la compagnie Alouette) allait offrir l'avantage de travailler au chaud, à l'arrière. À l'avant, quelques grabats permettaient de dormir lorsque Gilles et ses aides voyageaient d'une piste à l'autre. Cette installation rudimentaire, qu'il m'a fait visiter avec fierté, lui permettait de travailler dans des conditions qui se rapprochaient de celles des équipes de renom. Ce *confort* a permis à Gilles de s'imposer avec un nouveau titre de champion du Québec (10 victoires sur une possibilité de 14) et quelques triomphes à l'extérieur, notamment lors de la Coupe Kawartha à Peterborough, en Ontario, et dans l'État de New York.

De la motoneige à l'automobile

Ce succès constituait une nouvelle source de motivation dans l'esprit de Gilles. Désormais, il voulait également assouvir sa passion pour la vitesse durant la saison estivale.

Les courses de *drag* à Lavaltrie, à Napierville et à Sanair ne l'amusaient plus beaucoup, ni son expérience avec une vieille bagnole sur une piste de stock-car. Il vibrait davantage en négociant à très haute vitesse les courbes dangereuses des routes de campagne près de chez lui.

— Il n'y a rien d'amusant à tourner en rond ou à essayer de battre un record de vitesse en ligne droite.

Comme la saison de motoneige avait été rentable – le profit dépassant légèrement les 5 000 dollars – il décida de se lancer dans la grande aventure de la course automobile.

Après avoir été impressionnant durant ses cours de pilotage sur une piste détrempée à Saint-Eustache (avec une Ford Capri) et à Mont-Tremblant (avec une formule Ford de l'école Jim Russell), Gilles accepta l'invitation de son ami Jean-Pierre St-Jacques pour participer au championnat du Québec au volant d'une formule Ford artisanale. Ceux qui n'avaient pas eu l'occasion d'apprécier sa témérité, sa dextérité, son charisme et sa détermination apprirent à le découvrir rapidement en automobile et à l'apprécier. Il termina la saison avec un impressionnant dossier de sept victoires en 10 départs, dont une au réputé Grand Prix de Trois-Rivières.

Question de le voir à l'œuvre sur quatre roues, j'en ai profité pour assister à ma première course trifluvienne et nous avons surveillé ensemble l'épreuve de formule Atlantic remportée par Tom Klausler.

— Un jour, je gagnerai cette course devant ces pilotes étrangers pour leur prouver que je peux les devancer en formule 1, m'expliqua Gilles sur le ton déterminé qui le caractérisait bien.

Il ne redoutait personne au volant d'un véhicule motorisé, surtout sur une piste de course!

La *bibitte* des neiges

La compagnie Alouette était en sérieuses difficultés financières. Gilles devait donc entreprendre la prochaine saison hivernale (1974) sans soutien financier, si ce n'est qu'il pouvait continuer avec ses motoneiges de la saison précédente.

Entre deux courses de formule Ford, Gilles n'a pas chômé, bien au contraire. Il a imaginé une nouvelle motoneige révolutionnaire du style monoplace, avec deux ponts à l'arrière, un cockpit et deux skis à l'avant, propulsée par un moteur de 650 cc. En voyant cette drôle de machine lors de la rencontre de presse pour souligner le lancement de la saison hivernale – j'étais maintenant à l'emploi du *Journal de Montréal* comme statisticien – au *Vieux Munich* à Montréal, je l'ai surnommée la *bibitte*.

Elle était drôlement efficace, comme je l'ai découvert lors de la première course de la saison, la Coupe Kawartha à Peterborough, en Ontario. Gilles a suscité de la curiosité et (surtout) beaucoup de controverses dès la première course de qualification.

Dernier après un lent départ à l'entrée du premier virage, il était premier à la sortie du deuxième. Les autres le rejoignaient dans les lignes droites avec une meilleure vitesse de pointe, mais Gilles reprenait l'avantage dans les tournants. Il ne ralentissait pas dans les virages. Il accélérait en raison de la stabilité de la motoneige révolutionnaire qu'il avait imaginée, développée et conçue seul. On aurait juré qu'il était détenteur d'un diplôme d'ingénieur qu'il n'a jamais obtenu, ayant abandonné ses cours par correspondance.

Après avoir triomphé lors de cette première course de qualification, puis gagné son point sur la légalité de sa *bibitte* à l'inspection technique impromptue à la suite des nombreux protêts logés par ses adversaires, Gilles a été obligé d'abandonner en finale en raison d'un bris de courroie alors qu'il dominait.

Champion du monde de motoneige

Malgré cet échec, Gilles allait finalement atteindre un de ses principaux objectifs quelques semaines plus tard.

– Pierre, c'est Séville Villeneuve, le père de Gilles, à Berthier. Il vient de nous téléphoner et il est maintenant CHAMPION DU MONDE!

Au guidon de ses vieilles machines Alouette, Gilles venait d'avoir raison de la crème de la crème dans les compétitions de motoneige en gagnant le *World Championship of Snowmobile Derby* d'Eagle River, au Wisconsin. Depuis plus de 30 ans, tous les ans, les meilleurs pilotes de l'Amérique du Nord se retrouvent à cet endroit pour y disputer une finale enlevante qui donne au vainqueur le privilège de porter pendant un an le titre de champion du monde de motoneige.

Même si je n'œuvrais pas encore comme journaliste, j'avais écrit cette nouvelle dans le *Journal de Montréal*. Elle ne fut pas signée puisqu'un confrère de la salle de rédaction avait dû la récrire en bon français.

Enfin chroniqueur sportif

Malgré cette déception, je n'avais rien perdu de mon rêve d'écrire dans les pages sportives du *Journal de Montréal*. Quelques jours plus tard, j'ai accepté avec empressement une demande du directeur des sports, Jean-Pierre Sanche, pour rédiger une chronique hebdomadaire sur la moto.

— Pierre, tu connais ça, la moto! Pourrais-tu nous rédiger une chronique hebdomadaire qui sera publiée tous les dimanches à compter du printemps, afin de répondre à une demande de quelques-uns de nos annonceurs. Tu l'écriras tôt dans la semaine et je la corrigerai avec toi?

— Aucun problème, Jean-Pierre, tu peux compter sur moi!

Le hic! Je ne connaissais personne dans le monde de la moto, à l'exception du légendaire Yvon Duhamel que j'avais rencontré lors de quelques courses de motoneige. Il n'était pas question de l'avouer à Jean-Pierre. Je voulais tellement devenir journaliste que j'ai accepté de relever le défi.

Comme il me l'avait recommandé, je rédigeais ma chronique tôt en semaine, entre deux compilations de statistiques, pour la faire corriger par des journalistes d'expérience comme Maurice Desjardins, Jean-Paul Cofsky et Maurice Brodeur. Au début, en me lisant, ils hochaient la tête et, finalement, acceptaient de m'aider en retapant mon texte pour corriger les fautes. Je comparais les deux versions et je l'écrivais de nouveau pour mémoriser les corrections. Sancho (le surnom de Jean-Pierre Sanche) n'était pas dupe, mais il jouait le jeu en me félicitant de mes progrès.

Satisfait de mes efforts durant cette première année de travail au *Journal de Montréal,* Sancho m'a promis la couverture des activités de motoneige pour la saison hivernale suivante de 1974-1975. Un rêve qui allait devenir réalité en plus de me permettre de travailler plus étroitement avec Gilles Villeneuve, celui que je considérais déjà comme un pilote exceptionnel et une future vedette de sport motorisé chez nous.

Un subterfuge pour les policiers américains

Déjà, nous avions développé une belle complicité. Durant l'hiver 1974, nous nous sommes liés d'amitié, étant de plus en plus souvent en contact.

Après la disparition de la compagnie Alouette, son succès à Eagle River et l'intérêt suscité par le spectacle offert avec sa *bibitte*, Gilles a décidé de monnayer ses participations pour le reste de l'hiver afin de garnir davantage son compte en banque. Connaissant sa nouvelle façon de travailler, je le recommandais à tous les promoteurs que je connaissais et il m'arrivait même de négocier des ententes pour lui.

Au début de février, Gilles était tiraillé. Il y avait une course le samedi à Québec dans le cadre du Carnaval et, 24 heures plus tard, le traditionnel Grand Prix à Saint-Lazare qui n'avait rien perdu de son lustre et de son importance au fil des années. Les bourses y étaient intéressantes, même si le promoteur refusait d'accorder à Gilles une prime de départ convenable. Par contre, à Québec, l'enjeu était moins important sauf qu'André Larue, propriétaire de la compagnie de construction J.-A. Larue, était devenu un grand admirateur de Gilles et voulait le voir à cette course.

Par l'entremise du confrère Jacques Rainville, de Québec – il était le publiciste de cet événement –, j'ai négocié un montant boni pour assurer la présence de Gilles à cette compétition. Ce dernier avait des propositions intéressantes aux États-Unis et il était déjà dans l'État de New York pour une course sous les réflecteurs le vendredi soir à Weedsport, près de Syracuse.

Comme la téléphonie cellulaire n'était pas encore à la mode, il fallait trouver une façon de joindre Gilles. Il m'avait appelé en début de soirée mais, comme je lui avais mentionné qu'il n'y avait pas d'entente conclue à ce moment-là, il avait décidé de rester aux États-Unis pour le week-end. Une fois le *deal* complété, vers 22 heures, il fallait le prévenir. Je me suis alors souvenu de mes premières années au service de la police de Repentigny alors que j'avais dépanné des étrangers à la recherche de personnes sur notre territoire.

En utilisant un subterfuge, j'ai communiqué avec les *troopers* de l'État de New York:

– Bonjour, ici le constable Pierre Lecours de la police municipale de Repentigny. Nous avons une situation d'urgence et il nous faut joindre un Québécois qui a participé à la course de motoneige ce soir. Il est au volant d'un autobus scolaire rouge. Je n'ai pas le numéro de l'immatriculation. C'est probablement le seul véhicule du genre avec une immatriculation du Québec dans votre région. Pourriez-vous demander à son conducteur, monsieur Gilles Villeneuve, d'entrer en communication avec nous le plus rapidement possible, s'il vous plaît?

– Nous allons prévenir tous nos patrouilleurs, monsieur, et s'il n'a pas quitté notre région, nous allons sûrement le retrouver.

Moins de 30 minutes plus tard, le policier américain – heureusement, il n'a pas compris «Bonsoir, ici le *Journal de Montréal*» lorsque notre téléphoniste lui a répondu – me confirmait que le message avait été fait à Gilles Villeneuve. Ils l'ont arrêté sur une autoroute américaine non loin de la piste de course qu'il venait de quitter. Quelques minutes plus tard, Gilles, amusé par cette situation, me rappelait au bureau. Je lui ai appris le résultat de mes négociations et il a accepté de rebrousser chemin pour se diriger vers Québec, un périple de sept heures avec la *Grosse Bertha*.

Immédiatement après avoir terminé mon quart de travail, je partais à mon tour pour Québec afin d'être sur place tôt le matin pour accueillir Gilles. J'étais nerveux, car je ne connaissais pas personnellement le commanditaire et je devais me fier uniquement à sa parole obtenue au cours d'une conversation téléphonique.

En arrivant sur place, j'ai été rassuré puisqu'il avait fait travailler une partie de la nuit des spécialistes en lettrage pour identifier sa compagnie sur les machines de Gilles. Son chèque était prêt.

Comme il se devait, Gilles a été à la hauteur de sa réputation avec des victoires à chacun de ses départs.

La *Grosse Bertha* en panne d'essence

Nous avons repris la route en fin de soirée, après la remise des prix et un souper *fast food*, comme Gilles l'appréciait tant.

Il m'a demandé de le suivre car il avait éprouvé des ennuis avec la mécanique de sa *Grosse Bertha* avant d'arriver à Québec. À plusieurs reprises, entre Québec et Drummondville, Gilles a été obligé de s'arrêter, d'ouvrir le capot du moteur pour jouer dans le carburateur. Il était incapable de rouler à plus de 50 kilomètres à l'heure tant le moteur fatigué de l'ancien autobus scolaire refusait de coopérer. Comme j'avais promis aux promoteurs de Saint-Lazare que Gilles serait présent, je commençais à être inquiet. Finalement, à 4 heures du matin, alors que nous étions arrêtés près de la sortie à Drummondville, j'ai suggéré à Gilles d'appeler Jacques Lalancette puisqu'il utilisait un carburateur similaire sur ses moteurs de course 454 pouces cubes.

— Bonjour, Jacques, je m'excuse de te réveiller. C'est Pierre Lecours du *Journal de Montréal*. Je suis avec Gilles Villeneuve et nous sommes en panne sur le bord de l'autoroute. Le carburateur est défectueux et je veux savoir si tu peux nous dépanner. Je te rendrai cela l'été prochain lorsque tu participeras à des courses!

— Aucun problème! Dis à Gilles de m'attendre. Je serai là dans quelques minutes avec des carburateurs. J'en ai plusieurs en stock.

Moins de quinze minutes plus tard, Jacques Lalancette était sur place. Par moins 20 degrés Celsius, tous deux étaient penchés au-dessus du moteur pour changer le carburateur pendant qu'à l'intérieur Joann, le *p'tit* Jacques et Mélanie (elle est née le 26 juillet 1973) grelottaient... Ils étaient sans chauffage depuis plusieurs heures.

Il était près de 6 heures lorsque nous avons repris la route à une vitesse de croisière normale, environ 140 kilomètres à l'heure, le maximum que la *Grosse Bertha* pouvait atteindre! De nouveau, Gilles s'est arrêté le long de l'autoroute près de Saint-Hyacinthe, même si tout semblait fonctionner normalement.

— C'est quoi le problème, Gilles?

Ce dernier était visiblement mal à l'aise de me répondre et il se grattait la tête.

— Pas de problème avec la mécanique, mais je vais manquer d'essence!

— Ce n'est pas grave Gilles. Il suffit d'emprunter la prochaine sortie et de faire le plein...

– Oui, mais je n'ai pas d'argent. Ma carte de crédit déborde et, à Québec, ils m'ont payé avec un chèque. Je n'ai plus d'argent comptant sur moi.

Je n'ai jamais été remboursé, mais Gilles a encore été brillant en remportant toutes les courses, même s'il n'avait pas dormi dans un lit depuis le vendredi matin!

Chapitre 4

Toute l'importance d'un contrat

Nous étions à la fin de février 1974 et Gilles venait d'être honoré au Gala de la Médaille d'Or pour son titre de champion du Québec en formule Ford, tout comme Michel Levac, de Vaudreuil, pour ses succès en motoneige.

C'était à l'époque du championnat Mark Ten, de l'ACAN (Association canadienne de l'auto-neige), et le responsable du programme, Raymond Fortin – aujourd'hui au service de promotion/publicité du *Journal de Montréal* – avait demandé aux deux pilotes d'assister à cette soirée dont il était l'un des organisateurs.

Cela a déplu à Gilles qui détestait ces soirées mondaines.

– Je n'aime pas faire le singe pour accepter des trophées sans signification. Je préfère recevoir ceux d'une victoire en piste, maugréait-il.

Il a fallu être persuasif pour le convaincre d'assister à cette soirée. Sur place, il s'est amusé tout en rencontrant des personnalités du monde des affaires. Mais, comme il avait signé un contrat – les bourses étaient également très intéressantes – pour être présent aux compétitions de motoneiges dans le cadre des *Folifrets*, à Chibougamau, dans le Nord du Québec le samedi et le dimanche, Gilles avait hâte de quitter la réception.

Le trajet nécessitait un déplacement routier de plus de 10 heures et il neigeait abondamment en quittant Montréal. J'ai pris le volant de l'une des deux voitures, mais Gilles n'a pas mis de temps à prendre ma place.

– À la vitesse que tu conduis, nous allons arriver pour la remise des trophées, dimanche soir!

Pourtant, j'avais l'impression d'être un danger public. La visibilité était nulle et l'arrière de la Mercury Montego de mon ami Yvon Larrivée – il tentait de nous suivre avec une voiture du commanditaire, avec Michel Levac à ses côtés – dérapait constamment. Gilles a donc pris la relève, tout comme Levac derrière, et les deux ont eu l'ingénieuse idée de nous prouver qu'ils étaient aussi à l'aise sur la neige au volant d'une voiture qu'au guidon d'une motoneige. Ils conduisaient aussi rapidement que si nous étions sur l'asphalte, en dépassant tout le monde comme s'ils avaient été au volant d'un 4 x4 tout terrain. C'était la première fois que je me faisais autant *brasser la cage*. Je n'étais pas effrayé, mais c'était à la limite du tolérable. Mort de fatigue (ou d'énervement?), je me suis assoupi, tout comme Yvon Larrivée et Raymond Fortin dans l'autre voiture, entre Québec et la région du Lac-Saint-Jean.

À la station d'essence près de l'entrée du Parc de Chibougamau, reliant la région du Lac-Saint-Jean à Chibougamau/Chapais, les policiers prévenaient tout le monde que la route était sur le point d'être fermée. Il neigeait trop et la poudrerie rendait la visibilité presque nulle. Évidemment, en faisant le plein, nous avons tenté de convaincre nos deux moineaux casse-cou d'abandonner, de rester sur place, d'attendre une accalmie. Leur esprit de compétition était plus fort que nos récriminations et lamentations.

– Simple! Vous restez ici, nous continuons et nous vous reprendrons lundi matin en revenant!

De la part de Gilles, c'était à prendre ou à laisser.

Comme j'avais commencé à lui faire confiance – il m'avait tellement impressionné par sa conduite dans ces conditions – je fus le premier à accepter l'offre de poursuivre. Les autres ont suivi...

La nuit tirait à sa fin. Nous nous approchions de plus en plus de notre destination, mais la fatigue commençait à avoir raison de Gilles, au point de me demander de le relever au volant. Moins d'une heure plus tard, piégé par une plaque de glace alors que le jour se levait, j'ai dérapé dans un fossé, enlisant les roues arrières.

Toute tentative de m'en sortir semblait vaine, surtout que je me souvenais de ma mésaventure du mois de février 1971 lorsque j'avais martyrisé à mort la transmission de ma Pontiac Tempest. À mes côtés, Gilles fulminait, furieux de se réveiller dans cette situation. Nous étions seuls au monde, loin de toute habitation et sans téléphone pour appeler une dépanneuse. Bien sûr, il n'y avait aucune voiture à l'horizon, personne n'ayant osé s'aventurer dans de telles conditions.

– Il faut croire qu'on ne peut pas faire confiance à un journaliste, même pas pour conduire une voiture!

Malgré nos efforts pour essayer de pousser la voiture, il n'y avait rien à faire. Finalement, Gilles a trouvé la solution: utiliser le frein à bras pour ralentir le mouvement des roues et accentuer la traction.

Est-il besoin d'ajouter que Gilles a repris le volant et que nous sommes arrivés à la piste quelques minutes avant le début des qualifications? Son jeune frère, Jacques, surnommé *Coco*, était sur place depuis la veille et il avait effectué les tours d'essais avec les machines de Gilles pour les préparer et en vérifier le bon fonctionnement. Le cadet des Villeneuve (il avait trois ans de moins que Gilles) avait suivi les traces de l'aîné et il était lui aussi impressionnant en piste avec les motoneiges préparées grâce à l'ingéniosité de Gilles.

Tous deux ont offert un spectacle inoubliable en dominant toutes les courses, laissant le valeureux Michel Levac et tous les autres derrière. Respectant la tradition des *Folifrets*, tout le monde a dignement fêté cet événement soulignant la fin de saison hivernale. Nos amis de Chibougamau s'en souviennent encore. Cette course a également marqué la fin de carrière de la *bibitte* et des motoneiges Alouette de Gilles.

Un nouveau contrat l'attendait.

Aux prises avec les dettes

Gilles était conscient que la compétition de motoneige était sa principale source de revenus et que son palmarès n'était pas suffisamment étoffé pour intéresser des commanditaires majeurs. Cependant, il ne pouvait pas abandonner, surtout qu'il devait assurer la survie de sa petite famille.

Il devait trouver 50 000 dollars pour disputer une première saison en formule Atlantic avec Écurie Canada. Au moment de signer le contrat, il n'avait pas cette somme en totalité. Il a utilisé tous ses gains hivernaux pour effectuer le premier paiement, puis il a été obligé d'emprunter à la banque sur la valeur de sa maison-roulotte... avant de la vendre sans le dire au banquier!

Gilles est donc sérieusement endetté au moment de disputer sa première course sur la piste de Westwood, en Colombie-Britannique. Sage lors de cette première course, il est tout heureux de m'annoncer qu'il a terminé troisième... ce qui va devenir son seul résultat potable de cette première année comme pilote semi-professionnel.

Durant cette première saison, en plus de plusieurs contre-performances, Gilles s'est fracturé la jambe gauche à deux endroits lors d'une violente sortie de piste à Mosport, le 1er juillet. Six semaines plus tard, il reprenait la piste à Subenacadie, près de Halifax, en Nouvelle-Écosse.

Pour endurcir sa jambe et pour apprendre à maîtriser la douleur avant la course, il appliquait la «méthode de rééducation Villeneuve», en conduisant, de Berthier jusqu'en Nouvelle-Écosse, sa puissante Ford Mustang à transmission manuelle. En partant, sa jambe est encore recouverte d'un plâtre modifié à plusieurs reprises par le «docteur Gilles» durant les six semaines de convalescence! En arrivant sur la piste, le plâtre a disparu... Gilles l'a brisé à coups de marteau.

La douleur était omniprésente. Il boitillait, mais ce n'était pas suffisant pour l'empêcher de se qualifier septième. En course, il a été obligé d'abandonner en raison d'un bris mécanique.

Il a terminé cette première saison désastreuse par un accrochage au départ du Grand Prix de Trois-Rivières, lors du week-end de la Fête du Travail. Pour compléter ce sombre tableau, il faut ajouter que les responsables de l'assurance-chômage lui réclamaient des sommes d'argent perçues pendant qu'il gagnait des bourses en motoneige.

Une redoutable équipe: la sienne

Gilles n'avait pas le choix à la fin de la saison estivale 1974. Il devait revenir à la motoneige, bien qu'il eût préféré se consacrer uniquement aux courses automobiles.

Il a décidé de retourner voir les dirigeants de Skiroule – la compagnie de motoneige qui l'a aidé brièvement au début de sa carrière – pour obtenir un appui financier. En plus de piloter leurs motoneiges durant la saison hivernale 1975, Gilles leur offrait une identification sur les deux voitures qui devaient être mises à sa disposition par Écurie Canada pour disputer le Challenge Player's l'été suivant.

Le *deal* a été long à conclure pendant l'automne et Gilles a raté la date limite fixée par Kris Harrisson pour le premier versement monétaire. Harrisson décida, à contrecœur, d'embaucher deux autres pilotes: le Suédois Bertil Roos et le vétéran Craig Hill.

À ce moment-là, Gilles était inquiet.

– Je ne sais pas comment je vais m'en sortir. Joann voudrait que j'arrête, que je me trouve un emploi stable pour assurer la sécurité de la famille, mais moi je veux devenir pilote professionnel. Même si j'ai connu une mauvaise saison l'an passé (sa première en formule Atlantic), je sais que je peux réussir.

Même si son esprit était tenaillé par l'inquiétude de ne pouvoir disputer une deuxième saison en formule Atlantic dans de bonnes conditions, Gilles s'est de nouveau illustré en motoneige avec son frère Jacques à son retour chez Skiroule. Les deux formaient une équipe redoutable, Gilles un peu partout en Amérique du Nord, Jacques au Québec.

Finalement, à moins de 10 jours du début de la saison estivale, Joann a encouragé Gilles à créer sa propre équipe en achetant une March neuve et en commandant un moteur – il était obligé de le rebâtir seul après chacune des courses puisqu'il n'en avait pas en

réserve. La compagnie Skiroule avait finalement accepté sa proposition de s'identifier sur sa monoplace durant la saison estivale.

Comme il pouvait disposer d'un espace pour travailler à
l'usine de Wickham, la *p'tite* famille a déménagé dans une maison
louée près de l'usine. Joann avait finalement un toit décent à offrir
à Jacques et à Mélanie, les deux enfants du couple qui débordaient
d'énergie autant que leur père.

Pour se déplacer d'un circuit à l'autre, Gilles empruntait la
camionnette de confection de vêtements de Séville (son père) pour
tirer une remorque fermée appartenant à Skiroule. Il pouvait l'utiliser à sa guise, été comme hiver.

Cette deuxième saison en formule Atlantic allait permettre à
Gilles de s'illustrer à la mesure de son talent, surtout lors de la
deuxième manche du Challenge Player's, à Gimli, au Manitoba.
Qualifié avec une décevante 19e place, Gilles a pleinement profité
de la piste détrempée pour remonter tout le peloton et signer sa
première victoire d'importance en course automobile.

– Le plus drôle, m'a dit Gilles au téléphone, c'est que la visibilité était nulle et que tout le monde était «arrêté». Il faut croire que
mon expérience dans la poussière de neige en motoneige a été
d'une grande utilité.

Qualifié quatrième lors de la course suivante à Mont-
Tremblant, il a continué d'impressionner en terminant deuxième.
Gilles a été tout aussi remarquable au Grand Prix de Trois-Rivières
en se qualifiant troisième derrière deux pilotes réguliers de la
formule 1 invités par les organisateurs: Jean-Pierre Jarier et Patrick
Depailler. Il luttait pour conserver sa deuxième place à 13 tours de
l'arrivée lorsqu'il s'est retrouvé dans le mur de protection à cause
d'une défaillance de ses freins.

De 16e en 1974, on le retrouvait en cinquième place au classement final du championnat.

Son nom dans le journal

Malgré cette progression, l'avenir de Gilles était loin d'être
assuré, même si deux équipes désiraient retenir ses services pour la

saison 1976. Kris Harrison d'Écurie Canada désirait l'avoir de nouveau, tout comme l'Américain Doug Shierson.

Gilles n'était pas le seul pilote convoité, puisque Bobby Rahal intéressait ces deux propriétaires. On prédisait une lutte à finir entre eux deux pour le championnat nord-américain. Rahal, devenu une star de la série IndyCar par la suite, était avantagé puisqu'il disposait des 50 000 dollars exigés pour disputer la saison. Gilles était sans le sou mais, avec sa détermination légendaire, il est parvenu à convaincre Peter Hill et Bob Lamothe, les deux têtes dirigeantes canadiennes de la compagnie Skiroule, du bien-fondé de sa proposition. Il les a assurés de retombées médiatiques gigantesques puisqu'il promettait de parader régulièrement dans le cercle des vainqueurs.

– Pierre, je sais que je vais gagner des courses en 1976 et qu'ils vont en avoir pour leur argent. Peter (Hill) et Bob (Lamothe) me croient, mais ils ne parviennent pas à convaincre l'Américain Herb Karol, le principal actionnaire de la compagnie. Pourrais-tu m'aider?

– Je veux bien essayer, mais je ne sais pas si cela pourrait fonctionner avec le journal. Monsieur (Jacques) Beauchamp n'est pas trop convaincu de l'importance des courses automobiles.

Quelques jours plus tard, j'ai répondu à l'invitation de Gilles en me rendant à Wickham pour rencontrer Peter Hill, Bob Lamothe et Herb Karol. Ce dernier m'a finalement demandé si le *Journal de Montréal* était prêt à soutenir cette commandite en publiant un reportage sur la signature du contrat. Ma réponse a été rapide:

– Aucun problème, vous ne serez pas déçu puisque nous allons publier des textes et des photos de la signature. Gilles est le meilleur pilote au pays!

Je venais de m'engager vis-à-vis d'une compagnie et de ses employés – la nouvelle a été annoncée sur le champ car Gilles était une figure populaire chez nous –, des principaux actionnaires et de Gilles.

Le lendemain, tôt en après-midi, je me suis rendu au *Journal de Montréal* pour rencontrer le directeur général Jacques Beauchamp et lui demander de publier ce reportage. Avant même d'entrer dans son bureau, j'avais la trouille, je tremblais de partout car je redoutais la réponse:

— Monsieur Beauchamp, vous savez, Gilles Villeneuve va probablement devenir champion du monde un jour et nous avons une chance de l'aider en publiant ce reportage.

— Es-tu malade, *crisse*? Le *Journal de Montréal*, ce n'est pas une feuille de chou ni un journal de quartier pour *plugger* des *chums*. Je ne veux rien savoir, ça n'a aucun intérêt pour les lecteurs. Ça ne fera pas vendre de copies.

Est-il besoin d'avouer que j'étais dévasté. Je ne pouvais pas respecter mon engagement et, dans mon esprit, l'avenir de Gilles venait de se jouer. Je mettais fin à sa carrière!

J'étais encore dans mes petits souliers lorsque, deux heures plus tard, Jacques Beauchamp est entré comme un coup de vent dans la salle de rédaction en criant haut et fort:

— Lecours, c'est quoi ton histoire?

J'ai repris les explications que je lui avais déjà données. Alors, il m'a enlevé un building de 50 étages de pression sur les épaules en me disant:

— Parle à Réal Desrosiers (il était le responsable de la couverture du sport motorisé à cette époque). Donne-lui les détails et dis-lui de venir me voir après. On va faire quelque chose pour ton *chum*, mais il est mieux de ne pas nous chier dans les mains, sinon tu vas apprendre à me connaître!

Le 21 novembre 1975, Réal Desrosiers publiait une série de textes répartie sur deux pages dans le *Journal de Montréal* avec plusieurs photos pour souligner cette signature de contrat.

Peu de temps après, il partait pour un long séjour sur son voilier. J'allais prendre sa relève et assurer la couverture de quelqu'un qui allait devenir une légende en s'imposant comme l'un des grands pilotes de l'histoire, sans toutefois devenir champion du monde!

Chapitre 5

Une année de rêve

Vers le milieu du mois d'août 1975, à son retour de vacances, le directeur des sports du *Journal de Montréal*, Jean-Pierre Sanche, m'a fait venir dans son bureau. Il désirait me parler sérieusement, selon une de ses expressions favorites.

— Pierre, je dois t'avouer que nous sommes heureux de ta progression, de ton travail comme journaliste depuis que tu as quitté les *stats*. Réal (Desrosiers) nous a demandé de prendre un congé sabbatique d'un an. Nous aimerions que tu le remplaces comme responsable de la couverture des événements de sport motorisé à compter de l'an prochain. Question de prendre un peu d'expérience, tu pourrais l'assister lors de quelques événements majeurs comme le Grand Prix de Trois-Rivières (week-end de la Fête du Travail) et le Grand Prix des États-Unis à Watkins Glen (5 octobre).

La réponse n'a pas tardé à venir et je pense que Jean-Pierre n'avait pas encore fini de me parler que j'avais commencé, du moins intérieurement, à célébrer. Finalement mon rêve se réalisait!

Évidemment, cela représentait le plus grand défi de ma jeune carrière. Ça ne m'inquiétait pas outre mesure, même si j'avais de sérieuses carences au chapitre de mes connaissances. J'étais bien *branché* pour obtenir les informations dans les disciplines de la moto, du motocross, de la motoneige, du stock-car et de l'accéléra-tion puisque j'y avais travaillé, directement ou indirectement, comme mécanicien, publiciste, photographe ou journaliste, lors des neuf années précédentes. Mais c'était une autre histoire pour les épreuves en circuit routier comme la formule Ford, la formule Atlantic et la formule 1. Mon expérience se limitait à un rôle de spectateur à deux courses à Trois-Rivières, deux à Sanair et une à Mont-Tremblant.

J'éprouvais une certaine sérénité car j'avais mon *chum* Gilles Villeneuve que j'avais surtout côtoyé en motoneige jusque-là. Il s'imposait de plus en plus comme le meilleur pilote au pays. Nous avions un point en commun. Il était aussi déterminé à mener sa carrière à bon port que je pouvais l'être à réussir dans mon métier. Gilles avait un avantage sur moi. Il était sûr de lui et c'était clair dans son esprit que le meilleur était à venir.

Quant à moi, je m'inquiétais de la qualité de mon français qui laissait toujours à désirer. J'ai donc décidé de fournir un effort supplémentaire pour l'améliorer, en plus d'essayer d'obtenir en primeur les meilleures informations, le fameux *scoop* qui se veut la *nourriture* des journalistes professionnels désireux de réussir. Entêté et déterminé, je motivais mes efforts en pensant que si je parvenais à publier régulièrement des nouvelles avant tout le monde, mes *boss*, Jacques Beauchamp et Jean-Pierre Sanche, seraient indulgents quant à la qualité de mon français. Ils accepteraient peut-être de me garder, même au retour de Réal Desrosiers prévu pour 1977.

Une motoneige révolutionnaire

J'ai profité du Grand Prix de Trois-Rivières pour discuter de mes nouvelles fonctions et responsabilités avec Gilles Villeneuve.

Sa réponse a été directe:

– Je suis très heureux. Nous allons travailler ensemble l'été prochain et je suis certain que nous allons bien nous amuser, surtout si je renouvelle mon entente avec Skiroule.

Il a vu juste. Notre collaboration a commencé sur une bonne note avec mon intervention pour l'aider à concrétiser cette signature.

À ce moment-là, Gilles m'a fait des confidences sur le développement d'une nouvelle motoneige révolutionnaire qu'il entendait utiliser avec son frère Jacques pendant la prochaine saison hivernale, sa dernière! Il avait abandonné l'idée de reconstruire un bolide comme la spectaculaire *bibitte* et consacrait plus de temps au développement d'une nouvelle suspension indépendante à l'avant. Elle offrait l'avantage de permettre un transfert de poids sur les skis, ce qui améliorait la tenue de route dans les virages.

Après sa saison de course automobile, en raison des interminables discussions pour le renouvellement du contrat, Gilles avait pris du retard dans la production de ses nouvelles motoneiges de compétition. Il a été obligé de travailler jour et nuit à la fabrication des pièces durant la période des Fêtes. Le jeudi soir avant de partir pour Peterborough (Coupe Kawartha), en Ontario, théâtre de la première course de la saison, toutes les pièces étaient finalement prêtes, mais les machines n'étaient pas assemblées.

Comme il devait obligatoirement être sur place le vendredi pour l'inspection technique, Gilles et ses mécaniciens avaient chargé la remorque de toutes les pièces détachées. Pendant les sept heures de route entre Wickham et Peterborough, lui, son frère Jacques et ses compagnons – ils n'avaient pas dormi de la nuit – assemblaient les machines dans la remorque, pendant que je conduisais le camion!

Évidemment, nous sommes arrivés quelques minutes avant le début des premières séances de qualification et il a fallu supplier les officiels d'accepter notre retard pour la vérification technique. Pendant que ses aides complétaient les dernières formalités, Gilles se déguisait en pilote et se présentait le dernier sur la grille de départ.

Aux guidons d'une machine inédite, un pur prototype, Gilles s'est imposé en remportant cette *qualif* avec une facilité déconcertante. Tout le monde a été estomaqué. Pendant des heures et des heures, il a eu droit à des visites de *courtoisie* de la part des autres concurrents. On voulait voir le secret de cette nouvelle réussite. Encore aujourd'hui, toutes les motoneiges, y compris celles utilisées dans les sentiers, sont équipées d'une suspension indépendante dont Gilles a été le précurseur.

Malheureusement pour lui, un bris de courroie l'a empêché de remporter la victoire en finale.

Ses succès ont été nombreux au cours de la saison, mais cela n'avait plus beaucoup d'importance pour lui. Il était sur la piste par obligation, puisqu'il devait respecter ses engagements. Son esprit était ailleurs... Il préparait sérieusement sa prochaine saison de course automobile.

Visite à Daytona

La saison s'est amorcée plus tôt que prévu, soit le premier week-end de février. Le vétéran et richissime pilote ontarien Mœ Carter, propriétaire d'une concession automobile à Hamilton, a invité Gilles à être son coéquipier pour participer à la célèbre classique des 24 Heures de Daytona, en Floride. Carter était l'un des meilleurs Canadiens dans les courses de voitures de type sedan modifiées pour évoluer en Trans-Am.

Évidemment, il lui demandait une contribution monétaire et Gilles ne pouvait pas accepter sans une aide supplémentaire de Skiroule. Malgré les excellentes retombées des premières courses de la saison en motoneige, les patrons n'étaient pas tellement chauds.

– Pierre, comme tu l'avais fait à l'automne, pourrais-tu venir pour essayer de les convaincre?

Effectivement, si cela avait fonctionné une première fois, pourquoi ne pas essayer une deuxième. Les *boss* au Journal ont été beaucoup plus réceptifs, acceptant même de m'envoyer sur place. Cela m'a permis de sortir du pays pour la deuxième fois (l'autre avait été mon voyage de noces) et j'ai été franchement impressionné par l'importance du célèbre complexe Daytona International Speedway. Je l'ai été encore davantage par les performances de Gilles qui s'est rapidement adapté à une première expérience au volant d'un aussi gros bolide que la puissante Camaro de Mœ Carter.

Même si Carter était un vétéran de cette compétition et qu'il connaissait parfaitement le circuit et son bolide, Gilles l'a devancé par deux secondes durant un tour de piste lors de la qualification. Malheureusement, l'expérience s'est terminée rapidement lorsque le moteur de la Camaro a explosé, provoquant un immense nuage de fumée alors qu'il roulait à plus de 150 milles à l'heure sur la ligne droite. Gilles complétait alors le septième tour de la séance préparatoire. Malgré l'huile répandue sur ses pneus, Gilles a parfaitement contrôlé le bolide en perdition pour s'immobiliser sans rien toucher et Mœ Carter, toujours bien vivant à 70 ans, doit encore se demander comment il a pu réussir cet exploit!

Carter a pris le départ de cette épreuve d'endurance et, à la 90e minute, tout comme Villeneuve, il a été victime d'un bris de moteur forçant l'étrange duo à se retirer de cette compétition.

— J'aurais au moins aimé conduire en course, question de m'amuser un peu, même si l'idée de ne pas conduire à la limite pour préserver la mécanique n'était en rien réjouissante.

Un bon début de saison

L'achat de deux monoplaces March 76B (peintes en vert aux couleurs de Skiroule) et l'embauche de Ray Wardell, un ingénieur de renom qui avait travaillé en formule 1, avaient affecté le budget d'Écurie Canada. Les essais privés ont donc été limités au strict minimum, c'est-à-dire quelques journées de rodage au mois de mars en Géorgie.

— Avant même d'amorcer la saison, nous accusons du retard, maugréait Gilles, car Bobby (Rahal) a déjà roulé avec l'équipe Shierson. Par contre, mes premiers contacts avec Ray Wardell ont été très bons et j'ai confiance en lui. Je pense que nous allons bien nous entendre.

En fait, Gilles avouera plus tard que l'embauche de cet ingénieur britannique a été le point tournant de sa carrière. Passionné de mécanique, il pouvait finalement discuter avec une personne qui parlait le même langage que lui.

— En plus, j'aime sa méthode de travail. J'ai l'impression d'en apprendre toutes les fois que je discute avec lui.

C'est tellement vrai que Gilles semble un pilote transformé lorsqu'il se présente au circuit de Road Atlanta, en Géorgie, pour la première course de la saison, le deuxième week-end d'avril. Il en profite pour décrocher la première position de tête de sa carrière, obtenir sa deuxième victoire en plus de réussir le meilleur tour en course.

Selon notre entente, Gilles devait me téléphoner immédiatement après la course, mais à 18 heures, il n'avait toujours pas donné signe de vie. J'avais demandé aux responsables de réserver de l'espace pour publier le résultat de cette première course de la saison et je commençais à m'inquiéter. Et comme il s'agissait d'une épreuve de la série américaine, on ne pouvait pas compter sur l'excellence des services de presse du Challenge Player's pour avoir de l'information. J'ai finalement pu joindre un des responsables au centre de presse de la piste.

— Pouvez me dire qui a remporté la course de formule Atlantic cet après-midi?

— Yes, his name is Vi..... Sorry I can not pronounce his name sir!

— Okay, no problem, I know his name.

Effectivement, les Américains à l'époque ne parvenaient pas à prononcer correctement Villeneuve. Cela a bien changé depuis!

Gilles s'est finalement souvenu quelques heures plus tard de sa promesse alors qu'il avait repris la route avec sa roulotte motorisée — une nouvelle acquisition pour le confort de sa *p'tite* famille — et qu'il avait été obligé de s'arrêter pour faire le plein.

— Tout s'est merveilleusement bien passé. La voiture était parfaite et je n'ai eu qu'à la conduire à la limite. Je pense que nous allons connaître une grosse saison. Ray Wardell m'a vraiment impressionné. Nous allons former un duo difficile à vaincre d'ici la fin de l'année, m'a affirmé Gilles avec la confiance qui le caractérisait si bien.

Quant à mes patrons, ils étaient heureux le lundi matin de savoir que mon *protégé* avait livré la marchandise avec ce premier triomphe et que nous étions les seuls à publier cette information.

Les victoires s'accumulent

Gilles n'avait pas l'intention de s'arrêter là. Un mois plus tard, il ajoutait une deuxième puis une troisième victoires obtenues à

Laguna Seca et sur la piste Ontario Speedway, en Californie, avec, en prime, deux autres positions de tête et le meilleur tour en course. Tout comme lors de l'épreuve en Géorgie, Gilles a respecté son engagement en me téléphonant pour me raconter ses exploits en *exclusivité*.

La semaine suivante, le rendez-vous était fixé à Edmonton, en Alberta, pour la première des cinq manches du championnat canadien Challenge Player's. Bill Brack, Tom Klausler et Bobby Rahal, les autres favoris de la série, espéraient priver Gilles d'une autre victoire.

Cette fois, les patrons du Journal ont accepté ma proposition et j'étais sur place pour cette quatrième course de la saison.

— Je suis heureux de voir quelqu'un du Québec arriver. Nous sommes partis depuis plus d'un mois — il s'était rendu jusqu'en Californie avec sa roulotte motorisée en compagnie de Joann et des enfants — et nous aimons bien l'expérience, sauf que j'avais hâte d'avoir des nouvelles de chez nous.

Gilles était un passionné de hockey et son idole était Guy Lafleur qu'il souhaitait rencontrer. Il savait que ce héros national était un passionné de voitures sportives. Il avait un plan diabolique à lui soumettre.

Mon déplacement en Alberta a été une plus grande réussite que celui de la Floride trois mois plus tôt, puisque j'avais pu être témoin de sa quatrième position de tête consécutive et de sa quatrième victoire de l'année.

— Oui, j'ai encore gagné, disait Gilles après la course, mais ce fut la plus difficile à obtenir jusqu'à maintenant. Bill Brack était menaçant tout juste derrière moi.

Le lendemain, Gilles reprenait la route vers l'Ouest pour y disputer la course suivante, deux semaines plus tard, à Westwood, en Colombie-Britannique, là où il avait amorcé sa carrière en formule Atlantic avec une troisième place.

— Cette fois, j'y vais pour la victoire. En fait, je veux toutes les gagner d'ici la fin de l'année.

Son rêve s'estompa lors de cette épreuve disputée sous une pluie torrentielle. De nouveau premier lors de la qualification, il dominait par 18 secondes lorsque le carburateur rempli d'eau provoqua l'arrêt du moteur, un blocage des roues arrières et une sortie de piste.

Rapidement, Gilles a repris la route en direction du Manitoba pour y laisser sa femme Joann, Jacques, Mélanie et la chienne Princesse qui venait de mettre au monde six chiots durant le périple.

Lui, il avait rendez-vous avec son ingénieur Ray Wardell, en France, pour y disputer le célèbre Grand Prix de Pau de formule 3. Il y piloterait une March préparée par Ron Dennis à la suite d'un échange promotionnel entre les organisateurs de cette épreuve et ceux du Grand Prix de Trois-Rivières. Parmi ses adversaires, il y avait des pilotes comme Patrick Tambay, Eddie Cheever, Jacques Laffite et René Arnoux que Gilles allait retrouver quelques mois ou quelques années plus tard.

Un peu perdu dans ce nouvel environnement européen, Gilles s'est qualifié en 10e place au volant d'une voiture différente et sur un circuit inconnu. Il a connu un bon départ au point de livrer bataille aux six premiers, mais il n'était plus en piste lorsque René Arnoux croisa la ligne d'arrivée le premier pour remporter sa première victoire d'importance. Gilles a été obligé d'abandonner en raison d'une surchauffe de son moteur.

À son retour au pays, Gilles a répété son exploit de l'année précédente au circuit de Gimli, au Manitoba, avec une cinquième victoire en six départs. De plus, il occupait la première place sur la grille pour une sixième course consécutive.

La prochaine étape avait lieu à Mosport, en juin, mais des difficultés se pointaient à l'horizon et remettaient en question la saison de Gilles.

Entre-temps, il avait un important rendez-vous avec son idole...

Chapitre 6

La rencontre avec le Démon blond

En quittant le Manitoba après sa cinquième victoire en six courses, sans oublier ses six positions de tête, Gilles aurait eu toutes les raisons au monde d'être heureux. Pourtant, il était préoccupé à la veille de la prochaine course à Mosport, en Ontario. Des rumeurs commençaient à circuler sur les difficultés financières de la compagnie Skiroule. Comme tout le monde le redoutait, quelques jours avant la course ontarienne, Kris Harrison, le patron d'Écurie Canada, recevait un appel de la banque: le dernier chèque pour défrayer les coûts de la commandite avait été retourné; il n'y avait plus de fonds dans le compte de banque. Skiroule était en faillite.

Gilles était désespéré, tout comme Harrison qui n'avait plus de ressources financières pour honorer les chèques envoyés à ses fournisseurs. Or, comme Gilles constituait une attraction, les promoteurs de Mosport – ils étaient eux-mêmes dans une situation financière précaire – ont accepté de verser un boni supplémentaire pour assurer sa présence à cette épreuve. Mais, lorsque Harrisson leur fit savoir que ce n'était pas suffisant, les négociations se terminèrent dans un cul-de-sac.

Malgré tous les efforts déployés pour essayer d'intéresser des compagnies, Gilles a dû se résigner. Pas d'argent, pas de voiture en piste!

– Je suis convaincu que nous aurions gagné de nouveau. Je ne peux pas croire qu'il n'existe pas de solution. Je risque de perdre le championnat maintenant, disait Gilles, la rage au cœur.

Je ne l'avais jamais vu aussi malheureux.

Comment froisser des tôles sans trop forcer...

Question d'acquérir une certaine expérience et de jauger mes capacités de pilote, j'avais accepté de participer à la première saison du Volant québécois, une série conçue par le confrère Gilles Bourcier, qui regroupait exclusivement des petites voitures Honda Civic.

Des pilotes de renom comme Jacques Bienvenue, Jean-Paul Pérusse et Richard Spénard couraient dans la classe Élite. À titre de recrue, j'étais inscrit dans la catégorie Espoir avec les frères Patrick et René Wittmer, ainsi qu'un certain Jacques Villeneuve, heureux de disputer sa première saison de course automobile.

En ce week-end de juin, nous étions à Mosport pour participer à une course de soutien. Selon une entente prise avec les dirigeants de la série, mes commanditaires personnels et Ron Bracken, de la piste d'accélération de Napierville, propriétaire de la voiture, je confiais le volant de ma petite Honda Civic jaune à Gilles Villeneuve alors que ce dernier était disponible. Voulant être bon prince, je lui ai offert de piloter pour compenser sa déception à Mosport. Il a voulu me décapiter pour cette proposition.

– Es-tu malade? Je ne veux rien savoir de ta boîte à sardines!

Le message était clair mais, quelques semaines plus tard, il conduisait ma *p'tite* Civic lors d'une course à Sanair. Gilles s'est amusé comme un enfant qui découvrait un nouveau jouet. Luttant pour la première place avec Jacques, son frère cadet, il s'amusait à négocier le deuxième virage en utilisant le mur de protection en ciment de la piste d'accélération pour empêcher la voiture de trop déraper.

À la fin de la course, je n'avais jamais vu une voiture aussi *fripée*. Gilles se tordait de rire. Moi, j'étais livide en pensant à la facture à payer... J'étais responsable des dommages à la carrosserie qui devait être impeccable en tout temps.

– Excuse-moi. Je ne savais que tu devais payer pour les dommages. Je voudrais bien t'aider, mais je n'ai pas d'argent!

Quelques semaines plus tard, cette fois sur la piste ovale du complexe de Sanair, j'ai pu récupérer un peu d'argent en obtenant le meilleur résultat de ma courte carrière: deuxième au classement général derrière Jacques Bienvenue, mais premier dans ma catégorie devant Jacques Villeneuve. Il y avait également un certain Richard Spénard que j'ai dépassé avec beaucoup de plaisir.

Même en ratant quelques courses, j'ai terminé la saison en troisième place chez les débutants, championnat gagné par Villeneuve.

Le «clan Wittmer» (les propriétaires de Honda de Sigi) m'a sorti de piste lors de la dernière course pour permettre à René de terminer tout juste devant moi au classement final!

Après cette mésaventure, et comme j'avais des propositions pour continuer en course automobile, ma femme Carole, enceinte de Mélanie, m'a lancé un ultimatum:

– Choisis! Ta carrière de journaliste ou la course automobile, mais je n'ai jamais voulu être marié à un pilote qui risque sa vie.

Je n'avais vraiment pas le choix.

Son idole, une certain Lafleur...

Pour revenir à Gilles, il faut avouer qu'après ce mois de juin 1976 désastreux, il ne voyait pas beaucoup de lumière au bout du tunnel. Il se sentait emprisonné par la situation et n'entrevoyait pas de miracle à l'horizon, même si la faillite de Skiroule l'arrangeait.

– Au moins, je n'aurai pas à disputer la prochaine saison de courses en motoneige. Ça ne m'intéressait plus vraiment de me faire geler à moins 20 degrés Celsius. Je voudrais me consacrer uniquement à ma carrière de pilote automobile.

Avec son talent, on ne pouvait pas le blâmer de penser ainsi. Sauf qu'il devait trouver une source de revenus pour nourrir sa famille.

Durant les éliminatoires de hockey du printemps, même s'il était sur la route pour disputer les premières courses de la saison, Gilles s'intéressait aux performances de son idole Guy Lafleur, le joueur vedette du Canadien de Montréal. Le lendemain des matchs, il m'appelait pour me demander:

— Qu'arrive-t-il à Ti-Guy? Pourquoi il n'a pas compté trois buts?

À l'occasion de l'un de ces appels, il m'a demandé de lui organiser une rencontre avec ce héros national.

— J'ai lu quelque part que c'était un maniaque de char. Demande-lui s'il est intéressé à conduire ma monoplace. Nous pourrions organiser une journée à Mont-Tremblant en secret.

Quelques jours plus tard, j'ai demandé au confrère Bertrand Raymond, responsable de la couverture du hockey à l'époque, comment je pouvais joindre le Démon blond pour lui parler de ce projet osé.

— Ce sera difficile. Il est très sollicité. Durant les éliminatoires, les joueurs sont moins disponibles. Tu peux toujours essayer de lui parler en venant à la pratique demain. Mais, je te préviens que ce sera difficile de l'approcher.

Comme Gilles tenait beaucoup à cette rencontre, ce n'est pas cette mise en garde qui allait stopper mes démarches, surtout que j'avais l'intention de garder l'exclusivité de cette journée pour le *Journal de Montréal*. Je me suis rendu au Forum et je me suis placé tout près de la porte utilisée par les joueurs pour sortir de la glace. Mes genoux tremblaient, j'avais les mains en sueur et l'eau me pissait sur le visage et dans le dos lorsque Guy Lafleur s'est approché.

— Serait-il possible de te rencontrer pour parler de Gilles Villeneuve. Tu sais, le pilote qui a gagné toutes ses courses jusqu'à maintenant? Il aimerait t'inviter à conduire sa voiture de course!

Un hockeyeur vedette qui rêve de piloter

Lafleur était estomaqué. Le visage tout souriant, avec ses yeux pétillants comme s'il venait de compter le but victorieux d'un septième match de la coupe Stanley, il m'a demandé:

— Es-tu sérieux? Depuis le temps que je rêve de conduire une voiture de course.

Après quelques secondes de réflexion, il a ajouté:

– Écoute, je m'en vais prendre ma douche. Ce ne sera pas long. Si tu as le temps, nous irons prendre un café.

J'avais tout le temps au monde pour mener à bien ce projet.

Nous avons parlé de Gilles, de ses succès, de ses difficultés à trouver un soutien financier sérieux et de l'admiration qu'il avait pour son talent de joueur de hockey. Véritable passionné de voitures, Lafleur m'écoutait comme si je racontais un conte de fée à un enfant. Il n'a pas mis beaucoup de temps pour accepter la proposition.

– Ce n'est pas possible maintenant. Lorsque les séries seront terminées, au mois de juin, tu peux compter sur moi. Il ne faudrait pas en parler avant. Je ne voudrais pas que les dirigeants du club m'empêchent d'y aller. Après avoir conduit, il sera trop tard.

Avant de partir, il m'a donné son numéro de téléphone personnel en me disant:

– Dis à Gilles de m'appeler!

Le 16 mai (la journée de la victoire de Gilles à Gimli, au Manitoba), la saison de hockey prenait fin avec la victoire du Canadien contre les Flyers de Philadelphie.

Comme prévu, Gilles a téléphoné à Guy Lafleur pour lui confirmer son invitation.

– Je n'ai jamais été aussi nerveux au téléphone. Mais il a accepté tout de suite même si sa femme Lise ne semble pas aimer l'idée.

J'ai rencontré Guy Lafleur chez lui, à Beaconsfield, quelques jours plus tard pour finaliser les détails. J'avais apporté avec moi des combinaisons de course, pour en trouver une à sa grandeur, et un casque protecteur.

Complicité de deux champions

Tout était en place pour la semaine suivante. Le rendez-vous a été fixé au 1er juillet. J'ai même discuté avec les dirigeants de l'école Jim Russell pour qu'une formule Ford soit à la disposition de Lafleur avec un instructeur spécialisé. Il était important de lui enseigner les rudiments de base avant de l'asseoir dans la formule Atlantic de Gilles.

J'étais sur place à 7 heures le matin, Gilles aussi avec sa roulotte. Il était accompagné de sa femme Joann, de Jacques, de Mélanie et de quelques amis. Tout était prêt. L'attente a été longue jusqu'à 10 heures, moment fixé pour le rendez-vous. Lafleur est arrivé avec quelques minutes de retard, tout souriant. Sa femme Lise l'était beaucoup moins. La rencontre des deux vedettes a été chaleureuse. Ils n'ont pas mis beaucoup de temps à rire ensemble.

Comme prévu, le photographe du *Journal de Montréal* était sur place pour immortaliser les meilleurs moments de cette journée. Malheureusement, il y avait aussi celui d'un quotidien concurrent, car Lafleur avait discuté de ce projet avec des amis qui ont prévenu un autre journal. Seule compensation, j'étais le seul journaliste sur place. Cela m'a permis de raconter en détails et en exclusivité les meilleurs moments de cette journée.

Tout le monde s'est amusé. Joann a préparé la bouffe pour tous. Nous avions planifié d'inviter Lafleur et sa femme dans un restaurant en soirée. Lafleur a commencé par accepter l'invitation, désireux de connaître davantage Gilles qu'il avait apprécié dès les premiers instants de leur rencontre. Sa femme Lise a prétexté d'autres engagements pour l'inciter à partir plus tôt. Elle n'avait vraiment pas aimé voir son mari, vedette de hockey, déguisé en pilote de course! Avant de partir, Lafleur a invité Gilles à venir le voir jouer l'automne suivant au Forum. Cette amitié s'est poursuivie jusqu'au décès de Gilles en 1982.

Un sauveur nommé John Lane

Cette rencontre historique n'a pas réglé tous les problèmes de Gilles, même si Guy Lafleur avait recommandé à Gilles d'entrer en contact avec son agent Gerry Petrie à New York, promettant d'inciter l'homme d'affaires américain à s'occuper de lui.

À deux semaines de la prochaine course prévue au calendrier, celle du Circuit Mont-Tremblant, Gilles et son patron Kris Harrisson d'Écurie Canada n'avaient toujours pas trouvé de solution miracle. Skiroule était sur le point de fermer ses portes définitivement. Il n'y avait rien à faire pour le dernier versement de la commandite.

Lors du séjour en Californie, Gilles avait rencontré John Lane, un New-Yorkais fortuné qui se passionnait pour la course automobile. Lane avait répondu à l'invitation de l'ingénieur Ray Wardell, un ami personnel, pour rencontrer Gilles. Instantanément, Lane s'est entiché du pilote québécois. Après s'être fait expliquer en détails la situation financière de l'équipe, il a finalement proposé une solution: racheter immédiatement les deux voitures de Gilles au coût de 25 000 dollars et en prendre livraison à la fin de l'année. Cela avait l'avantage de payer les dettes et de fournir suffisamment d'argent pour disputer la course québécoise.

Tout le monde s'est donc retrouvé à Mont-Tremblant dès le jeudi pour une journée d'essais libres avant le début du week-end. Alors que Gilles roulait plus vite que le record de la piste, il effectua une violente sortie au troisième virage. Il n'a pas été blessé, mais la voiture était sérieusement amochée, beaucoup trop pour être utilisée durant le week-end.

– Je ne sais pas ce qui s'est produit et je ne veux pas le savoir maintenant. Préparez-moi immédiatement l'autre voiture car je veux retourner sur la piste avant la fin de la journée, a-t-il dit en revenant dans la voiture que je conduisais.

Après avoir vu l'épave, tout le monde s'étonnait que Gilles ne se soit pas blessé. Cela n'avait pas d'importance à ses yeux. Il voulait retourner sur la piste immédiatement pour effacer rapidement de sa mémoire les souvenirs de l'accident.

Il a mis moins de cinq tours avec son *mulet* pour rouler aussi rapidement qu'avec sa première voiture.

Le week-end pouvait commencer.

Après une magistrale bataille avec les Américains Tom Klausler et Bobby Rahal, Gilles a décroché sa sixième *pole position* de l'année. Il devait conserver cette première place jusqu'à l'arrivée pour remporter sa première victoire professionnelle en sol québécois.

Après cette victoire spectaculaire, il m'a confié:

– Je veux gagner le championnat, mais avec des victoires. Pas avec des deuxièmes ou des troisièmes places. Ce qui m'intéresse, c'est de gagner toutes les courses.

Chapitre 7

Gaston Parent répond à l'appel

Normalement, Gilles aurait eu toutes les raisons du monde d'être heureux en ce mois de juillet, quelques jours avant le début des Jeux olympiques de Montréal. Il connaissait une saison de rêve en exprimant brillamment son talent sur les pistes nord-américaines. La fierté de Berthierville venait de gagner devant les siens au circuit Mont-Tremblant. Tous ses amis étaient sur place pour applaudir son exploit et Gilles s'était lié d'amitié avec Guy Lafleur, son idole de l'époque.

Pourtant, il était inquiet. L'anxiété le rongeait. Il savait que son avenir passait par l'arrivée d'un sauveur encore inconnu, d'une personne qui pourrait lui ouvrir les portes d'une compagnie internationale désireuse de l'appuyer financièrement comme commanditaire majeur. Il y a une vingtaine d'années, c'était encore plus difficile à trouver qu'aujourd'hui.

Mais où la trouver, cette solution divine?

À Montréal? À New York où habitaient John Lane et Gerry Petrie, l'agent d'affaires de Guy Lafleur et de quelques autres vedettes de la Ligue nationale de hockey?

Depuis 1971, je collaborais au développement du programme Autosport Molson pour populariser les compétitions de stock-car et d'accélération au Québec, ainsi qu'au championnat de motocross Laurentide. Au début, comme photographe avec Yvon Larrivée, puis dans la rédaction des textes pour les cahiers de presse. Je travaillais en étroite collaboration avec Robert St-Onge,

une sommité au Québec pour développer des concepts de publicité et de communication. Robert dirigeait Communication
Par-le, l'une des nombreuses compagnies de Gaston Parent, un
homme d'affaires montréalais reconnu pour ses talents de gestion-
naire et de concepteur d'art graphique. Gaston Parent siégeait aussi
au conseil d'administration de nombreuses compagnies. Il avait la
réputation très enviable d'être un maître dans l'art d'analyser des
situations difficiles pour trouver rapidement des solutions. C'était
l'homme à rencontrer, mais comment y parvenir? Il était davantage attiré par la pêche, la chasse et les safaris en Afrique que par la
course automobile. À l'exception de son mandat, par l'entremise
de sa firme de communication dirigée par Robert St-Onge,
Gaston Parent n'avait aucun lien avec le sport motorisé. Il en
connaissait encore moins les vedettes.

Le S.O.S.

Peu de temps après le succès médiatique de la rencontre
Lafleur-Villeneuve et des premiers tours de piste du joueur de
hockey au volant de la monoplace de Gilles, j'ai participé à une
réunion pour la préparation des textes d'un prochain cahier de
presse. Le meeting s'est prolongé jusqu'au repas du midi. J'ai alors
commencé à discuter avec Robert St-Onge.

— Tu sais, Robert, nous travaillons beaucoup sur les projets de
Molson pour essayer de développer des têtes d'affiche québécoises.
Durant ce temps, il y a Gilles Villeneuve dont la carrière risque de
prendre fin prochainement. Il a beaucoup de talent. Il a gagné la
majorité de ses courses cette année. Il domine le championnat
canadien Challenge Player's et la série américaine. Gilles sera sans
conteste la tête d'affiche du prochain Grand Prix Molson de
Trois-Rivières, mais son équipe a présentement de sérieuses difficultés financières. Il faudrait trouver une façon de l'aider, ai-je
raconté à Robert St-Onge.

— Il faudrait, m'a-t-il répondu, que j'en discute avec Gaston
(Parent). Il a beaucoup de contacts dans le monde des affaires.
Quant à Trois-Rivières, il ne faut pas trop s'inquiéter. Nous ferons
tout pour qu'il soit en piste.

– L'idéal serait d'organiser une rencontre. Gaston Parent pourrait faire sa connaissance afin de mieux le juger.

– Bonne idée. Je vais en discuter avec Gaston.

Il n'était pas facile d'avoir un rendez-vous avec Gaston Parent. Il voyageait beaucoup et son horaire lui offrait peu de flexibilité. La bonne nouvelle, c'est qu'il n'avait pas dit non à Robert St-Onge. Il faut préciser que Robert a toujours été un vendeur d'idées exceptionnel. Comme il fallait le redouter, il a fallu quelques semaines avant d'obtenir ce rendez-vous, soit après la course au Circuit de Mont-Tremblant.

Évidemment, je tenais Gilles au courant de mes démarches. De son côté, il tentait de joindre Gerry Petrie à New York. Je lui ai même dit:

– Ce rendez-vous pourrait devenir le plus important de ta carrière. Si Gaston Parent décide de collaborer, cela t'aidera énormément. Tout ce qu'il touche se transforme en or!

La victoire à Mont-Tremblant n'a pas manqué d'engendrer d'excellentes retombées médiatiques, surtout que tous les journalistes adoraient Gilles pour son sens de l'humour, l'intelligence de ses réponses et sa vivacité d'esprit.

Gaston Parent avait eu vent de ce succès lorsque nous l'avons rencontré à son bureau de la rue Beaver Hall, à Montréal, tôt un jeudi matin. À ce moment-là, Gilles était dans une situation délicate. Il devait trouver 5 000 dollars avant 72 heures ou il ne participait pas à la prochaine course, 10 jours plus tard, sur la piste de Shubenacadie près de Halifax. Le patron d'Écurie Canada, Kris Harrison, était intraitable: pas d'argent, pas de course.

Gilles me pardonne une gaffe

Gilles rageait de voir ses efforts ainsi freinés et il l'a fait sentir dès les premiers instants à Gaston Parent.

Au début, l'accueil a été froid.

Déterminé, Gilles était aussi convaincant que charmeur avec sa franchise déconcertante. Il n'a pas hésité à se mettre à nu devant cet important homme d'affaires, en lui confiant toutes ses difficultés financières. Gaston Parent n'a pas résisté longtemps. On pouvait presque l'entendre réfléchir. Son cerveau travaillait aussi vite que Gilles pouvait rouler sur piste. Il cherchait une solution rapide, griffonnant quelques notes sur une feuille de papier placée devant lui sur son bureau.

C'est à ce moment-là que j'ai failli tout bousiller.

— Monsieur Parent, si vous le permettez, j'aurais une question importante à vous poser avant que nous allions plus loin.

— Aucun problème, j'écoute.

— Lors d'une récente rencontre, Guy Lafleur a recommandé à Gilles de s'entendre avec Gerry Petrie pour s'occuper de ses affaires. Pensez-vous avoir d'aussi bons contacts que lui, même si vous n'êtes pas à New York?

Je venais de rater une excellente occasion de me la fermer. La réponse a été cinglante, et je la méritais:

— Écoute-moi bien, jeune homme! Si je ne peux pas aider Gilles Villeneuve ici à Montréal, personne ne pourra le faire dans le monde!

Le tout dit sur un ton impressionnant qui ne tolérait aucune réplique. À mes côtés, Gilles m'a fusillé du regard. Lui aussi avait compris que j'avais failli tout foutre en l'air en insultant Gaston Parent de la sorte. Heureusement, le courant électrique passait bien entre Gilles et Gaston. Je n'avais rien court-circuité!

Quelques instants plus tard, l'homme d'affaires montréalais en apporta la preuve:

— Gilles, pourrais-tu me laisser le numéro de téléphone de Kris Harrison. Je vais essayer de le joindre aujourd'hui pour étudier la situation. Je te rappelle d'ici la fin de la journée.

Moins de 24 heures plus tard, Gaston Parent rappelait comme promis pour soumettre à Gilles une solution:

— J'ai déjà fait parvenir l'argent à Kris Harrison pour assurer ta présence à la prochaine course. Ensuite, nous lancerons un appel au public et à différentes compagnies pour amasser de l'argent en créant le Fonds Gilles-Villeneuve. Nous allons convoquer les journalistes à une rencontre de presse à ton retour de Halifax. Bien sûr, cela nous aiderait si tu gagnais cette course.

Tout heureux, Gilles n'a pas hésité à lui répondre:

– Vous pouvez compter sur moi!

C'était la dernière fois que Gilles le vouvoyait. Ils ont scellé une entente de collaboration par un échange de poignées de main. Gilles n'avait pas besoin de signer un contrat pour respecter sa parole, ni Gaston Parent.

Finalement, Gilles voyait un peu de lumière au bout du tunnel.

Il a répondu à cette nouvelle association avec une autre brillante victoire dans les Maritimes après avoir été le plus rapide aux qualifications, en plus de réussir le meilleur tour de piste. Sa monoplace était passée du vert au blanc avec, pour seule identification, une énorme fleur de lis bleue.

Il restait à trouver une solution financière pour disputer la prochaine course, le Grand Prix Molson de Trois-Rivières.

Chapitre 8

La course la plus importante

À son retour du circuit Atlantic Motorsport Park, à Shubenacadie près de Halifax, en Nouvelle-Écosse, Gilles rayonnait. Cette victoire avait répondu à ses attentes et à celles de Gaston Parent. À ce triomphe s'ajoutait le titre de champion du Challenge Player's pour les épreuves disputées en sol canadien, même s'il avait raté la course de Mosport en plus d'avoir abandonné en Colombie-Britannique. Gilles a reçu une bourse de 10 000 dollars, dont 30% devaient être remis à son patron Kris Harrison.

— Il me reste 7 000 dollars, mais il en faudrait encore 5 000 de plus pour participer aux deux dernières courses, m'a-t-il confié. J'espère que Gaston Parent pourra m'aider à trouver cette somme comme il l'a fait avant la course de Halifax. Je ne veux pas rater le Grand Prix à Trois-Rivières. C'est une course importante que je désire gagner. Puis, il y a la dernière, à Atlanta, qui pourrait me permettre de remporter le titre américain. J'aimerais terminer la saison avec deux autres victoires. Ce serait extraordinaire pour ma carrière.

Quelques jours plus tard, Gilles a rejoint Gaston Parent afin de fixer un nouveau rendez-vous. Ce dernier a été réceptif et s'est empressé de le recevoir.

— J'ai de la difficulté à y croire, mais il m'a dit de payer mes dettes, de m'occuper de ma famille avec les 7 000 dollars. Qu'il trouverait bien une façon de récupérer son argent et qu'il m'avançait les 12 000 dont j'ai besoin pour terminer la saison.

Gaston Parent avait une idée derrière la tête: convaincre des hommes d'affaires montréalais de s'impliquer dans la création du Fonds Gilles-Villeneuve.

Pourtant, la réponse de ses amis a été mitigée; décevante dans l'esprit de Gaston Parent, même s'il en avait convaincu plusieurs de siéger au Conseil d'administration: Raymond Lemay, président de Canada Steamship Line, à titre de président, et Maurice Custeau, président de Loto-Québec, à titre de vice-président.

Le baromètre de la popularité de Gilles était en hausse comme le prouvait la réponse du public. Les dons de 5, 10 et 20 dollars affluaient de partout après l'annonce publique de la création du Fonds. Réservé et timide, Gilles a été le premier surpris de sa popularité.

– Incroyable de voir toutes ces personnes m'envoyer de l'argent. L'autre jour, j'étais à la banque et des personnes m'ont reconnu. Ils sont venus me voir pour remettre leurs dons sans rien demander en retour. J'en étais gêné. Maintenant, je ne voudrais pas les décevoir.

L'objectif de 12 000 dollars a été atteint en quelques semaines. Sans compter qu'une firme montréalaise spécialisée dans le développement rapide de photos, Direct Film, a accepté la proposition de commanditer la voiture de Gilles pour l'épreuve suivante à Trois-Rivières.

Gagner à tout prix

Gilles avait le sourire facile à la veille de cet important rendez-vous, même s'il s'était mis beaucoup de pression sur les épaules en se fixant un objectif aussi élevé.

– Pour gagner à Trois-Rivières, j'échangerais volontiers mes sept victoires de la saison. Surtout qu'il y aura plusieurs pilotes de formule 1.

Gilles avait eu amplement le temps de prouver, lors des mois précédents, qu'il pouvait triompher face aux vedettes de la série comme Bobby Rahal, Tom Gloy, Price Cobb et Tom Klausler

À Trois-Rivières, le défi était plus grand.

Il faut expliquer qu'à cette époque, il était encore possible de parler avec ces *dieux* du volant, de discuter et même de les inviter lors d'une course hors championnat. Maintenant, il faut presque les supplier pour avoir un autographe.

Les organisateurs trifluviens, un mois avant l'événement, ont confirmé la venue de pilotes étrangers comme l'Australien Alan Jones (un futur champion du monde), et l'Italien Vittorio Brambilla, vainqueur de cette épreuve l'année précédente et un régulier des circuits de formule 1, comme Jones. Les deux autres pilotes invités étaient les Français José Dolhem, un régulier de la formule 5000, et Patrick Tambay, un pilote talentueux que l'on disait aux portes de la formule 1 et qui avait connu beaucoup de succès en formule 2.

— Leur venue ne me dérange pas, bien au contraire, a expliqué Gilles lors de l'importante rencontre avec les médias, surtout qu'ils viennent accompagnés de plusieurs journalistes de leur pays. Si je gagne, ça m'aidera à me faire connaître et, éventuellement, à accéder à la formule 1.

Gilles, sans savoir comment il y parviendrait, était de plus en plus convaincu qu'il pouvait évoluer en formule 1, qu'il avait le potentiel pour réussir. Il en rêvait.

James Hunt: l'invité surprise

Comme cela était devenu une coutume à Trois-Rivières, les organisateurs préparaient un gros coup publicitaire avec un pilote de renom. Tous les journalistes étaient sur les dents, tentaient d'obtenir le *scoop*, car nous savions que la voiture de réserve de Gilles était disponible.

Écurie Canada possédait trois voitures (deux March 76, une 75) et la troisième devait être utilisée par Patrick Depailler. Une rencontre de presse était convoquée pour le jeudi afin de confirmer la venue de ce pilote vedette. Un peu avant l'heure du souper, le mercredi soir, Gilles m'a téléphoné:

— Tu m'as beaucoup aidé dernièrement, mais je ne peux pas trahir ma parole. Ils m'ont demandé de ne pas identifier celui qui va conduire ma deuxième voiture. Tu vas être surpris. Par contre, si tu vas au bar de l'hôtel Ramada Inn à Montréal, ce soir, tu pourras le rencontrer.

Heureux de cette information, j'ai communiqué avec Gilles Terroux (il était maintenant directeur des sports au *Journal de Montréal*) pour lui demander de m'affecter un photographe pour cette visite impromptue à l'hôtel Ramada Inn. Vers 19h30, je me suis présenté au bar. Seules deux personnes étaient assises au comptoir. Pour l'avoir vu l'automne précédent au Grand Prix des États-Unis, à Watkins Glen, j'ai rapidement reconnu le Britannique James Hunt, le pilote de l'écurie Marlboro-McLaren qui luttait avec l'Autrichien Niki Lauda de Ferrari pour le titre mondial des pilotes.

Quelques semaines plus tôt, lors du Grand Prix d'Allemagne au circuit de Nürburgring, Lauda avait été sérieusement brûlé dans un accident. Il devait rater quelques courses, ce qui allait aider la cause du Britannique. J'étais estomaqué et j'ai mis quelques minutes avant de m'avancer timidement vers l'élancé pilote. Voyant mon embarras, Hunt m'a rapidement mis à l'aise après avoir accepté ma demande d'entrevue:

– Tu veux un verre pendant que nous discutons?

Nous avons discuté une trentaine de minutes. Dans son langage coloré et son style décontracté, Hunt – il est décédé à la suite de problèmes cardiaques alors qu'il était au début de la quarantaine – m'a confié qu'il était heureux de venir à Trois-Rivières pour s'amuser et pour oublier la course au titre mondial. C'était un joyeux luron qui ne ratait jamais une occasion de s'amuser même si, dans son esprit, il était venu pour cueillir facilement une victoire.

Avec la complicité de mes patrons, nous avons publié cette interview en primeur, le matin de la rencontre de presse, au grand déplaisir de mes confrères, surtout ceux de la région de Trois-Rivières qui avaient multiplié les appels en Europe pour essayer de découvrir la vedette surprise.

Personne ne s'était imaginé qu'un pilote impliqué aussi sérieusement dans la course au titre allait accepter une telle invitation. J'ai été estomaqué lorsque, avant le début de la rencontre de presse, Hunt a pris le temps de venir me saluer tout en me remerciant pour l'article que j'avais écrit sur lui.

Un week-end de rêve à Trois-Rivières...

Avant même le début de ce week-end, on pouvait sentir l'électricité dans l'air et ce n'était surtout pas à cause de ma participation avec ma petite Honda Civic de la série Le Volant Québécois!

Sans être inquiet, Gilles était visiblement anxieux. Et cela n'avait rien avoir avec l'idée d'être la tête d'affiche.

— Aucun doute, ce sera le plus gros défi de ma carrière. Je n'ai jamais été confronté à une compétition aussi forte.

Contrairement à ses habitudes, il était beaucoup moins disponible pour discuter avec ses amis ou avec les journalistes. Il multipliait les réunions avec son ingénieur Ray Wardell, surtout que les premiers essais ne lui avaient pas donné satisfaction. Il déplorait un sérieux problème de tenue de route (sous-virage) avec sa March 76B peinte aux couleurs de son nouveau commanditaire.

Gilles a finalement décroché sa huitième position de tête en neuf courses, trois dixièmes de seconde devant le vétéran Tom Klausler. Bobby Rahal a décroché la troisième place devant Vittorio Brambilla, Patrick Tambay, James Hunt et Alan Jones. Malgré tout, Gilles était malheureux du comportement de sa monoplace.

— Oui, je suis heureux de cette *pole position*, mais ma voiture est tellement sous-vireuse que je détruis les pneus en quelques tours. Je ne pourrai jamais terminer la course si l'on ne parvient à corriger le problème.

Gilles avait raison de se plaindre. En inspectant minutieusement la monocoque dans la nuit du samedi au dimanche, les mécaniciens ont découvert une déformation, séquelle de la sortie de piste de Gilles au Circuit de Mont-Tremblant en juillet. L'expérimenté ingénieur Ray Wardell a trouvé une solution temporaire: utiliser des jantes de roues plus larges.

De son côté, le Britannique James Hunt ne rayonnait pas. Il avait de la difficulté à s'adapter au pilotage de formule Atlantic, sans compter qu'il paraissait surpris du haut niveau de compétitivité des pilotes inscrits à cette 10e édition.

— Je souffre surtout du manque de puissance et je n'ai pas eu suffisamment de temps pour m'adapter, disait-il.

Dans l'engrenage du succès...

Le soleil était complice en ce dimanche du week-end de la Fête du Travail, comme s'il ne voulait pas rater ce rendez-vous avec l'histoire. Dès notre arrivée, tôt le matin, on sentait beaucoup de tension dans l'air. Il y avait de nombreuses personnalités et invités de marque pour cette occasion, dont Gaston Parent qui assistait à sa première course automobile et qui ne savait pas trop à quoi s'attendre. Évidemment, comme tous les spectateurs présents, il rêvait d'une grande performance pour le jeune pilote québécois. Les spécialistes s'inquiétaient. Lors de ses deux premières expériences à cette classique, Gilles avait déçu en ne parvenant pas à croiser la ligne d'arrivée.

— Cette fois, je prendrai le départ avec l'intention de gagner. Surtout que je suis plus satisfait du comportement de ma voiture avec les nouvelles jantes, disait-il après l'ultime séance préparatoire du matin.

Impeccable dès le départ, Gilles a dominé comme un maître avec son style spectaculaire, frôlant, tour après tour, les murs de protection en ciment, sans jamais défaillir, au grand plaisir d'une foule en délire évaluée à plus de 30 000 personnes. Personne n'avait quitté son siège lorsque Gilles a effectué son tour d'honneur en brandissant bien haut le drapeau à damier qu'il avait pleinement mérité.

Sur le podium, Gilles a été salué comme un héros, tout le monde ayant apprécié sa prestation, surtout qu'il n'avait pas battu des *deux de pique*! Derrière lui, la bataille a été mémorable. Hunt est parvenu à remonter jusqu'à la deuxième place, sans toutefois rivaliser avec le pilote de Berthier, même si tous deux pilotaient des voitures identiques.

Le Britannique n'a pas caché son étonnement:

— Je ne suis pas habitué à des courses aussi courtes. Comme je partais de la troisième rangée, j'étais désavantagé comparativement à Gilles. Je n'ai jamais pu le rejoindre, mais je doute même que j'aurais pu le devancer en partant à ses côtés. Il m'a beaucoup impressionné. Malgré toute la pression qu'il avait sur les épaules, il n'a jamais commis de faute, a eu le temps d'expliquer Hunt avant de partir le soir même en Europe.

Hunt avait rendez-vous au cours des journées suivantes avec son équipe pour des essais privés en prévision du Grand Prix d'Italie. Dès sa première rencontre avec son patron Teddy Mayer, il lui a parlé de Gilles:

— C'est un pilote bourré de talent et je n'ai jamais pu mettre une roue devant lui. Tu devrais le rencontrer rapidement pour lui faire signer un contrat. Crois-moi sur parole!

Une dizaine de jours plus tard, juste avant de partir pour Road Atlanta afin d'y disputer la dernière course de la saison, Gilles a pris le temps de communiquer avec moi:

— Nous (lui et Gaston Parent, officiellement devenu son conseiller) avons reçu un appel de Teddy Mayer, le patron de l'écurie Marlboro-McLaren. Il veut nous rencontrer. James (Hunt) lui a parlé de moi.

Sa carrière internationale était lancée!

Chapitre 9

Une année charnière

En reprenant la route de Berthierville, un déplacement d'environ 60 kilomètres, avec sa roulotte motorisée, accompagné des membres de sa petite famille, tard le dimanche soir, Gilles était heureux. Il venait de réaliser un rêve: remporter la course principale de ce Grand Prix de Trois-Rivières, par surcroît devant des pilotes de formule 1, dont le prochain champion du monde. Le père de cette jeune famille avait toutes les raisons d'être fier. D'autant plus que son compte de banque s'était enrichi de plusieurs milliers de dollars. Lui et son équipe avaient touché une bourse de 10 000 dollars, dont une partie lui revenait. Deux semaines plus tard, il complétait cette saison de rêve en retournant sur le circuit Road Atlanta en Géorgie, là où il avait entrepris cette saison triomphale cinq mois plus tôt. Comme il l'avait fait au printemps, Gilles s'est imposé en réussissant le tour le plus rapide des séances de qualification et en dominant la course du premier au dernier tour.

— Dix victoires en 11 courses et 10 positions de tête, ça devrait m'aider pour me rendre jusqu'en formule 1, disait Gilles, obsédé par l'idée de se mesurer aux grands de la course automobile le plus rapidement possible.

Pour chacune des *pole positions* obtenues au Challenge Player's (les épreuves en sol canadien), Gilles avait reçu une magnifique montre suisse Tag Heuer, six au total.

À son retour d'Atlanta, il m'a appelé chez moi pour me dire:

— Pierre, j'aimerais te rencontrer.

Je me suis donc rendu chez lui à Berthier, ce qui m'a permis de constater que ses enfants, Jacques et Mélanie, étaient en pleine santé et débordaient d'énergie. C'était moins évident lorsqu'on les voyait sur les circuits à l'intérieur de la roulotte motorisée. Gilles, à la demande de Joann, avait décidé que la maison mobile était un refuge personnel. Il fallait une invitation spéciale pour être admis à l'intérieur.

De nature timide et réservé, surtout au début de sa carrière, Gilles n'avait pas la réputation d'être démonstratif, du moins à l'extérieur de sa monoplace de course. Il préférait la discrétion. On lui reprochait même son égoïsme, car il éprouvait des difficultés à remercier ceux qui l'entouraient, qui l'aidaient. Pourtant, il savait dire *merci* à sa façon, comme il me l'a prouvé cette journée-là:

— J'ai remis une montre à mon père, une à Ray Wardell, deux à mes mécaniciens et j'en ai gardé une. La dernière est pour toi!

Est-il besoin de préciser que j'ai énormément apprécié ce geste et que j'ai toujours cette montre?

Une proposition de contrat qu'il ne pouvait pas refuser

Mais ce n'était pas le seul cadeau que Gilles avait à m'offrir cette journée-là. Il avait une confidence à me faire.

— Nous avons reçu un appel de l'équipe Marlboro-McLaren. Ils veulent me rencontrer pour me proposer un contrat en formule 1.

Cette information a évidemment défrayé les manchettes du *Journal de Montréal,* tout comme le compte-rendu du meeting tenu après la conquête du championnat du monde par James Hunt, au Japon, entre les représentants de McLaren, du commanditaire Marlboro, de Gilles et de Robert St-Onge, mandaté par Gaston Parent pour le représenter.

Déjà, Gilles avait eu un premier mais bref contact avec eux lors de la venue de l'équipe à Mosport, puis à Watkins Glen pour les Grands Prix du Canada et des États-Unis.

– Ils m'ont offert de conduire la troisième voiture de l'équipe aux côtés de James Hunt et de Jochen Mass, à l'occasion de quatre ou cinq Grands Prix l'an prochain, en plus d'effectuer des essais avec l'équipe. Le premier est celui d'Angleterre, en juillet. Il a également été question des épreuves au Canada et aux États-Unis.

Pour Gilles, cette proposition avait surtout un côté alléchant.

– Pour la première fois de ma vie, je vais être payé pour conduire une voiture de course. Lorsqu'ils ont fait cette proposition, j'ai immédiatement accepté. J'ai signé et je suis maintenant un pilote payé.

À l'époque, Gilles a refusé de dévoiler la somme qu'il touchait. Il restait toujours discret lorsque survenaient des questions monétaires en public.

Gaston Parent était moins heureux, comme il me l'a expliqué:

– Gilles a du sang de course dans les veines. Il a signé la première offre qu'on lui faisait. Je suis convaincu qu'il aurait pu obtenir davantage si nous avions pris le temps de négocier. Je le comprends. C'est la première fois qu'on lui offre de l'argent pour exercer le métier dont il rêve depuis toujours. Comme son nom était mentionné auprès de deux autres équipes, Brabham et Wolf, nous aurions pu jouer là-dessus. Gilles n'était pas d'accord, car il n'avait pas aimé la personnalité de Bernie Ecclestone, le propriétaire de Brabham. La nouvelle écurie de Walter Wolf (un Autrichien devenu citoyen canadien), ne l'intéressait pas. Il préférait s'entendre avec une équipe établie.

Quelques années plus tard, nous avons appris que Gilles avait signé pour 25 000 dollars. C'était des *pinottes*, mais cela valait de l'or pour celui qui avait toujours tiré le diable par la queue!

Adieu la motoneige

Même s'il gagnait un peu mieux sa vie, il ne fallait pas l'imaginer riche. Pourtant Gilles avait l'impression de l'être. Dans sa tête, il l'était au moment de nous confirmer qu'il avait décidé de tourner le dos à ce qui lui avait permis de survivre jusque-là.

— C'est fini. Je ne retournerai pas en motoneige l'hiver prochain. Je n'aurai pas besoin de cogner aux portes des compagnies pour quémander de l'aide. Je vais avoir plus de temps pour préparer ma prochaine saison de course automobile.

Il n'a pas été longtemps inactif, puisqu'il a accepté de participer à une série de quatre courses en Afrique du Sud, de la mi-janvier à la mi-février.

— Le défi proposé est intéressant, surtout que je n'ai pas à débourser pour m'asseoir dans la voiture. Mes dépenses seront payées et je toucherai une partie des bourses. Par contre, ils m'offrent de conduire une voiture Chevron que je ne connais pas. Je me sentirais plus à l'aise si j'avais mon ingénieur Ray Wardell à mes côtés, mais il n'est pas disponible.

À cette période, j'ai été reconfirmé à mon poste de journaliste responsable de la couverture des événements de sport motorisé, même si le confrère Réal Desrosiers était revenu de son année sabbatique. Mes patrons au *Journal de Montréal* lui ont dit:

— Avec le dossier Villeneuve, Pierre a mérité sa place. Nous analyserons de nouveau son travail à la fin de la prochaine année et nous déciderons à ce moment-là.

Cette décision m'a permis de respirer un peu. J'étais parvenu à les convaincre de mes capacités. Cela allait me permettre de poursuivre ma collaboration avec Gilles. Nous avons repris nos habitudes rapidement. Après chacune de ses courses en Afrique du Sud, il me communiquait ses résultats et ses états d'âme:

— J'avais perdu l'habitude de rouler à l'arrière. Je ne trouve pas cela très intéressant, surtout que la voiture est une merde. Je n'aurais jamais dû accepter de venir ici.

Cette expérience lui a pourtant permis de rencontrer Ian Scheckter, le frère de Jody qui s'imposait en formule 1. Gilles et Ian ne se sont pas liés d'amitié lors de cette série. Les deux avaient été impliqués dans de sérieux incidents, notamment lors de la dernière course.

— Nous nous sommes frappés à grande vitesse. Cet accident aurait pu avoir des conséquences graves. J'ai été chanceux de ne pas être blessé puisque ma voiture a été détruite, mais ce n'est pas une grosse perte. C'était une «poubelle».

Gilles est revenu au Québec avec son petit bonheur et un palmarès qui ressemblait à celui de ses premières années en formule Atlantic: une troisième position acquise lors de la première course, une cinquième lors de la deuxième, un abandon, un accident et une 6e place au classement final.

Le roi nord-américain de la *pole position* n'avait pu faire mieux qu'une 2e place à Kyalami, théâtre des Grands Prix de formule 1 dans ce pays.

– J'ai eu ma leçon. Avant d'accepter une autre proposition comme celle-là, je vais m'assurer de la qualité de l'équipe et de la voiture. J'ai eu l'impression de faire rire de moi.

Roue dans roue avec Gilles

À son retour d'Afrique du Sud, j'ai invité Gilles, Joann et leurs enfants au baptême de la première de mes deux filles, prénommée Mélanie, comme leur petite fille que je trouvais adorable. Fidèle à lui-même, Gilles s'est présenté en retard à l'église. Il s'est fait remarquer à la sortie en s'amusant avec mes frères, aussi passionnés que lui de vitesse. René raconte:

– En sortant de la cérémonie, j'ai dit à Gilles: le premier rendu chez Pierre. Il m'a regardé, sourire aux lèvres, et a accepté le défi sans hésiter. Je conduisais une Dodge Challenger, lui, sa puissante Ford Mustang. En sortant du stationnement, je me suis faufilé entre les voitures, un vrai trou de souris, et je pensais bien l'avoir. Lorsque j'ai regardé dans mon rétroviseur, il était là, tout près. Je ne voyais même pas son pare-chocs avant. Nous avons roulé à grande vitesse sur les quelques kilomètres nous séparant de la maison. Je pensais bien le piéger en retardant au maximum mon virage dans la petite rue adjacente. Comme je prévoyais, il a raté l'entrée. Cela ne l'a pas ralenti. Il a effectué un incroyable virage en «U» dans un spectacle de boucane mémorable. Nous sommes arrivés ensemble à la maison en riant comme des enfants. Nous nous étions amusés... pas nos femmes. Elles ne semblaient pas tellement heureuses!

Vers la fin de la réception, Gilles en a profité pour me confier que, lorsqu'il avait signé son contrat avec McLaren, on lui avait fait miroiter l'idée d'effectuer des essais privés. Il attendait toujours l'appel.

Gilles souhaitait disputer une saison de formule 2 en Europe. Là encore, ses négociations avaient échoué. Il était déçu, car il s'attendait à une meilleure collaboration des patrons de l'écurie McLaren.

– J'aurais préféré courir en Europe pour apprendre les circuits utilisés en formule 1. Rien n'a fonctionné. Je n'ai pas le choix. Je défendrai mon titre ici en Amérique du Nord.

Spénard réveille son instinct de tueur...

En raison de l'absence d'un commanditaire majeur et devant l'incertitude de Gilles, Kris Harrisson et Ray Wardell d'Écurie Canada ont décidé de se lancer dans le développement des moteurs Ford utilisés par les compétiteurs de la série.

Assuré d'un appui financier de Direct Film, Gilles, lui, a été obligé de s'associer avec une nouvelle écurie, MRC, appartenant à Dave Morris, d'Edmonton. Morris n'était pas un inconnu pour Gilles car il avait été le préparateur de ses moteurs en 1976. En fait, cette équipe avait été constituée à la demande d'Harrisson et de Wardell pour sauver la saison de Gilles. Comme Direct Film n'avait pas le budget pour assurer à Gilles l'usage exclusive d'une deuxième voiture, une entente a été conclue avec un deuxième pilote, Richard Spénard, un jeune que l'on disait bourré de talent.

– Cela me fait *chier* car j'aurais préféré poursuivre comme l'an dernier avec deux voitures à ma disposition. Heureusement, j'ai reçu la certitude que s'il arrivait quelque chose à ma voiture de course, je pourrais utiliser celle de Richard.

Lors de la rencontre avec les représentants des médias quelques jours avant le début de la saison du Challenge Labatt (Player's avait décidé de se retirer de cette série à titre de commanditaire principal), Spénard était heureux. Il disposerait, comme il le souhaitait, d'une voiture compétitive au sein d'une écurie bien structurée. Ce jeune sans complexe n'était surtout pas impressionné par Gilles Villeneuve:

– Quelques courses et je roulerai devant lui sans problème...

Cette déclaration a fait sourire Gilles, réveillant au passage son instinct de *tueur* qui l'avait caractérisé lors de sa saison de rêve de l'année précédente.

– On verra cela sur la piste.

En se présentant à Mosport, en Ontario, sa principale source d'inquiétude n'était pas Richard Spénard.

– Pour me battre, Fred Opert (l'importateur américain des monoplaces Chevron) a embauché un pilote finlandais du nom de Kéké Rosberg. On le dit très rapide. En plus, nous commencerons la saison avec un désavantage puisque nous n'avons pas effectué d'essais privés. Les Américains roulent depuis plusieurs semaines déjà.

Même si l'équipe avait reçu les deux voitures d'Angleterre seulement cinq jours avant cette première course, Gilles a décroché la position de tête à son dernier tour de *qualif* en retranchant deux secondes. En course, après avoir été sorti de piste par Rosberg au quatrième tour, Gilles est revenu jusqu'à la deuxième place. Obligé d'abandonner à l'occasion de la course suivante à Gimli (Manitoba) après s'être qualifié deuxième, Gilles a remporté la victoire dans l'épreuve d'Edmonton (Alberta). Après avoir raté l'épreuve de Westwood (Colombie-Britannique) – il était parti en Angleterre pour disputer son premier Grand Prix de formule 1 – Gilles a repris la piste à Saint-Félicien, dans le région du Lac-Saint-Jean. Les organisateurs ont imité ceux de Trois-Rivières en invitant quelques pilotes européens, dont Didier Pironi. À 10 minutes de la fin de la séance, Gilles occupait la septième place. Spénard était cinquième, devant lui pour la première fois de la saison. Tous ses efforts étaient vains. En repoussant un peu trop la limite, il s'est retrouvé dans le mur de protection. La séance a été interrompue pour dégager sa monoplace. Sa voiture était sérieusement touchée, donc inutilisable pour le reste du week-end. Après quelques minutes de discussion avec Dave Morris, ce dernier demanda à Richard de céder à Gilles sa monoplace.

À la reprise, Gilles, encore furieux de son erreur, a été téméraire pour décrocher à la toute fin la position de tête devant Rosberg, Rahal et Pironi qui n'en revenaient pas d'une telle performance avec une voiture réglée pour un autre pilote.

— Je n'avais jamais été aussi motivé, m'a dit Gilles, sourire en coin et heureux d'avoir cloué le bec à tout le monde, y compris Richard Spénard.

Il a terminé la saison avec une décevante 4e place à Trois-Rivières lors d'une course hors championnat, puis une victoire acquise difficilement lors d'une épreuve disputée dans les rues de Québec où il avait pris le départ en troisième place.

— Je n'avais pas le choix. C'était la seule façon de remporter le titre et j'y tenais beaucoup.

Gilles était visiblement préoccupé. Pour la première fois, il a refusé de se confier lorsque je lui ai parlé des rumeurs qui circulaient à son sujet. Il avait été vu à Maranello où se trouve le siège social de la célèbre Scuderia Ferrari. À Trois-Rivières, le pilote Patrick Tambay, devenu un ami, m'a confié:

— Il y a deux places intéressantes en formule 1 pour moi et Gilles l'an prochain; l'une chez McLaren et l'autre chez Ferrari. Si je vais chez McLaren, Gilles ira chez Ferrari... ou l'inverse!

Le pilote français avait le choix et, comme l'histoire l'a démontré, il a pris la mauvaise décision.

Chapitre 10

Les débuts en formule 1

En 1977, Gilles n'a pas eu le temps de chômer. Après sa mésaventure en Afrique du Sud, il a vécu quelques expériences intéressantes avant d'accéder officiellement à la formule 1. On le voyait de plus en plus comme un pilote d'avenir. Il était devenu une tête d'affiche recherchée par les différents promoteurs d'événements ou directeurs d'écurie. À la mi-juin, influencé par Gilles, j'ai acheté une roulotte motorisée pour me déplacer d'une piste à l'autre afin que ma famille m'accompagne aux différents événements de sport motorisé.

– Pierre, si tu veux l'étrenner, viens me rejoindre au Circuit Mont-Tremblant demain. Je serai en piste. Je te réserve une surprise.

Cet appel m'intriguait. Gilles avait refusé de me dévoiler avec quelle voiture il roulerait, mais je savais que ce n'était pas avec sa formule Atlantic. Sur place, j'ai eu la surprise de découvrir qu'il s'installait au volant d'une puissante voiture (un moteur de 5 litres la propulsait) de la série américaine Can-Am. Elle arborait les couleurs de Walter Wolf Racing et avait été conduite la semaine précédente par le Néo-Zélandais Chris Amon, un ancien pilote de Ferrari en formule 1.

Lors de cette épreuve au Circuit Mont-Tremblant, le favori Brian Redman a été victime d'un terrible accident lors de la journée des essais. Sa voiture s'est envolée lorsque l'avant s'est soulevé en passant sur le dos d'âne de la ligne droite. Redman est demeuré coincé sous son bolide. Seule l'intervention rapide du commissaire de piste Frank Rodriguez lui a permis de survivre malgré de nombreuses blessures.

Comme j'étais le seul journaliste sur place, Rodriguez m'a raconté son sauvetage qui avait fait les manchettes du *Journal de Montréal* avant de lui valoir de nombreux hommages:

– J'ai vu la voiture s'envoler avant d'atterrir à l'envers sur l'arceau de sécurité. D'instinct, je savais que le pilote était en difficulté. Même si les risques d'incendie étaient énormes, car je sentais l'essence couler, je me suis faufilé en-dessous de la voiture pour rejoindre Brian (Redman). Il ne respirait plus, sa visière était ouverte et il avait les voies respiratoires remplies de terre. Je lui ai libéré la bouche avant de lui faire la respiration artificielle. À l'arrivée des secouristes, il avait recommencé à respirer.

Cet accident a effrayé Chris Amon au point de l'inciter à quitter son métier de pilote pour vouloir devenir directeur de l'équipe. Il s'est présenté au bureau de Gaston Parent le lundi matin.

– Il est venu me voir en me disant: je ne veux plus piloter, mais je ne sais pas comment prévenir Walter Wolf qui a investi une somme colossale dans cette équipe. Wolf était un ami et je lui louais un de mes bureaux. Je l'ai prévenu en lui disant que j'avais une solution à son problème puisque j'avais un pilote à lui proposer: Gilles Villeneuve.

C'est ainsi que Gilles s'est retrouvé au volant de cette voiture Dallara, inconduisible selon Amon, ce que Gilles a confirmé:

– C'est gros comme un paquebot, ça tient la route comme une truie et les morceaux se détachent de la voiture comme une feuille de papier.

Pourtant, Gilles s'amusait à brasser cette grosse charrette propulsée par un moteur puissant, même s'il a été obligé d'abandonner sur bris mécanique à Watkins Glen, à Mosport et à Trois-Rivières. Son seul résultat probant a été une troisième place sur la piste Road America d'Elkhart Lake, au Wisconsin, un circuit qui allait marquer l'histoire des Villeneuve, plus tard, autant pour son frère que pour son fils Jacques.

Appelé à remplacer Redman, son copain Patrick Tambay – tous deux s'étaient liés d'amitié après la participation de Gilles au Grand Prix de Pau en 1976 – a remporté le championnat avec six victoires.

Entre deux courses de formule Atlantic ou de Can-Am, Gilles a eu le temps de s'amuser lors d'une course d'endurance à Mosport, en août. Les dirigeants de BMW lui ont demandé de faire équipe avec Eddie Cheever – un pilote d'avenir disait-on à l'époque – au volant d'une BMW 320i. Le duo des *jeunes* a terminé en troisième place au classement général après avoir pris le départ en 11e position.

– C'est moins puissant que la Can-Am, mais je me suis bien amusé. Je suis heureux d'avoir roulé aussi rapidement qu'Eddie, même s'il avait plus d'expérience avec la voiture.

Un premier Grand Prix

À la fin de 1976, Gilles pensait avoir signé le contrat de sa vie avec l'équipe championne Marlboro-McLaren. Il a rapidement déchanté. La promesse d'un volant de formule 2 n'a jamais été respectée, ni celle des essais privés. Sans être désespéré, il pressait Gaston Parent d'exiger qu'on respecte l'entente.

– Je suis très déçu. En signant avec eux, je croyais sincèrement que j'aurais l'occasion de rouler régulièrement. J'attends toujours des nouvelles.

Finalement, le groupe McLaren a répondu à ses attentes en lui confiant le volant de la troisième voiture, une MK23 de l'année précédente portant le numéro 40, lors du Grand Prix d'Angleterre au circuit de Silverstone, à la mi-juillet. Il a même eu la chance de rouler en essais privés la semaine précédente.

– Je ne sais pas à quoi m'attendre, c'est la première fois que je vais prendre le départ d'un Grand Prix. Je vais essayer de faire de mon mieux.

À cette époque, je n'avais jamais traversé l'océan. L'idée de me retrouver sur le vieux continent, loin de mes habitudes nord-américaines, ne m'enchantait pas. Pour tout dire, ça m'inquiétait sérieusement. J'étais effrayé à l'idée de me retrouver en Angleterre, d'avoir à conduire à gauche, de ne pas savoir ce que je mangerais. Je n'étais pas tellement chaud à l'idée de me déplacer pour assurer la couverture de cet événement historique.

La réponse de mes patrons m'a finalement soulagé:

— Dis-lui de nous appeler comme il l'a toujours fait, et ça va faire!

À l'époque, le *Journal de Montréal* innovait avec un journaliste permanent et exclusif pour la couverture du sport motorisé. Toutefois, l'importance accordée n'avait rien de comparable avec celle des sports *majeurs* comme le hockey, le baseball, le football et même les courses de chevaux!

Gilles n'était pas tellement heureux de cette décision.

— Tu devrais dire à tes *boss* de se grouiller le derrière. Je veux bien t'appeler cette fois, mais je ne le ferai pas à chaque course que je disputerai en Europe.

Finalement, nous nous sommes entendus pour qu'il me donne son numéro de téléphone à l'hôtel. Je l'appelais à la fin de chacune des journées.

— Pour une première journée, ce ne fut pas si mal, avait commencé par m'expliquer Gilles. J'étais moins perdu que je le redoutais. Au niveau pilotage, ça ressemble à ma formule Atlantic, mais avec un moteur plus puissant comme dans la Can-Am. Ils ne sont pas parvenus à corriger un problème de sous-virage. Pour cette raison, j'ai effectué plusieurs tête-à-queue sans rien briser sur la voiture.

Gilles était passé maître dans l'art de ces tête-à-queue en raison d'une philosophie bien personnelle:

— Comment peux-tu connaître la limite d'une voiture si tu ne la dépasses jamais?

Une fois qu'il l'avait trouvée, il ne la dépassait plus jamais. Gilles s'est finalement qualifié en 9e place, à son grand plaisir.

— Honnêtement, avant d'arriver ici, je ne pensais pas pouvoir me qualifier parmi les 10 premiers. Je suis donc très heureux, surtout que je suis devant Jochen Mass, le deuxième pilote de l'équipe.

Il a encore été plus impressionnant en course, passant de la 9e à la 5e place. À ce moment-là, il a effectué un arrêt non prévu à son puits de ravitaillement parce que le manomètre de pression d'huile était à 0!

Jusqu'ici, dans sa carrière, Gilles avait toujours couru avec un budget serré. Il devait être attentif à ses cadrans pour ne pas briser de moteur et rater la course suivante.

— En m'arrêtant, Teddy (Mayer) est venu me voir pour me demander ce qui se passait. Je lui ai indiqué la pression d'huile. Il était furieux en me disant: en formule 1, on s'immobilise lorsque le moteur cesse de tourner, pas avant. Retourne en piste!

À son retour en piste, il avait glissé en 13e place, mais il a regagné deux positions avant la fin.

— Je suis déçu car, sans cet arrêt, j'aurais pu terminer dans les points (six premiers) à mon premier Grand Prix. J'ai perdu cette chance à cause d'un cadran défectueux.

Gilles n'avait pourtant pas à s'en faire. Il avait été suffisamment brillant pour qu'on le remarque. Il fut invité à rendre visite à l'écurie Ferrari dans le cadre du Grand Prix d'Italie qui avait lieu après la course de Trois-Rivières. Son nom était de plus en plus souvent mentionné dans l'entourage de l'écurie italienne. On parlait aussi de Cheever et d'Andretti pour remplacer Lauda. L'Autrichien avait décidé d'accepter une offre de l'écurie Brabham.

L'appel de monsieur Ferrari

La veille du Grand Prix Labatt de Québec où Gilles disputait le titre pour le championnat de formule Atlantic à la fin du mois de septembre, le clan Villeneuve a reçu un appel de monsieur Ferrari, comme nous l'a expliqué Gaston Parent:

— Patrick Tambay venait de signer avec McLaren. Monsieur Ferrari voulait embaucher Gilles pour remplacer Niki Lauda, à la suite de son impressionnante prestation en Angleterre. Il restait à trouver une solution pour mettre fin au contrat avec McLaren qui avait une option pour la saison suivante.

Cette fois, Gaston Parent a décidé d'accompagner Gilles en Europe pour résoudre ce problème. Il a été fidèle à sa réputation.

– J'ai demandé à Teddy Mayer de respecter le contrat signé avec Gilles, de le faire courir lors des trois dernières courses (Canada, États-Unis et Japon) de la saison, a expliqué Gaston Parent à son retour d'Europe. Après que Mayer m'eut expliqué que c'était impossible, je lui ai dit qu'il n'y avait plus de contrat, que nous étions libres de nous entendre avec Ferrari. Mayer a cédé, à la condition que ce soit avec l'écurie italienne et aucune autre, y compris celle de Walter Wolf.

Le jour même (le 26 septembre), Gilles et Gaston Parent se sont dirigés vers l'Italie pour rencontrer Enzo Ferrari. Une entente a été conclue avant la fin de la soirée. Gilles devenait le successeur de l'Autrichien Niki Lauda, le futur titulaire mondial.

À son retour à Berthier, après avoir séjourné quelques jours chez Ferrari pour rencontrer les journalistes italiens, en plus de rouler sur la piste de Fiorano, Gilles était comblé:

– J'ai l'impression de vivre un rêve. Je n'avais jamais cru me retrouver aussi tôt chez Ferrari. Je disputerai ma première saison avec l'une des plus grandes équipes de l'histoire. Lorsqu'ils m'ont offert un contrat, j'ai immédiatement accepté.

Un peu trop vite au goût de Gaston Parent:

– Il était prêt à signer n'importe quoi. Heureusement, j'ai pu lui faire entendre raison et cela nous a permis d'en avoir un peu plus.

Durant leur séjour au siège social de Maranello, Gilles et Gaston ont appris que Walter Wolf (un ami d'Enzo Ferrari) et Chris Amon avaient fortement recommandé à monsieur Ferrari d'embaucher Gilles qu'ils considéraient comme un pilote exceptionnel. Amon avait été plus loin en comparant le talent naturel du Québécois à celui de l'illustre et regretté Jim Clark.

Le week-end suivant, Gilles s'est rendu à Watkins Glen (New York) pour assister dans le stand Ferrari au Grand Prix des États-Unis où Niki Lauda, avec sa 4e place, a remporté son deuxième titre en trois ans. On a invité Gilles à conduire la troisième voiture de la célèbre Scuderia (celle qui portait le numéro 21) pour le Grand Prix suivant, à Mosport, question d'acquérir de l'expérience pour la saison 1978. Cette décision a choqué Lauda qui décida de retourner chez lui sur le champ, ajoutant davantage de pression sur les épaules de Gilles.

– Cette décision lui (Lauda) appartient et je n'y peux rien. On m'offre une voiture à conduire et j'accepte. L'objectif est simple: m'intégrer le plus rapidement possible à l'équipe en prévision de la prochaine saison.

L'adaptation a été pénible. La voiture était réglée pour le style de Niki Lauda, totalement différent de celui de Gilles.

– J'ai beaucoup trop de sousvirage à mon goût, mais je suis impressionné par la qualité de la boîte de vitesse, facile à manier.

Gilles s'est fait remarquer par son festival de tête-à-queue. Les observateurs européens, dont plusieurs journalistes italiens, se demandaient si Enzo Ferrari n'avait pas commis une bêtise en embauchant un écervelé de la sorte.

Fidèle à lui-même, Gilles est resté imperturbable:

– J'ai toujours conduit à la limite et je ne changerai pas parce que je suis au volant d'une formule 1.

Gilles s'est qualifié avec une décevante 17e place en raison d'une violente sortie de piste le vendredi. Le samedi, la pluie a empêché toute progression. Heureusement, il a été plus impressionnant en course. Il pouvait même croire en ses chances de terminer 5e. Mais deux tête-à-queue, dont le dernier néfaste s'est terminé par le bris d'un demi-arbre de transmission, l'ont relégué en 13e position.

– De ma faute, avoua humblement Gilles. Je poussais très fort après mon premier tête-à-queue pour regagner des places. Je me suis fait piéger par une flaque d'huile. J'ai voulu repartir trop rapidement et, en débrayant trop fort, j'ai brisé le demi-arbre.

Des spectateurs tués

Quelques semaines plus tard, la formule 1 terminait sa saison au Mont Fuji, au Japon. Comme prévu, Gilles était du voyage. Moi, j'étais resté fidèlement à la maison. Pour la dernière fois, en reconnaissance de notre longue collaboration, il a accepté de me livrer ses commentaires au téléphone.

– J'espère que tes patrons comprendront. C'est la dernière fois que j'accepte. Je ne pourrai pas téléphoner à tout le monde chaque jour. Si le *Journal de Montréal* veut mes commentaires, je n'ai pas d'objection, mais ils ont juste à t'envoyer!

Cette fois, j'ai compris le message, mais cela n'a pas altéré ma hantise des voyages en dehors du continent nord-américain. De toute ma jeunesse, je n'ai jamais eu le goût de l'aventure, préférant de loin la vie sédentaire dans mon *p'tit* monde. L'idée de découvrir de nouveaux pays et leurs coutumes, d'expérimenter de nouveaux modes de vie ne m'intéressait surtout pas. D'un autre côté, les succès de Gilles et son arrivée parmi les grands de la course automobile me fascinaient. J'étais déchiré. Ça me rendait malade d'imaginer seulement que j'aurais à voyager, à le suivre partout dans le monde, dès qu'il s'imposerait.

Pour revenir à cette course au Japon, il n'y a pas eu d'imbroglio cette fois. Il y avait seulement deux pilotes au sein de l'écurie Ferrari: Carlos Reutemann et Gilles qui avait hérité du numéro 11 de Niki Lauda. Ce dernier avait refusé de revenir sur sa décision. Comme à Mosport, Gilles a eu énormément de difficultés à s'adapter à cette Ferrari 312 T2 conçue à l'origine pour le style de Niki Lauda. Cela ne lui convenait pas du tout et il ne cessait d'effectuer des tête-à-queue sans rien améliorer.

– Je ne comprends plus rien. J'ai l'impression de conduire comme un pépère qui ne sait pas où il s'en va. J'ai beau tout essayer, rien ne fonctionne.

Il était extrêmement déçu de s'être qualifié en 20e place avec la voiture du nouveau champion du monde, un détail que les voraces journalistes italiens ne manquèrent pas de noter rapidement dans leurs écrits.

– Il me reste une chose à faire : essayer de gagner un maximum de positions au début de la course en utilisant au mieux l'efficacité des freins, le seul élément positif de cette voiture.

Comme promis, il s'est mis à attaquer avec acharnement dès les premiers tours pour gagner des places. En amorçant le sixième tour, il tenta une manœuvre osée pour surprendre le Suédois Ronnie Peterson (son idole chez les pilotes depuis plusieurs années) au freinage de la ligne droite. Peterson avait la réputation de toujours freiner très tard avant d'amorcer un virage. Trop confiant, Gilles escalada la roue arrière droite de la Tyrrell avec sa roue avant gauche alors qu'il venait de négocier la ligne droite à plus de 260 kilomètres à l'heure. Instantanément, sa Ferrari s'envola pour atterrir de l'autre côté des glissières de sécurité. Des morceaux de sa monoplace ont été propulsés un peu partout.

– Malheureusement, des spectateurs n'ayant pas droit d'accès à cet endroit ont été touchés. Des personnes ont perdu la vie, d'autres ont été blessées, mais je ne sais pas combien car j'ai quitté les lieux immédiatement sans regarder derrière moi.

Un photographe amateur et un gardien de sécurité qui demandait à ces personnes de quitter l'emplacement ont été tués. Une dizaine d'autres personnes ont été blessées, dont sept grièvement. Gilles a été retenu quelques jours par les autorités policières pour la durée de l'enquête, mais aucune accusation n'a été portée contre lui.

– Je ne pouvais pas être tenu responsable de leur mort puisqu'ils n'avaient pas le droit d'être là. Je sympathise avec les victimes, mais c'est un accident de course.

Les critiques sur son style de pilotage furent très sévères. Il a été obligé de se rendre à Maranello pour s'expliquer avec monsieur Ferrari.

– J'espère que je ne serai pas congédié, a dit Gilles avant de partir pour l'Italie.

Heureusement, monsieur Ferrari lui a réitéré sa confiance, en lui demandant d'oublier le plus rapidement possible cet accident.

Ce qu'il fit jusqu'au Grand Prix suivant.

Chapitre 11

Une première saison complète

À son retour d'Italie et de sa rencontre avec Enzo Ferrari, Gilles n'avait pas le choix. Il devait déménager avec sa famille en Europe. Une décision difficile mais logique, comme il l'expliquait:

— Plusieurs essais sont prévus avec Ferrari pour préparer la prochaine saison. Il y en aura également entre les courses. Il n'est pas question de traverser l'Atlantique toutes les semaines. Il vaut mieux être sur place.

Évidemment, Gilles ne savait pas où aller vivre, même s'il avait l'embarras du choix.

— Je ne veux pas aller vivre en Italie. Il y a la langue, mais j'ai également l'impression que nous ne serions pas tranquilles. On m'a prévenu: un pilote de chez Ferrari ne peut pas vivre en toute tranquillité. Les Italiens sont des passionnés. J'ai déjà de la difficulté à me déplacer près de l'usine. Je ne fais pas dix pas dans la rue sans me faire demander un autographe.

Gilles a discuté avec son ami Patrick Tambay de son problème. Ce dernier a réagi promptement:

— Il m'a offert d'aller vivre chez lui. Il m'aidera pour trouver une maison où tout le monde sera heureux et où il y aura des facilités pour les enfants qui pourront aller à l'école sans problème. Lorsque nous serons en Europe, pour les Grands Prix ce ne sera pas un problème car j'ai acheté un *pick-up* (camionnette) avec une roulotte. Nous nous déplacerons sur les circuits comme nous le faisions ici en Amérique du Nord. J'ai toujours été habitué comme cela et je ne veux pas changer mes habitudes.

Au début, tout le monde s'est amusé de voir ce pilote Ferrari loger dans les paddocks des Grands Prix. Sans le savoir, il était avant-gardiste. Aujourd'hui, toutes les équipes ont leur *motorhome*, parfois deux, dont certains valent plusieurs millions de dollars.

Gilles n'a pas eu beaucoup de temps pour s'installer et apprivoiser l'Europe. La saison a commencé le 15 janvier en Argentine où il a terminé 8e après s'être qualifié en 7e position, sa meilleure prestation en quatre Grands Prix. Il conduisait encore la Ferrari 312 T2, la préparation de la T-3 ayant pris du retard. Gilles et Carlos (Reutemann) n'avaient pas le choix, même s'ils n'étaient pas heureux. De plus, ils étaient confrontés à un autre problème. Ferrari avait délaissé le manufacturier de pneus *Goodyear* pour passer dans le clan *Michelin* qui présentait une grande nouveauté: le pneu radial!

Deux semaines plus tard, au Brésil, Gilles a encore progressé en prenant le départ de la 6e place. En course, une sortie de piste puis un nouvel accrochage avec Ronnie Peterson allaient mettre fin à ses efforts pendant que Reutemann remportait la victoire.

Encore une fois, Gilles était la cible des critiques.

– Moi aussi, j'aurais préféré amasser des points, mais je ne suis pas à l'aise dans cette voiture. La T-3 sera sûrement supérieure, disait-il en s'arrêtant au Québec avant de retourner en Europe.

Le Grand Prix du Canada à Montréal

Quelques semaines auparavant, les organisateurs du Grand Prix du Canada et les dirigeants de la brasserie *Labatt* avaient annoncé le déménagement de cette épreuve d'envergure à Montréal. Les dirigeants de la formule 1 avaient été catégoriques en quittant Mosport après le Grand Prix de 1977:

– Il n'est pas question de revenir si des travaux majeurs ne sont pas effectués.

Les promoteurs ontariens ont bien tenté de convaincre les membres du conseil municipal de Toronto de présenter la course dans les rues de la ville reine, mais le projet a été refusé par une forte majorité. Dès le lendemain matin, les journalistes montréalais étaient convoqués au chic hôtel Reine-Élizabeth pour une importante rencontre de presse.

Le relationniste Jean-D. Legault, dont le leitmotiv était: «Voyagez en première classe ou restez chez vous», a affirmé aux journalistes:

— Messieurs, mesdames, nous sommes heureux de vous annoncer ce matin que le prochain Grand Prix Labatt du Canada aura lieu à Montréal au mois d'octobre prochain. Nous nous engageons également à défrayer tous les coûts de la construction de ce nouveau circuit!

Où?

Ils ne le savaient pas!

La seule certitude?

La piste serait prête pour le mois de septembre sans coûter un sou aux Montréalais qui n'avaient pas encore digéré la facture des Jeux olympiques. C'est ainsi qu'est né le Grand Prix du Canada à Montréal, sans aucune planification ni préparation sérieuse.

Quelques mois auparavant, avec le soutien de Molson, Gaston Parent avait essuyé un cuisant revers en voulant présenter le Grand Prix dans les rues ceinturant le Stade olympique. Il avait tous les appuis et les contacts, si ce n'est qu'un conseiller embauché pour l'appuyer dans la présentation finale auprès des dirigeants de la formule 1, en Angleterre, avait informé ses amis de Labatt de l'existence de ce projet. Comme Labatt détenait le premier droit de refus, les dirigeants ont décidé de revenir sur leur décision d'abandonner le Grand Prix et de le présenter à Montréal. Lorsqu'ils se sont présentés devant le maire Jean Drapeau, ce dernier les attendait. Il en avait profité pour imposer des conditions excessives pour l'utilisation du site de l'île Notre-Dame.

Gilles ne voulait rien savoir de toute cette politicaillerie:

— En autant qu'il y a un Grand Prix du Canada, je serai très heureux. Si c'est à Montréal, ce sera encore mieux!

Après un court séjour auprès de ses amis et parents de Berthierville, Gilles est retourné en Europe pour se préparer au Grand Prix suivant: celui de l'Afrique du Sud, à Kyalami, une piste qu'il connaissait pour y avoir disputé une course de formule Atlantic.

Ce fut sa dernière avec la Ferrari 312 T2. Qualifié en 8ᵉ place, il roulait devant son coéquipier Carlos Reutemann en course, mais son moteur a explosé en laissant une marre d'huile sur la piste. Derrière lui, Carlos n'a pu éviter le piège, a perdu le contrôle et est sorti de la piste.

Dans les marécages, entre Berthier et Joliette

Comme la course suivante avait lieu à Long Beach, en Californie, un mois plus tard, Gilles a eu le temps de revenir au pays. Il en a profité pour terminer la préparation de son Ford Bronco 4 X 4 modifié qu'il voulait envoyer par bateau en Europe pour s'amuser dans les montagnes, entre les Grands Prix. Après avoir travaillé jour et nuit à ces modifications, il m'a invité à me joindre à lui pour effectuer, avec un groupe d'amis, une randonnée dans le bois entre Berthier et Joliette. Le rendez-vous a été fixé à 11 heures du matin, au garage de Gaétan Giroux, son complice pour la modification de ses bolides.

– Viens, tu vas avoir du plaisir. Il faut traverser des marécages et nous n'avons jamais réussi à nous rendre jusqu'à Joliette. Je pense que cette fois, nous allons y parvenir.

Nous étions finalement partis vers 18 heures. À mon arrivée, le camion de Gilles était encore en morceaux et il fallait finir l'assemblage des pièces modifiées reçues le matin même.

J'avais été prévoyant en apportant des vêtements pour aller dans le bois!

Évidemment, Gilles était le leader du groupe des cinq ou six camions. Il était responsable d'ouvrir la *trail*. Nous n'avions pas parcouru trois kilomètres de ce sentier qu'une vision d'horreur s'offrait à nous: un immense marécage où les *bibittes* devaient avoir peur de s'aventurer.

— Gilles, t'es pas sérieux. On ne va pas essayer de traverser ce marécage!

— Écoute, si t'es trop chieux, reste ici! Nous te reprendrons en revenant.

J'avais avantage à me taire. Gilles n'avait jamais été aussi sérieux. Il voulait traverser ce marécage dégueulasse.

En moins de temps qu'il n'en faut pour dire «Villeneuve», nous étions embourbés. Il s'est empressé de prendre la radio pour parler à son *chum* Gaétan qui nous suivait.

— Hé Giroux, c'est là que le *fun* commence!

— Aye, mon Gérard (le surnom que Gaétan Giroux donnait à Gilles), tu es tellement embourbé (il y avait de l'eau et de la boue à la hauteur des vitres de la porte) que j'ai l'impression que nous allons passer la nuit ici et il va falloir un bulldozer pour nous sortir de là!

— Ben non, laisse-moi faire, tu vas voir.

Effectivement, Gilles avait raison. Nous nous sommes sortis seuls de ce piège... après huit tentatives pour se tirer mutuellement entre les camions.

À trois heures du matin – nous n'avions rien mangé depuis midi – retour au point d'origine; nous n'avions même pas parcouru 10 kilomètres. Le 4 X 4 de Gilles était dans un piteux état. Lui avait le sourire aux lèvres même s'il était couvert de boue de la tête aux pieds. En me regardant, visiblement épuisé, il n'a pu s'empêcher de me dire:

— Ça, c'est du vrai sport!

Nous n'avions pas la même notion de l'esprit sportif, même si j'avais éprouvé beaucoup de joie à constater une fois de plus son incroyable détermination et le plaisir qu'il éprouvait à relever des défis.

J'oubliais: j'ai jeté mon linge à la poubelle en sortant du garage de Gaétan Giroux. Ça ne valait même pas la peine d'essayer de le faire nettoyer!

Une collision plutôt qu'une victoire

En partant pour Long Beach, Gilles commençait à ressentir la pression. On lui reprochait de ne pas terminer ses courses.

– J'ai hâte de marquer mes premiers points.

Les essais avec la nouvelle 312 T3 ont été une source de motivation.

– Dès les premiers tours de piste, j'ai senti que nous avions maintenant une bien meilleure voiture.

Il n'a pas mis de temps à découvrir qu'effectivement cette nouvelle monoplace était plus efficace. Il était donc heureux d'en parler avec l'importante délégation de Québécois invités par les dirigeants de *Labatt* pour les intéresser davantage au prochain Grand Prix du Canada. Fidèle à sa réputation, Jean D. Legault a été un hôte accueillant, se permettant de poursuivre certains *partys* jusqu'aux petites heures du matin et sombrant parfois dans l'exagération et l'inconscience. D'autres, plus sérieux, avaient pu faire la part des choses. J'étais un de ceux qui étaient en forme pour assister à la domination des Ferrari lors des qualifications: Reutemann devant Villeneuve.

Pour la première fois de sa jeune carrière, Gilles partait de la première ligne. Ancien spécialiste de l'accélération, il n'avait rien perdu de sa dextérité pour prendre un départ au début d'un Grand Prix. Il a surpris Reutemann pour se retrouver en tête à l'entrée du premier virage.

Cette course était retransmise en direct par le réseau américain CBS. Le commentateur, Ken Squier, que j'avais connu lors des courses de stock-car au Vermont, est venu me voir avant le départ de la course:

– Pourrais-tu me dire comment prononcer correctement Villeneuve?

Pendant une quinzaine de minutes, il s'est entraîné à prononcer ce nom avec un succès mitigé.

Pendant 39 tours, Gilles s'est imposé en gardant la position de commande devant Carlos Reutemann, mais un obstacle majeur se présenta devant l'impétueux pilote: des retardataires qu'il fallait dépasser.

– J'avais un petit écart devant Carlos et je ne voulais pas le perdre. Je ne devais pas hésiter à dépasser ces pilotes.

Son explication était logique. Sauf qu'il a sous-estimé la collaboration des pilotes de formule 1, surtout lorsqu'on est un vieux routier comme Clay Regazzoni. Après avoir ouvert la porte légèrement à l'entrée de la chicane, il l'a refermée immédiatement au moment où Gilles croyait avoir vu une ouverture. Les deux voitures se sont touchées avant de terminer dans les murs de protection, laissant à Reutemann le plaisir de savourer sa deuxième victoire de la saison.

Gilles, comme des milliers d'autres Québécois, était déçu d'avoir raté une aussi belle occasion:

– J'étais convaincu de pouvoir gagner. Il a fallu qu'il me bloque le passage alors que j'étais plus rapide que lui.

Une fois de plus, il s'est retrouvé au banc des accusés.

La colère d'Enzo Ferrari

Avec sa force de caractère, Gilles n'a pas mis trop de temps à s'en remettre. À son retour en Europe, il n'avait qu'un objectif en tête: se préparer pour la prochaine course, le Grand Prix de Monaco, reconnu comme l'épreuve par excellence de la saison.

– Cela ne me sert plus à rien de penser à Long Beach. Il vaut mieux se préparer pour Monaco.

Deux jours avant le début des essais officiels du jeudi, Enzo Ferrari l'a convoqué à Maranello pour une rencontre importante. Après cinq heures de route, il s'est présenté dans le bureau du *pape* de la course automobile.

– Le meeting a duré 30 secondes, m'a raconté Gilles. Le temps de me dire: monsieur Villeneuve, les Ferrari ont l'habitude de franchir la ligne d'arrivée.

Cette rencontre l'a secoué. Conscient que sa situation n'était pas reluisante, il avait besoin d'un bon résultat, dans les points, s'il désirait garder son volant.

Après sa performance à Long Beach, les patrons du *Journal de Montréal* ont compris qu'il était devenu nécessaire d'accorder une plus grande importance à la couverture des Grands Prix. Je n'avais plus le choix. Il me fallait faire le grand saut: franchir l'océan pour travailler à la couverture d'un premier Grand Prix en Europe. Heureusement, Gaston Parent et sa femme Danielle ont accepté de me servir de guide. J'ai donc voyagé avec eux pour profiter de leur vaste expérience de voyageurs. Je dois avouer que me retrouver à Monaco pour un voyage inaugural, ce n'était quand même pas la misère noire. Bien au contraire. Pour la transmission des textes cependant, j'ai eu l'impression de vivre à l'âge de pierre. Il fallait les dicter au téléphone et la communication se coupait toutes les cinq minutes. Il fallait parfois patienter une trentaine de minutes avant de pouvoir en établir une nouvelle.

Gilles a été incapable de s'imposer dans les rues de la Principauté, n'obtenant qu'une décevante 8e place sur la grille. En course, il a été encore plus malheureux en frappant le mur de protection à la sortie du tunnel alors qu'il était en position d'amasser ses premiers points.

– J'ai eu un bris de la colonne de direction, m'a-t-il dit en marchant pour rejoindre le stand de Ferrari.

Une heure après la fin de la course, alors que je travaillais dans la salle de presse, Gilles est venu me voir:

– Pourrais-tu me rendre un service? N'écris pas que mon accident a été causé par le bris d'une pièce. Monsieur Ferrari n'apprécierait pas que l'on dénigre sa voiture. La version officielle de l'équipe est une crevaison. Cela m'aiderait si tu écrivais cette version!

Il était difficile de ne pas accéder à sa demande. Il était véritablement inquiet de son sort.

Tout au long du week-end, Jean-D. Legault, Robert Ferland (le frère du chanteur Jean-Pierre) et d'autres représentants du

Grand Prix du Canada ont présenté aux autorités de la FIA et aux journalistes internationaux les plans du nouveau circuit de Montréal. Ils ont même loué un gigantesque yacht – la facture a dépassé les 100 000 dollars – avec plusieurs membres d'équipage pour accueillir leurs invités dans le port de Monaco. Tous les soirs, ils organisaient des fêtes interminables. Après la course, quelques représentants québécois ont été invités à festoyer. Le cuisinier avait préparé pour l'occasion un repas gargantuesque de fruits de mer. J'ai accepté l'invitation mais, comme je n'avais pas encore été initié aux plaisirs d'une telle gastronomie, j'étais malheureux, d'autant plus que je n'avais pas mangé à «l'Américaine» depuis plusieurs jours. J'ai failli faire mourir le chef cuisinier d'une crise cardiaque en lui demandant de me servir deux œufs avec du bacon et des toasts. En les mangeant, j'ai retrouvé le sourire même si, à mes côtés, certaines personnes en ont presque fait une indigestion de honte!

Chapitre 12

Marquer des points en Europe

L'adaptation à la vie européenne n'a pas été facile pour la *p'tite* famille de Gilles, même s'il n'était pas désagréable de vivre à Cannes, sur la Côte d'Azur. Entre les nombreux essais et les Grands Prix, Gilles et Joann ont finalement trouvé une maison à leur goût. Elle était plus grande et plus vaste que tout ce qu'ils avaient habité jusque-là. Avant le début de la saison européenne, ils ont donc emménagé dans une villa louée à Plascassier, un village situé entre Cannes et Grasse, avec une vue magnifique sur les montagnes. Tout près de leur nouvelle résidence, il y en avait une qui appartenait au milliardaire Walter Wolf.

– Tout est différent ici. L'adaptation va de mieux en mieux, même si nous ne trouvons pas toujours ce que nous voulons, me racontait Gilles un peu nostalgique d'être éloigné de sa *gang de chums* de Berthierville.

Il était fréquent qu'il demande à ceux qui allaient le voir d'apporter avec eux des articles qu'il ne trouvait pas en Europe, comme du beurre d'arachides!

Immédiatement après ce Grand Prix de Monaco, Gilles fut de nouveau la cible de critiques acerbes par la presse spécialisée, surtout en Italie. Personne ne voulait croire à l'histoire de la crevaison, encore moins à une défaillance mécanique. Pour certains, il avait encore piloté comme un imbécile. En Italie, on accusait Enzo Ferrari d'avoir commis une bêtise en embauchant ce petit pilote canadien. On lui suggérait fortement de le remplacer par un pilote plus talentueux comme Elio de Angelis.

Le *Commendatore* refusa de céder à la panique:

— Je suis convaincu qu'il va devenir un grand champion. Il doit juste apprendre à mieux contrôler ses émotions.

En contrepartie, Gilles avait son lot d'admirateurs. Ceux qui appréciaient son style spectaculaire puisque, tour après tour, il tentait toujours de rouler plus rapidement. Avec lui, il n'y avait jamais de demi-mesure. Ses ingénieurs, Antonio Tomaini et Mauro Forghieri, croyaient en son talent. Mais ils avaient de la difficulté à lui faire comprendre qu'il aurait avantage à être plus raisonnable pour mieux exploiter les qualités de sa monoplace.

Difficile à admettre pour Gilles qui avait toujours roulé le pied au plancher.

Parmi ses nombreux admirateurs présents à Monaco, il y avait son ami John Lane, de New York, et Ray Wardell, l'ingénieur qui lui avait permis de connaître sa meilleure saison en formule Atlantic. Eux aussi — ils étaient restés quelques jours après le Grand Prix monégasque — ont recommandé à Gilles de se calmer, de changer sa façon de travailler pour essayer d'améliorer son efficacité.

— Je n'ai jamais travaillé de cette façon. Je veux bien essayer, mais je ne suis pas convaincu que cela va fonctionner.

Quand Liège devient Luik

Gilles n'était pas le plus heureux des pilotes en arrivant en Belgique pour la sixième épreuve de la saison, la neuvième de sa courte carrière en formule 1. Il n'a pas été impressionné par ce circuit de Zolder qu'il découvrait.

Pour un deuxième Grand Prix consécutif, le *Journal de Montréal* a décidé de m'envoyer sur place.

Cette fois, je devais me débrouiller seul, comme un grand garçon! Sachant qu'on parlait le français, ça m'inquiétait un peu moins, même si je n'étais pas la personne la plus rassurée en débarquant à Bruxelles. Installé au volant d'une voiture de location, je suivais les indications fournies par le préposé au comptoir pour me rendre jusqu'à Liège. Après une trentaine de minutes, j'étais un peu dans le *brouillard*, victime du décalage horaire de six heures et de la nuit passée dans l'avion entre Mirabel et Bruxelles. J'ai eu tôt fait de me *réveiller* en sursaut en lisant sur un panneau indicateur: Luik 35 km!

Je ne comprenais plus rien. Est-ce que je m'étais égaré durant mon *sommeil*?

Après avoir vérifié la carte routière, je ne voyais rien d'anormal. La meilleure solution était de poursuivre ma route, puisque j'étais profondément convaincu de ne pas avoir pris une sortie ou emprunter une autre route depuis mon départ de l'aéroport. Quelques minutes plus tard, un nouveau panneau annonçait: Liège 25 km.

Je comprenais encore moins. J'avais continué à suivre les indications pour me rendre jusqu'au circuit de Zolder, mais je n'avais toujours pas compris ma mésaventure. Je me posais encore des questions en arrivant au centre d'accréditation. Sur place, j'ai été surpris d'entendre parler français et une autre langue qui ressemblait étrangement à l'Allemand. J'ai patienté et argumenté longtemps pour obtenir mon laissez-passer.

— Nous avons bien reçu votre demande monsieur Lecours. Voici la copie de votre lettre, mais nous avons besoin de pièces d'identité pour émettre votre passe.

Permis de conduire, passeport, etc. Rien ne semblait vouloir les satisfaire. Je n'étais pas le seul dans cette situation puisque d'autres confrères montréalais vivaient le même problème. Finalement le *chef* – surnom attribué à un patron en Europe – a accepté de venir nous rencontrer après plusieurs heures d'attente et de discussions. Certaines ont été orageuses. Il faut dire que je n'ai jamais été un candidat au prix Nobel de la patience!

— La seule façon de vous remettre votre passe, c'est de présenter une carte de presse officielle de votre pays.

Cette carte était obligatoire en Europe, mais n'existait pas chez nous. Comment je m'en suis sorti? J'avais avec moi une carte d'affaires reconnaissant que j'étais membre du Conseil de presse du Québec.

– Merci monsieur, c'est ce dont nous avions besoin!

Mes confrères ne pouvaient croire que j'avais satisfait à leurs demandes avec une carte n'ayant aucune signification. Surtout qu'ils avaient patienté 24 heures supplémentaires pour être finalement accrédités après un échange de messages par Télex entre les dirigeants de la course et leurs patrons à Montréal. Après avoir déposé ma machine à écrire à la salle de presse, je me suis rendu au paddock rencontrer Gilles. Je n'ai pas raté l'occasion de lui raconter mon arrivée problématique dans ce pays que je commençais à détester.

Il riait pendant que je fulminais:

– Liège, Luik, Liège et tu n'as pas compris?

– Non, je n'ai pas compris!

– Il faudrait peut-être que tu retournes à l'école pour réapprendre ton histoire.

– Je ne comprends toujours pas.

– Tu n'as jamais entendu parler de la guerre entre les Wallons et les Flamands, comme les Français et les Anglais chez nous!

– Ah, merde!

Je venais de comprendre, de me réveiller.

En passant d'une région à l'autre de la Belgique, on passe du français (les Wallons) au néerlandais (les Flamands), et les panneaux indicateurs aussi! Ainsi, le circuit de Zolder était dans une région flamande. Si on essayait d'établir la communication en s'adressant en français à la téléphoniste, elle raccrochait. Il fallait commencer en anglais. Puis lui expliquer que nous étions des Français du Québec, non de la Wallonie! Après, on pouvait parler en français aussi bien qu'elle pouvait le faire.

Je venais de vivre une belle journée d'histoire à l'européenne.

Ses trois premiers points en F-1

Gilles s'est bien amusé à mes dépens. C'était d'autant plus facile qu'il était heureux d'avoir décroché la quatrième place lors de la dernière séance de qualification.

– Pierre, je n'ai pas le choix. Je dois terminer cette course pour essayer d'amasser mes premiers points avant que le vieux (monsieur Ferrari) n'explose sous la pression. Elle est de plus en plus forte.

Comme ça lui arrivait de plus en plus souvent, Gilles a connu un départ exceptionnel pour rapidement se retrouver en deuxième place. Avec une quinzaine de tours à parcourir, il fallait commencer à croire en ses chances de le retrouver pour la première fois sur le podium d'honneur regroupant les trois premiers. Malheureusement, quelques virages avant l'entrée de la ligne des puits, un pneu *Michelin* explosa. Tout le monde en fut témoin, y compris les sceptiques qui n'avaient pas cru en sa version de Monaco! Il est revenu à son stand sur trois roues, avec sa détermination coutumière. À son retour en piste, il était sixième. Mais, avant la fin, il a eu le temps de gagner deux positions pour terminer quatrième et amasser ses trois premiers points en formule 1.

– Tout le monde est soulagé, moi le premier. J'aurais toutefois été plus heureux de me retrouver sur le podium avec Mario (Andretti) et Ronnie (Peterson).

Le rendez-vous suivant était celui du Grand Prix d'Espagne, à Jarama. Cette épreuve marquait le début d'une longue série noire pour les deux pilotes de Ferrari. Gilles et Carlos (Reutemann) se plaignaient d'un sérieux problème de tenue de route avec leur Ferrari 312 T-3, mais leur pilotage n'était pas mis en cause. Surtout pas celui de Gilles qui se qualifiait de plus en plus souvent devant l'Argentin. Les pneus *Michelin* étaient blâmés, surtout qu'ils se détruisaient rapidement en course. Gilles n'était donc pas heureux d'avoir terminé 10e en Espagne, 9e en Suède et 12e en France.

– Je termine mes courses, mais je n'amasse pas de points. Au moins, les esprits se sont calmés.

Gilles était de plus en plus apprécié dans les paddocks de formule 1. Il avait su, avec son charisme naturel et son style de vie, imposer le respect. Son meilleur contrôle de la Ferrari, qu'il gardait plus régulièrement en piste, aidait également sa cause. À cinq Grands Prix de la fin de cette première saison, il n'avait toujours que ses trois petits points puisqu'il avait abandonné en Angleterre, puis terminé huitième en Allemagne. Son coéquipier, Carlos Reutemann, avait un meilleur dossier avec trois victoires et une troisième place.

En arrivant en Autriche, Gilles avait appris l'embauche par l'équipe Ferrari de Jody Scheckter pour la saison 1979. Comme tout le monde, le Québécois ne savait pas à ce moment-là s'il demeurerait avec l'écurie italienne.

Cela ne l'a pas empêché d'impressionner la galerie à ce Grand Prix autrichien. Qualifié à une décevante 11e position, il a profité d'une piste détrempée pour effectuer une remontée spectaculaire.

— Les conditions me faisaient un peu penser à ma première victoire en formule Atlantic à Gimli. On ne voyait rien, comme lors des courses de motoneige, et cela ne m'affectait pas outre mesure, racontait Gilles en descendant du podium, puisqu'il avait terminé troisième, son meilleur résultat jusque-là en formule 1.

C'est avec un moral d'acier qu'il arriva en Hollande deux semaines plus tard. Malgré de sérieux ennuis en tenue de route, il a ajouté un point à son dossier, son huitième, avec une sixième place, tout juste devant Carlos Reutemann.

Quelques jours avant la présentation du Grand Prix d'Italie, à Monza au début de septembre, Gilles fut convoqué par monsieur Enzo Ferrari, comme à la veille de Monaco.

Cette fois, Gilles est reparti de Maranello avec le sourire.

— Dès que je suis entré dans son bureau, monsieur Ferrari m'a offert de continuer avec son équipe. Il avait discuté avec tous les membres de l'équipe, y compris les mécaniciens. J'ai immédiatement signé, disait-il avant le Grand Prix d'Italie.

Gilles n'a pas mis de temps à récompenser le *Commendatore* en s'adjugeant la deuxième place à l'issue des séances de qualification. Il était moins heureux en repartant le dimanche soir, même s'il venait de disputer une de ses meilleures courses.

Un terrible accident impliquant 10 voitures avait forcé l'arrêt avant la fin du premier tour qu'il dominait devant la Lotus à effet de sol du futur champion du monde, Mario Andretti.

Deux pilotes ont été sérieusement blessés: Vittorio Brambilla était dans le coma en raison d'un traumatisme crânien et Ronnie Peterson souffrait de sérieuses blessures aux jambes, mais sa vie n'était pas en danger selon le premier bilan médical. Cet accident a affecté Gilles puisqu'il avait toujours autant d'admiration pour le Suédois.

À la reprise, Gilles et Mario Andretti ont anticipé le départ. Les deux se sont battus comme des déchaînés pour la première place, Gilles cédant dans le dernier tiers en raison d'une tenue de route déficiente, causée par l'éternel problème d'une usure prématurée des pneus. Cette bataille épique a été inutile puisque les commissaires sportifs ont décidé d'imposer une minute de pénalité, rétrogradant Mario en sixième place devant Gilles, septième.

Évidemment, le pilote de Berthierville a difficilement digéré cette sanction, mais il a été davantage sous le choc en se réveillant le lundi matin. On venait de lui apprendre que Peterson était mort sur la table d'opération d'une embolie cérébrale durant la nuit. C'était la première fois qu'il perdait un ami sur la piste.

– Je n'ai pas peur de mourir en course. Je connais les risques de mon métier, tout comme Ronnie les connaissait, mais c'est trop bête de mourir sur la table d'opération pour des fractures aux jambes.

Gilles a eu de la difficulté à accepter cette mort. Cependant, il n'a pas eu beaucoup de temps pour s'apitoyer puisque deux épreuves importantes l'attendaient: le Grand Prix des États-Unis, à Watkins Glen, puis celui du Canada, à Montréal.

Chapitre 13

Une course mémorable

La mort de Ronnie Peterson avait laissé des traces. Tout le monde était sous le choc. Pour exorciser la douleur, une dizaine de pilotes, principalement les vétérans, se sont réunis pour étudier la situation. Après avoir entendu différents témoignages, ils ont conclu que le jeune et impétueux pilote italien Riccardo Patrese avait été à l'origine du carambolage. D'un commun accord, ils ont exigé que le promoteur de l'épreuve suivante, à Watkins Glen, n'accepte pas l'inscription de Patrese. Ce dernier, mis au banc des accusés sur la place publique par ses pairs, n'a pu prendre le départ du Grand Prix des États-Unis.

En arrivant sur ce circuit situé dans l'État de New York, à six heures de Montréal, il était facile de constater que l'ambiance était pourrie. Gilles était révolté. Il n'acceptait pas cette décision, comme il me l'a expliqué alors qu'il utilisait ma roulotte motorisée pour être *comme chez lui* durant ce premier week-end nord-américain.

— Ils (les autres pilotes) se sont attaqués injustement à un jeune pilote. Je suis convaincu qu'ils n'auraient pas réagi de cette façon si cela avait été un vétéran. Sans compter qu'il n'a jamais été prouvé que Riccardo est à l'origine de ce carambolage.

Gilles avait raison puisque, des mois plus tard, une série de photos a démontré que le responsable n'était pas Patrese, mais plutôt le Britannique James Hunt. Le mal était fait. Patrese avait écopé à la place d'un autre. Marqué au fer rouge, ce sympathique pilote a mis plusieurs années à effacer de sa mémoire ce traitement injuste.

Gilles a eu de la difficulté à digérer cette situation en arrivant en Amérique du Nord. Ce fut d'autant plus difficile qu'après s'être qualifié à une respectable 4e place, il n'a rien pu concrétiser en course. Le V-12 de sa Ferrari a rendu l'âme avant d'avoir terminé le 24e tour. Carlos Reutemann en a profité pour remporter sa quatrième victoire de la saison devant Alan Jones, Jody Scheckter, Jean-Pierre Jabouille, Emerson Fittipaldi et Patrick Tambay.

Jean-Pierre Jarier avait remplacé Peterson. Il s'est offert le tour le plus rapide en course.

Gilles n'avait pas le sourire facile en revenant vers Montréal où il était attendu impatiemment. Évidemment, les promoteurs – la brasserie Labatt – de ce premier Grand Prix ont beaucoup mis l'accent sur la participation de Gilles pour promouvoir cet événement.

Gagner sur le circuit de l'île Notre-Dame...

Comme prévu, le nouveau circuit de l'île Notre Dame était prêt au mois de septembre. Gilles a été l'un des premiers à effectuer un tour de piste au volant d'une voiture conventionnelle lors d'une de ses nombreuses présences promotionnelles à Montréal.

L'ancien champion du monde, Jackie Stewart, une sommité dans le monde de la formule 1, était recherché par les journalistes pour sa volubilité et la qualité de ses commentaires. Les promoteurs de l'événement montréalais ont eu l'ingénieuse idée de l'inviter à rencontrer les confrères québécois, une opération fort utile, surtout pour ceux qui n'avaient aucune idée de l'importance d'un Grand Prix. Ses premiers commentaires sur le site de l'île Notre-Dame ont été rafraîchissants:

– Ce circuit est situé dans l'un des plus beaux décors que l'on puisse imaginer, avec la ville de Montréal en toile de fond.

Gilles raffolait des grandes courbes rapides, surtout celles où le pilote devait aller puiser jusqu'au plus profond de lui-même pour les négocier à une vitesse maximale. Il n'y avait rien de cela à l'île Notre-Dame. C'était plutôt un enchaînement de lignes droites et de virages à vitesse moyenne.

– Ce sera un circuit exigeant pour la mécanique. Personnellement, j'aurais préféré de grandes courbes, mais ils (les organisateurs) n'avaient pas tellement le choix. Ils ont effectué de l'excellent travail avec l'espace dont ils disposaient. Ce ne sera pas le pire circuit de la saison. De toute façon, c'est beaucoup mieux que d'aller dans le fond de la campagne, à Mosport. Ici, tout le monde pourra apprécier la ville de Montréal, sans compter que le circuit sera facile d'accès par le métro. De ce côté, ce sera unique au monde.

Avant d'aller à Watkins Glen, Gilles a tenu à être présent pour assister à une première course (le 24 septembre 1978) sur ce circuit de l'île Notre-Dame. À l'époque, avant de présenter une course de formule 1 sur une nouvelle piste, on devait l'homologuer avec la présentation d'une épreuve à caractère international. Pour répondre à cette exigence, il était donc naturel de présenter une manche du Challenge Labatt de formule Atlantic. Fortement intéressé, Gilles a tenu à surveiller cette épreuve, ainsi que celle de la série Honda/Michelin dont son frère Jacques était l'un des principaux acteurs. Cela lui a permis de voir un trio d'Américains dominer: Jeff Woods devant Price Cobb et Howdy Holmes.

– Ce sera une bonne piste pour un Grand Prix. Rien ne me ferait plus plaisir que de gagner ici dans deux semaines, m'a dit Gilles alors que nous étions ensemble en bordure de la piste, à la sortie du virage en épingle.

À l'analyse de ses résultats lors de ses 18 premiers Grands Prix, il paraissait utopique de penser ainsi, mais c'était mal connaître la détermination du *p'tit* gars de Berthier. Il n'en était pas à un défi près.

Sollicité de toute part

En revenant de Watkins Glen, Gilles n'a pas eu beaucoup de temps pour respirer. Il était un invité recherché, que ce soit pour un souper officiel avec le maire Drapeau, une rencontre avec les journalistes de la presse écrite ou des entrevues avec les médias électroniques. On avait l'impression de le voir partout, de l'entendre à toutes les émissions de radio et de télévision. Les responsables de la mise en marché de cet événement avaient effectué un travail efficace. Vingt-quatre heures avant le début des premiers essais, une question se posait à Gilles: allait-il avoir encore assez d'énergie pour disputer un Grand Prix de 70 tours le dimanche suivant?

– Je ne suis pas inquiet. Depuis le début de la saison, j'ai vu le travail des autres pilotes pour promouvoir leur Grand Prix national et ils étaient débordés. Je ne suis pas surpris de tout ce travail, mais j'ai maintenant hâte de me réfugier dans le cockpit de ma Ferrari!

Personnellement, j'ai décidé de vivre pleinement ce premier Grand Prix en sol montréalais. Dès le lundi matin, à mon retour de Watkins Glen, je me suis installé directement sur le site avec ma roulotte motorisée. Avec la complicité d'André Gervais, le responsable du montage des installations sur le circuit, j'ai garé mon gîte temporaire à l'intérieur des clôtures ceinturant les garages – ceux utilisés pour les compétitions d'aviron durant les Jeux olympiques – des équipes de formule 1 dans le paddock. Comme j'avais précisé à Gervais qu'elle servirait de refuge pour Gilles durant le week-end, elle était placée à quelques mètres du garage Ferrari.

Pas question de donner son nom au circuit

Avant même que s'amorce cet important week-end, certaines personnes suggéraient de donner un nom au nouveau circuit. Le plus mentionné était celui de Gilles Villeneuve!

– Jamais je ne donnerai mon accord à un tel projet. Des personnes ont travaillé beaucoup plus fort que moi pour la venue du Grand Prix à Montréal.

Le vendredi matin, après avoir écrit durant les journées précédentes de nombreux articles préparatoires à cette dernière course de la saison 1978, j'écrivais dans le *Journal de Montréal*: L'île va trembler! J'avais déjà le pressentiment qu'un événement marquant se préparait, que nous allions vivre des moments intenses durant ces trois journées.

Le temps maussade était au rendez-vous, tôt le vendredi matin. La pluie redoutée s'est mise à tomber après le début de la première séance. Cela avait un bon côté puisque les deux pilotes Ferrari, Carlos et Gilles, étaient avantagés dans ces conditions avec leurs pneus *Michelin* plus efficaces sur une piste détrempée.

En se réchauffant *chez moi* en fin d'après-midi, Gilles était souriant sans être nécessairement heureux:

— Je suis content que cette première journée soit terminée, mais j'aurais préféré être devant Carlos. Malheureusement, j'ai été gêné dans mes deux derniers tours par des voitures plus lentes. Je n'ai pas pu progresser comme je l'aurais voulu.

Gilles s'est senti obligé de répondre aux critiques du vétéran Mario Andretti qui avait traité ce nouveau parcours de *Mickey Mouse* après avoir effectué un tour de piste avec une voiture de tourisme.

— Mario aurait dû patienter jusqu'au moment d'effectuer quelques tours avec sa Lotus avant d'émettre un tel commentaire. Ce n'est pas le tracé idéal, mais il représente un beau défi.

Quant à Andretti, assuré de son premier titre mondial depuis le Grand Prix d'Italie, à Monza, il avait rejeté le blâme sur les journalistes pour avoir mal interprété ses paroles.

Ce n'était pas nouveau.

Au tour de Gilles

— Le pire est passé, place au Grand Prix maintenant, m'a lancé Gilles après avoir pris sa douche dans la roulotte, puis rejoint les ingénieurs de Ferrari pour la préparation de la course.

Il venait alors de se qualifier en troisième position derrière Jean-Pierre Jarier et Jody Scheckter, son futur coéquipier chez Ferrari la saison suivante. Quant à Reutemann, il avait terminé la journée en 11e position.

Gilles n'était pas très heureux de cette position. Il jugeait que la première place était à sa portée, mais il avait échoué en fin de séance. Il a même mis beaucoup de temps avant d'accepter de répondre aux questions des journalistes. L'expression de son visage n'invitait personne à lui poser la première.

— Je n'ai jamais autant voulu la pole qu'aujourd'hui. Mais j'ai été gêné par le trafic et mes freins n'étaient pas très efficaces à la fin. C'est inquiétant pour la course. Comme je le redoutais, ce circuit sera très exigeant pour la mécanique. Il faudra la ménager pour espérer terminer.

Puis après avoir pris une profonde respiration, il a ajouté:

— J'aurais voulu offrir une position de tête aux responsables de la venue du Grand Prix ici et aux spectateurs qui nous encouragent malgré le temps froid.

Après en avoir terminé avec les journalistes, Gilles a tenu à surveiller la course de formule Ford remportée par son frère Jacques qui m'a confié après son triomphe:

— Comme moi, Gilles partira troisième. Ce sera à son tour de gagner demain (dimanche) après-midi.

La victoire

Tôt le matin, en cette deuxième journée du week-end de l'Action de grâce, le ciel était gris, bouché par d'épais nuages menaçants. Il valait mieux avoir une bon système de chauffage dans la roulotte pour ne pas se transformer en bloc de glace. Quelques heures plus tard, un peu avant la pause du lunch, quelques flocons de neige sont venus nous rappeler que l'hiver était à nos portes. C'est donc bien emmitouflés dans les manteaux d'hiver que les milliers de spectateurs – plus de 50 000 – ont envahi l'île Notre-Dame, malgré le temps glacial. Le phénomène Villeneuve avait incité plusieurs personnalités à se déplacer pour assister à cette première montréalaise. On y retrouvait le Premier ministre du Canada, Pierre-Elliot Trudeau, le maire, Jean Drapeau, et même Guy Lafleur, le joueur vedette du Canadien de Montréal.

Quelques minutes avant le départ, on pouvait dépecer l'émotion au couteau. Les proches de Gilles, ses parents, ses amis et ses admirateurs de plus en plus nombreux vivaient des moments intenses.

Personne ne se plaignait du froid cinglant.

Le plus calme, quelques minutes avant le départ, était Gilles. On le sentait imperturbable. Il s'était enfermé dans sa bulle en prenant place à l'intérieur du cockpit de sa Ferrari rouge et blanche arborant le numéro 12. Les deux mains jointes sous le menton, le regard fixe, bien droit devant lui, Gilles ne voyait plus personne.

— À ce moment-là, je me prépare. Je n'ai pas le trac, je ne suis pas nerveux. Je suis comme l'ouvrier qui s'en va sur son chantier. Je visionne la piste dans ma tête, je pense au départ qui s'en vient et à ce que j'aurai à faire pour gagner des positions le plus rapidement possible.

Cet isolement n'a pas suffi à Gilles puisqu'il a perdu une place au départ. Comme prévu, Jarier, avec la Lotus, s'est facilement envolé en première place, suivi de Jody Scheckter avec la Wolf et d'Alan Jones qui a surpris Gilles avec sa Williams.

Après avoir été patient pour ménager sa mécanique lors des premiers tours, Gilles a augmenté le rythme après le 15e. Cet effort lui a permis de surprendre Alan Jones au 19e tour, puis Scheckter six tours plus tard, au freinage du virage en épingle, comme lui seul savait si bien le faire. À ce moment-là, plus personne ne pensait au froid. L'ambiance s'était drôlement réchauffée dans les estrades... et dans la salle de presse.

Pour être honnête, je transpirais. Je rêvais d'un miracle.

Alors qu'il devenait évident que Gilles ne parviendrait jamais à rejoindre l'imbattable Lotus conduite par Jarier, ce dernier s'arrêta durant le 49e tour. Une fuite d'huile venait de stopper ses efforts et tout le monde mit plusieurs secondes avant de réaliser ce qui se passait.

Gilles était premier!

— Je n'entendais pas la foule, mais je pouvais percevoir les mouvements dans les gradins. Même moi, je commençais à ne plus y croire et je m'étais dit: une deuxième place ne serait pas si mal dans le fond, même si, dans mon for intérieur, j'espérais remporter la victoire.

Après avoir repris ses esprits, Gilles modifia son pilotage.

— Je voulais préserver ma mécanique, car je tenais avant tout à terminer. Les derniers tours ont été interminables. J'entendais toute sorte de bruit, je craignais un bris de moteur comme la semaine dernière à Watkins Glen. Puis, je me suis dit: non Gilles, les Ferrari sont des voitures fiables. Elle va tenir le coup. J'avais l'impression de conduire à la fin comme un curé.

Personnellement, je n'avais jamais vécu autant d'émotions. J'avais abandonné mon poste de travail dans la salle de presse. Je voulais vibrer avec cette foule en délire. Je me suis rendu sur le toit des roulottes servant de garage dans la ligne des puits. J'y ai retrouvé les parents de Gilles, Gaston Parent et son épouse Danielle, le Premier ministre, le maire et Guy Lafleur.

— Ma Ferrari n'est plus à vendre, m'a confié Lafleur à quelques tours de l'arrivée. Il était visiblement ému par la performance de son *chum* sur la piste.

Toujours aussi coloré dans ses propos, Séville disait:

— C'est le plus beau jour de ma vie. Ça dépasse même la journée de mon mariage et de la naissance de Gilles et de Jacques.

Après avoir croisé la ligne d'arrivée devant Scheckter et Reutemann, Gilles a respecté sa tradition en revenant chercher le drapeau à damier, comme il l'avait fait si souvent en formule Atlantic.

— Je voulais offrir ce tour d'honneur à tous ceux qui m'ont supporté depuis le début de ma carrière.

Le gardien en prend «plein le nez»...

Oui, nous étions nombreux en bordure de piste à l'applaudir, à pleurer de joie. Tout juste derrière moi, Gaston Parent m'a dit, en enlevant son gros parka:

— Va vite l'attendre à l'entrée de la ligne des puits et mets-lui mon manteau sur les épaules pour qu'il n'attrape pas froid en sortant de la voiture.

Je suis parti en courant pour être sur place le plus rapidement possible. Déjà, de l'autre côté de la piste, les clôtures ne résistaient plus à tous ceux qui voulaient venir fêter cette victoire au pied du podium d'honneur. En me voyant lui faire de grands signes, Gilles a immobilisé sa monoplace à mes pieds. Je n'ai pas eu le temps de le rejoindre à la hauteur du cockpit que certains tentaient de l'étouffer. Voulant empêcher une mini-émeute, j'ai tenté de faire reculer quelques personnes. Un homme, plus agressif que les autres, presque hystérique, frappait Gilles sur le casque. Je l'ai empoigné pour le soulever, avant de me faire dire:

— Non, ne me frappe pas, c'est moi Gaétan, tu sais, Gaétan Giroux, le *chum* de Gilles. Je suis tellement content que je ne peux pas me retenir. Je n'ai jamais été aussi heureux de ma vie.

Heureusement qu'il s'était présenté à temps, car il lui aurait probablement manqué quelques dents.

Le *tiraillage* – le service de sécurité était débordé – s'est poursuivi jusqu'à l'escalier menant au podium où tout le monde voulait monter en même temps. Gilles était avec moi et je tentais de lui frayer un chemin. Soudainement, un garde de sécurité a essayé de m'arrêter, mais il a eu droit à un solide coup de coude au visage. Quelques années plus tard, un policier de Montréal, qui me remettait une contravention, m'a posé une bien étrange question:

— Monsieur Lecours, vous souvenez-vous de moi?

— Non, pas vraiment!

— Vous souvenez-vous de la bousculade dans l'escalier conduisant au podium après la victoire de Gilles Villeneuve?

— Oui, je m'en souviens très bien.

— Vous souvenez-vous d'avoir donné un coup de coude à une personne?

— Oui, je m'en souviens!

— C'était moi et j'ai eu le nez fracturé.

Comme il est facile de l'imaginer, j'ai eu droit à la contravention. Il n'a pas été question de clémence de sa part!

Sur le podium

Des milliers de personnes en fête scandaient: Villeneuve... Villeneuve...

Comme je l'avais aidé à rejoindre le podium, il n'était pas question que je l'abandonne. Je voulais fêter avec lui cet événement. J'ai même aidé la foule à s'animer en l'encourageant à scander son nom. À plusieurs reprises, je l'incitais à lever les bras, à brandir son trophée en forme de feuille d'érable. La réponse du public a été instantanée.

Le Premier ministre, Pierre-Elliot Trudeau, a contribué à l'animation en disant:

— Je n'ai jamais été aussi fier d'être canadien.

Ce comportement bizarre de la part d'un journaliste professionnel a été sévèrement critiqué par des confrères, mais je m'en foutais. Je savais ce que Gilles avait vécu pour se rendre jusqu'à cette plus haute marche du podium. Il avait le cœur à la fête, moi aussi, et il n'aurait jamais pensé un seul instant à me demander de quitter les lieux! Cette longue cérémonie était devenue interminable. Gilles s'impatientait à la fin, surtout qu'il était transi de froid. Il était loin d'en avoir terminé, car les journalistes avaient de nombreuses questions à lui poser.

Pour la première fois de l'histoire de la formule 1, un pilote canadien, de surcroît un Québécois, venait de remporter un Grand Prix et c'était celui de son pays.

— Je suis surtout heureux d'avoir gagné. Je ne fais pas de politique et je ne me tourmente pas l'esprit avec ces histoires de Québécois ou de Canadien! Je ne comprends pas pourquoi des personnes tentent toujours de trouver la *bibitte*.

Je n'avais jamais vu Gilles aussi heureux, aussi souriant, même s'il souffrait d'un sérieux mal de dos.

— C'est à cause du freinage excessif.

Il n'était pas démonstratif. Jamais il n'exprimait ses sentiments en public. Ce jour-là, il s'est confié en disant:

– Un frisson m'a traversé le corps pendant un tour et demi après avoir appris l'abandon de Jarier.

Quelques heures plus tard, les yeux fatigués, les traits tirés, Gilles s'est présenté, accompagné de Joann, à la roulotte. Sur place, le maire Drapeau l'attendait, désireux de s'entretenir en privé avec la nouvelle idole d'un peuple.

Il n'avait pas voulu, comme le Premier ministre du Canada, fêter en public ce moment historique: la naissance d'un grand champion! La présence du maire n'a pas été suffisante pour empêcher Gilles de demander à ma femme:

– J'ai terriblement faim. J'en ai mal à la tête. Pourrais-tu me faire des hot dogs?

Pour célébrer cette victoire inattendue, Gilles ne voulait ni boire du champagne, ni manger du caviar. Il voulait être comme il avait toujours été jusque-là: simple et manger à son goût, c'est-à-dire deux hot dogs maison!

Chapitre 14

Une année exceptionnelle

Pendant que Gilles savourait ses hot dogs, sa femme Joann rayonnait et quelques amis revivaient ces moments de grande intensité. En retrait, le petit Jacques, 7 ans, et sa sœur Mélanie s'amusaient.

Mon confrère Gilles Terroux, du *Journal de Montréal,* a profité de l'occasion pour amorcer une discussion avec le jeune Jacques qui n'avait rien manqué de cette course mémorable. Il n'a pas manqué de corriger «Oscar» (le surnom de Gilles Terroux) qui tentait de le piéger pour vérifier s'il avait bien suivi le Grand Prix. Lorsqu'on lui a demandé ce qu'il ferait plus tard dans la vie, le *p'tit* Jacques a été catégorique:

– De la course, comme papa!

Tout le monde a bien ri de sa boutade sans savoir que c'était les prémices d'une carrière exceptionnelle.

En soirée, Gilles s'est rendu dans un grand hôtel afin de participer à la soirée organisée pour fêter cette première montréalaise. Sur place, la fête s'est poursuivie de façon grandiose. Le journaliste italien Franco Lini, un vétéran qui avait déjà été directeur sportif de la Scuderia, est venu me voir.

– Pierre, après la course, j'ai joint monsieur Ferrari chez lui. Je l'ai rarement vu aussi heureux. Il m'a dit: le *p'tit* pilote est devenu un grand!

Après avoir fêté dignement, mais sobrement cette victoire, j'ai décidé de coucher à Montréal, question de retourner tôt le lendemain matin sur le site de cette mémorable course. L'île Notre-Dame était déserte à 7 heures. En effectuant un tour de piste avec la magnifique Mercury Capri jaune qui m'avait été prêtée par la compagnie Ford pour tout le week-end, j'ai vibré de nouveau en pensant à l'importance de cette victoire. Moins de 30 minutes plus tard, j'avais rendez-vous avec la mort.

Je roulais en direction nord sur la rue Papineau, à Montréal. Je m'amusais, à chaque feu de circulation, à effectuer des «départs» comme sur une piste de *drag*. À la hauteur de la rue Jean-Talon, un automobiliste circulant en direction est a forcé un peu trop son feu jaune – il était même rouge, comme il l'a admis aux policiers – au moment où j'accélérais. Je n'ai jamais vu venir la grosse familiale. Le choc a été très violent, arrachant l'avant de la magnifique Mercury Capri. Heureusement, je n'ai pas été blessé, mais j'ai vu la mort de près. Quelques centimètres et je n'aurais jamais pu écrire ce livre!

Les rumeurs d'une course arrangée

Ce qui aurait pu être une grande fête a été terni par les commentaires et les écrits de quelques confrères, surtout des néophytes de la course automobile. Pendant que Jackie Stewart affirmait avoir vécu un scénario digne d'un grand film de Hollywood, d'autres prétendaient que cette course avait été arrangée avec le gars des vues!

Gilles était furieux:

– Comment peuvent-ils dire ou écrire de telles conneries? De vrais imbéciles ceux qui se permettent de tels commentaires sans rien connaître à la course automobile.

C'était une grave atteinte à son intégrité, lui qui en avait bavé comme pas un pour vivre une telle journée. Heureusement, d'autres personnes avaient les idées plus claires et préconisaient d'organiser un défilé dans les rues de Montréal pour souligner ce triomphe.

– Non, il n'est pas question que j'accepte. Je ne suis pas du genre à me promener dans le milieu d'une rue pour parader. Je préfère vivre ces moments auprès de mes proches en toute tranquillité.

La fête s'est poursuivie pendant plusieurs jours, puis Gilles est retourné chez lui à Plascassier, en France, pour se préparer à la saison suivante. Une nouvelle voiture, la 312 T4, avait été conçue pour lui et Jody Scheckter. Ce dernier venait de signer un contrat de «numéro 1», mais les deux pilotes pouvaient compter sur une préparation de voiture de qualité. Dans les faits, cela signifiait que Gilles devait aider son coéquipier à devenir champion du monde, même si l'idée ne l'enchantait pas.

— Tant qu'ils (les dirigeants de l'équipe) ne me demanderont pas de le laisser passer alors que je suis premier, cela devrait fonctionner.

Une victoire au pays de Jody

Ma hantise des voyages ne s'était pas atténuée, même si je savais depuis le 8 octobre 1978 que j'aurais à voyager davantage pour assurer la couverture des Grands Prix à l'extérieur du pays. J'ai réussi à éviter le déplacement pour les trois premières courses de la saison 1979, en Argentine, au Brésil et en Afrique du Sud.

Gilles et Jody ont été obligés d'amorcer la saison avec la Ferrari 312 T-3 de l'année précédente. Elle avait été légèrement modifiée pour essayer de copier les Lotus à effet de sol, la nouvelle référence en formule 1. Gilles a été amèrement déçu de se qualifier en 10e place au premier Grand Prix, tout juste derrière Scheckter avec qui il s'est rapidement lié d'amitié. Ce fut pire en course puisqu'il a été obligé d'abandonner à cause d'un bris de moteur après un tête-à-queue et un changement de pneus. Quant à Scheckter, il avait été impliqué dans un accident de plusieurs voitures dès le premier tour.

Gilles a retrouvé le sourire en revenant du Brésil. En se qualifiant cinquième, il a devancé Scheckter d'une position, tout comme en course.

— Même si nous travaillons très bien ensemble, c'est mon premier adversaire. Je veux être devant lui à chacune des séances.

L'épreuve suivante avait lieu au «pays de Jody», sur la piste de Kyalami, en Afrique du Sud. Les deux pilotes étaient heureux de se retrouver au volant de la toute nouvelle 312 T4.

— Nous avons conclu une entente entre nous, m'a dit Gilles avant de rentrer en Europe après les deux courses sud-américaines. Il n'est pas question d'essayer de se dépasser si l'un de nous est en première place.

Seul Jean-Pierre Jabouille, avec la puissance *boostée* de son moteur turbocompressé Renault, est parvenu à devancer Jody et Gilles sur la grille de départ. Cela n'a pas empêché Gilles de les surprendre tous les deux lors du premier départ pour terminer le tour initial en première place.

Une violente averse a alors forcé l'interruption de la course. À la reprise, Gilles a décidé à la toute dernière minute de chausser sa Ferrari de pneus à pluie même si l'averse avait cessé. Pourtant, ses ingénieurs, Antonio Tomaini et Mauro Forghieri, lui recommandaient fortement d'imiter Jody et de partir avec des pneus lisses. L'entêtement de Gilles allait être payant. En se bâtissant une avance sur la piste détrempée avant de s'arrêter pour mettre des *slicks*, il a forcé Scheckter à détruire ses pneus dans sa poursuite et à effectuer un arrêt non prévu à une douzaine de tours de la fin.

Cet arrêt a permis à Gilles de remporter sa deuxième victoire.

— J'ai gagné la dernière course avec la T-3 et la première avec la T-4. Tout s'est joué à la limite, moins d'une demi-seconde à la ligne d'arrivée, puisque Jody est remonté rapidement sur moi durant les derniers tours.

Le triomphe chez Disney

Il était donc heureux en revenant en Amérique du Nord pour la course suivante, le Grand Prix de l'Ouest des Etats-Unis dans les rues de Long Beach, en Californie.

— Non, je n'ai pas oublié ma course de l'an dernier. J'ai appris. La voiture est plus efficace. J'aime bien ce genre de tracé. Je suis donc confiant de pouvoir effacer ce mauvais souvenir.

Gilles aimait bien Long Beach, le climat et l'ambiance de la Californie. Il a donc planifié d'arriver tôt dans le semaine.

— Viens nous rejoindre jeudi matin. Nous avons l'intention d'aller à Walt Disney avec les enfants.

J'ai accepté avec empressement cette invitation, même si je ne savais pas trop à quoi m'attendre avec ce parc d'attractions. Comme tout le monde, j'ai été impressionné par l'ampleur du site et ses installations. Il n'y avait rien de comparable avec le vétuste Parc Belmont de Montréal, l'ancêtre de La Ronde. Même si j'ai toujours été un fervent de la vitesse, l'idée de me faire brasser dans les manèges ne m'a jamais enchanté. C'est encore vrai aujourd'hui. Gilles était moins *chieux*. C'était depuis longtemps un amateur de sensations fortes.

Comme il accompagnait ses enfants de 8 ans et de 6 ans, j'étais convaincu qu'il n'avait pas l'intention de les effrayer avec les monstrueux manèges. C'était bien mal le connaître. Au début, je me suis bien débrouillé pour refuser les premières invitations dans les manèges à ciel ouvert. Je restais avec Joann qui souffrait de l'une de ses migraines chroniques. J'ai toutefois été piégé par une bâtisse identifiée: *À la conquête de l'espace!* Ce n'est qu'à l'intérieur que j'ai compris. J'étais coincé. Gilles et les enfants m'ont forcé à rester avec eux. À la fin de la courte randonnée dans le noir, j'étais à quatre pattes. En plus d'avoir souffert de claustrophobie, j'ai été effrayé. Bref, j'étais heureux d'être encore en vie. Le *p'tit* Jacques riait. Il s'amusait de la couleur de mon visage et exigeait de son père, tordu de rire, qu'on recommence.

— On y retourne papa. On y retourne. C'est le *fun*, mais cette fois je veux m'asseoir sur le premier banc, à l'avant.

Il a pris le temps de me regarder, le regard défiant, pour me dire:

— Viens avec nous, c'est amusant, tu vas voir.

Gilles, Jacques et Mélanie sont retournés «conquérir l'espace» à plusieurs reprises pendant que je tentais de retrouver mes esprits.

Quelques heures plus tard, alors que la famille s'amusait passionnément sur tous les manèges, je suis reparti vers Long

Beach pour rédiger mes textes. Gilles a eu le temps de me dire, en buvant un coke:

– Le championnat? Non, je n'ai pas cela en tête. Pour moi, l'important, c'est d'essayer de remporter toutes les courses. Si je les gagnais toutes, je serais alors un champion heureux.

Il faut croire que cette journée de plaisir avec ses enfants a été salutaire puisqu'il a connu un week-end de rêve, même si, aux essais libres, il est sorti de piste dès le deuxième tour.

– Une stupidité de ma part. J'ai voulu aller vite trop rapidement sur une piste encore sale.

Il s'est repris de brillante façon lors de la séance de qualification en s'offrant une première position de tête à son 23e Grand Prix. Cette *pole* a cependant coûté cher.

– En voyant Jody – il s'est qualifié en 2e place – s'arrêter à son puits (problème électrique durant le tour de chauffe), j'ai été déconcentré. Je n'ai pas été assez attentif pour m'arrêter à ma position de départ. J'ai donc décidé d'effectuer un tour supplémentaire. Heureusement, tout le monde m'a suivi. Je n'avais pas l'air intelligent.

Même si cette bourde monumentale lui a valu une amende de 10 000 dollars, cela ne l'a pas empêché d'être performant en course. Il a dominé les 80,5 tours – l'arrivée n'était pas placée au même endroit que le départ – en plus de réussir le tour le plus rapide. Il s'est même permis d'être sarcastique.

– Après Montréal, certains ont dit que la course était arrangée. En Afrique du Sud, ils ont prétendu que j'avais joué de chance avec la pluie. Que dire maintenant?

Le week-end suivant, Gilles s'est rendu à Brands Hatch, en Angleterre, pour participer à une épreuve hors championnat qu'il a remportée de nouveau, même s'il conduisait la voiture de l'année précédente.

Leader au championnat

En se présentant au circuit de Jarama, en Espagne, Gilles était donc en tête du championnat du monde pour la première fois de sa jeune carrière. Il avait 20 points et Scheckter était troisième avec 13.

– Les journalistes italiens qui m'ont tant critiqué il y a un an et qui réclamaient mon renvoi après Long Beach, exigent maintenant de Ferrari que je sois le numéro 1 dans l'équipe devant Jody, m'a dit Gilles à mon arrivée au circuit.

Gilles était en grande forme et il ne voulait pas voir son coéquipier devant lui. Il l'a démontré lors de la qualification en décrochant la troisième place, tout juste devant Jody. Alors que Patrick Depailler remportait la victoire pour le rejoindre en première place au championnat et que Jody finissait 4e, Gilles terminait à la 7e place après deux tête-à-queue au même endroit et un arrêt pour changer ses pneus. Sa seule consolation? Il avait connu le tour le plus rapide, une seconde devant Alan Jones.

La prochaine étape était le Grand Prix de la Belgique, à Zolder. En raison de la mauvaise expérience de l'année précédente, je redoutais de nouveaux problèmes.

– Bonjour monsieur Lecours! Nous avons bien reçu votre demande. Voici votre accréditation. J'espère que vous passerez un bon week-end. Nous souhaitons tous que votre compatriote remporte une autre victoire.

Une trentaine de secondes et tout était réglé. C'était tellement différent comme accueil que j'avais l'impression d'avoir débarqué sur une autre planète. Tout ça parce que le *p'tit* gars de Berthier était en tête du championnat du monde et que plus personne ne réclamait son renvoi.

Après avoir été dominés lors de la première séance sur une piste détrempée, Gilles et Jody se retrouvèrent 6e et 7e sur la grille. Jody a réussi un meilleur départ, mais Clay Regazzoni lui a fermé la porte. Gilles, qui les suivait, n'a pu éviter l'accrochage avec la Williams du Suisse. Il a escaladé la roue pour bondir en l'air. L'aileron avant amoché, Gilles s'est arrêté. Après un rafistolage de ses mécaniciens, il est reparti en 23e et dernière place. Il a finalement terminé 7e, en panne d'essence dans le dernier tour. Il a tellement exigé de son V-12 pour remonter jusqu'à la troisième place qu'il a trop consommé de carburant. L'inévitable panne sèche est survenue lorsqu'il tentait d'attaquer Jacques Laffite installé en deuxième position.

Sa remontée a été incroyable, même s'il a eu énormément de difficulté à dépasser Riccardo Patrese après une poursuite qui a duré une dizaine de tours.

– J'étais beaucoup plus rapide que lui, mais il ne voulait pas me laisser passer. Je pensais qu'il avait eu sa leçon après l'histoire de Monza, mais il faut croire qu'il n'a rien compris!

Après avoir survécu à l'incident du départ avec Regazzoni, Scheckter a remporté la victoire pour s'installer au premier rang du championnat.

– Gilles est souvent plus rapide que moi, mais il prend beaucoup trop de risques. Pour cette raison, je pense que je pourrai le devancer au championnat d'ici la fin de la saison, m'a expliqué Scheckter.

Lorsque j'ai rapporté ces propos à Gilles, sa réponse a été directe:

– Je sais, il me le dit souvent. Cela ne change rien pour moi. Je veux me battre pour être le plus rapide à tous les tours. Je ne veux rien savoir de conduire en pépère pour essayer de gagner un titre avec des deuxièmes, des troisièmes ou des quatrièmes places. Ce qui m'intéresse le plus, c'est d'essayer de battre le record de 27 victoires de (Jackie) Stewart, pas celui des cinq championnats de (Juan Manuel) Fangio.

Gilles aimait le défi que lui offrait le tortueux circuit de Monaco, théâtre du Grand Prix suivant. Jody Scheckter s'y sentait à l'aise... et moi aussi. Contrairement à l'épreuve précédente, j'étais heureux de repartir pour Monaco. C'était d'autant plus vrai que je disposais d'un ordinateur préhistorique qui pouvait fonctionner dans tous les pays du monde, selon le vendeur. Mes patrons étaient heureux de me voir partir avec cet instrument diabolique (une grosse boîte de deux pieds par deux pieds), assurés que je n'aurais pas à utiliser les vétustes télex pour transmettre mes articles. J'avais donc hâte de brancher cet ordinateur Telcom avant-gardiste, surtout que des centaines de journalistes regardaient mon outil de travail révolutionnaire comme une bête sauvage débarquée d'une autre planète. Je n'avais pas fini de la brancher avec un adaptateur pour prise de courant européenne que ma petite merveille se perdait dans un inquiétant nuage de fumée et que l'écran minuscule disparaissait plus vite qu'il ne s'était allumé. Le vendeur avait oublié de vérifier si nous pouvions brancher sa machine directement sur 220 volts.

Évidemment, tout le monde s'est payé ma tête.

– Ah, ces Américains! Ils pensent toujours pouvoir révolutionner le monde en inventant de nouvelles machines.

Je n'avais pas l'air tellement brillant.

Heureusement, Gilles l'était davantage à la fin de la première journée avec sa première place provisoire sur la grille. Le samedi, des ennuis mécaniques, puis du trafic, l'ont empêché de devancer Jody Scheckter.

– Simple, je n'aurai qu'à le battre au départ.

Malheureusement, Gilles a raté son départ, laissant même Niki Lauda le passer. En l'attaquant avec acharnement, il est parvenu à le doubler lors d'un dépassement serré. Il a alors entrepris une remontée sur Scheckter mais, en cours de route, il a torturé la boîte de vitesses de sa Ferrari et a été forcé d'abandonner. Cet abandon a provoqué la colère de l'ingénieur Mauro Forghieri et de monsieur Ferrari qui rêvaient d'un doublé, puisque Scheckter a remporté la course.

– Ils connaissent mon style de pilotage. Ils ont juste à construire des pièces plus résistantes.

Chapitre 15

Un duel mémorable

On avait déjà disputé sept Grands Prix en 1979. Le huitième, qui marquait la mi-saison, était celui de France, présenté au circuit Dijon-Prenois près de Lyon, le 1er juillet.

Sans être inquiet, Gilles était réaliste.

– Je devrais être en tête du championnat par 10 points. Avec toutes mes malchances, je suis en arrière de 10 et en troisième place, en plus. J'ai absolument besoin d'une victoire à ce Grand Prix de France. Ce ne sera pas facile, car nous aurons moins de puissance que les voitures Renault avec leur moteur turbocompressé.

Il avait vu juste, puisque la France célébrait une première avec Jean-Pierre Jabouille et René Arnoux sur la première ligne de départ. Gilles était troisième, une fois encore devant Scheckter.

– Aucun doute que je suis heureux d'être devant Jody, mais je pense davantage à la victoire. Si je les (Jabouille et Arnoux) laisse partir en avant, je ne pourrai plus rien faire. Heureusement, tous deux ont de la difficulté à prendre le départ avec leur moteur turbo plus lent à réagir. Je tenterai ma chance.

Comme il l'avait prédit, Gilles s'est imposé rapidement, laissant Jabouille derrière lui en 2e place, pendant qu'Arnoux, lamentable, se retrouvait 9e. Il n'a cependant mis que 15 tours à revenir sur les deux meneurs.

Motivé par l'idée d'une quatrième victoire en formule 1, Gilles était déchaîné. Jabouille ne savait plus quoi faire pour parvenir à le dépasser, même s'il était plus rapide. Pour rester en avant, Gilles utilisait tout ce qu'il pouvait de piste puisque ses pneus avaient terriblement souffert de son départ agressif. En amorçant le 46e tour, Jabouille mit à profit toute la puissance de son V-6 suralimenté pour devancer Gilles avant d'arriver au freinage du premier virage, là où j'étais pour surveiller la course. Comme la fiabilité était maintenant au rendez-vous, Jabouille n'eut aucune difficulté à s'éloigner pour contrôler la fin de course à sa guise et ainsi offrir à Renault une première victoire en formule 1, devant plus de 100 000 spectateurs.

Mémorable lutte Villeneuve-Arnoux

Malheureusement pour lui, Jabouille (un pilote super sympathique) n'a jamais eu droit à la gloire qu'aurait dû lui valoir une telle victoire. La raison en est simple. À trois tours de la fin, toute l'attention était tournée vers l'autre voiture jaune et noir, celle conduite par René Arnoux, et la Ferrari numéro 12 de Villeneuve! Ce dernier avait de plus en plus de difficulté à garder sa monoplace sur la piste en raison du piètre état de ses pneus. Arnoux souffrait également d'une légère défaillance de son V-6 en raison d'une chute de pression. Conséquence? Ni l'un ni l'autre n'était avantagé sur le plan mécanique. Tout reposait sur la qualité du pilotage.

– Je ne comprenais pas pourquoi il ne parvenait à me dépasser sur la ligne droite car j'avais de plus en plus difficulté à sortir des virages en raison de l'état de mes pneus.

Finalement, à trois tours de la fin, Arnoux s'est infiltré à l'intérieur pour surprendre Gilles, même si tous les deux ont freiné en catastrophe au bout de la ligne droite. En assistant à cette scène, j'étais convaincu que les deux allaient sortir de piste.

– Simple, je me suis appuyé sur sa voiture pour négocier le virage, sauf qu'il a eu l'avantage à la sortie, m'a expliqué Gilles.

Voyant qu'Arnoux ne parvenait pas à le distancer, Gilles s'est porté à sa hauteur à l'entrée de la chicane suivante. Les deux pilotes ont complété le tour, côte à côte, leurs roues se touchant presque tout le temps. Le Français a repris l'avantage sur la ligne droite, laissant peu de place à la Ferrari au freinage du premier virage. En les voyant arriver comme deux fusées, retardant au maximum leur freinage, j'ai fermé les yeux. La scène était trop horrifiante. J'étais convaincu qu'ils cherchaient la mort!

— Il n'était pas question de lever le pied. J'étais prêt à tout pour remporter ce duel.

Même manège au début du dernier tour, Arnoux toujours légèrement en avance en sortant du premier virage. Entêté comme il l'a toujours été, Gilles refusait de céder.

— Durant ce dernier tour, nos roues ont dû se toucher encore une dizaine de fois. Il n'était pas question de céder. Je savais que je pouvais l'avoir en restant à ses côtés jusqu'à l'entrée du dernier virage. Même en essayant de me tasser dans l'herbe, j'ai refusé de baisser les bras. Cela a finalement tourné à mon avantage, puisque j'ai pu sortir premier. C'était serré en croisant la ligne d'arrivée. Quelques mètres de plus et il m'avait!

Comme j'étais loin de la ligne d'arrivée, je ne savais pas qui avait gagné le duel. C'était d'autant plus difficile que, pour le tour d'honneur, ils étaient de nouveau côte à côte pour saluer la foule qui n'en revenait pas d'avoir assisté à un pareil spectacle. C'était une première dans les annales de la formule 1. Même à la belle époque, comme disent les vieux routiers de la salle de presse, jamais deux pilotes n'avaient risqué leur vie avec autant d'intensité.

— Nous nous sommes amusés comme des fous. J'aimerais revivre une telle expérience à tous les Grands Prix. C'était tellement le *fun*, m'a dit Gilles avant de rejoindre Jabouille et son *complice* sur le podium.

Arnoux était aussi excité que le Québécois.

— Je ne craignais rien avec Gilles. Je savais que je pouvais lui faire confiance, mais c'est le seul. Même si c'était serré, il n'a jamais été salaud. Il n'a jamais tenté de me sortir, même s'il a eu souvent l'occasion de le faire.

Si les spectateurs ont apprécié, des confrères ne se sont pas gênés pour traiter les deux pilotes d'imbéciles. Heureusement, la plupart d'entre eux ont reconnu leur dextérité, leur maîtrise et l'intensité de leur affrontement. Vingt ans plus tard, cette confrontation sert encore de référence et on repasse régulièrement à la télévision les images de ces trois derniers tours.

Gilles et Arnoux les ont visionnées à plusieurs reprises.

— Nous avons dû les regarder une dizaine de fois. On s'amusait autant à la fin qu'au début.

Deux semaines plus tard, en arrivant au Grand Prix d'Angleterre, à Silverstone, tous deux ont été convoqués par un *tribunal* de pilotes présidé par Jody Scheckter, les mêmes qui avaient jugé Riccardo Patrese 10 mois plus tôt après l'accident de Ronnie Peterson à Monza. Complice pendant et après le fait, ils ont tenu tête à leurs aînés. Arnoux a même dit à Niki Lauda:

— Peut-être que si cette confrontation avait eu lieu entre toi et Gilles, il aurait pu y avoir un grave accident, mais je suis convaincu que tu aurais levé le pied avant.

Quant à Gilles, il était fou de rage.

— Ils n'ont rien compris. Oui, il existait des risques, mais à toutes les courses, notre métier exige que nous prenions des risques. Le jour où je commencerai à avoir peur, je m'arrêterai. D'autres devraient le faire. Cette réunion était une perte de temps. Ceux qui ont peur devraient rentrer à la maison.

*   *   *

Sur des circuits rapides comme Silverstone (Angleterre) et Hockenheim (Allemagne), les voitures Ferrari éprouvaient des difficultés, avec le résultat que Gilles a amorcé la deuxième moitié de saison avec une 14e et une 8e places. Malgré ses contre-performances, il n'avait rien perdu de sa motivation en arrivant en Autriche. Qualifié 5e, il a surpris tout le monde, y compris lui-même, en se retrouvant en tête à l'entrée du premier virage.

— Disons que j'ai eu un bon départ, m'a dit Gilles au téléphone à son retour chez lui. Je savais qu'Alan (Jones) était pour me dépasser avec sa Williams, tout comme les deux Renault. Mais j'ai tenté de rester à l'avant le plus longtemps possible. Les problèmes mécaniques de Jabouille et d'Arnoux m'ont finalement permis de terminer 2e.

Scheckter était toujours en tête du championnat avec 38 points, devant Gilles et Jacques Laffite avec 32. Personne ne se souvient de la 6e place de Gilles sur la grille, ni de sa remontée spectaculaire jusqu'à la première place dès le premier tour au Grand Prix de Hollande, à Zandvoort. Par contre, des images de sa Ferrari sur trois roues effectuant un tour complet dans un nuage d'étincelles ont été vues et revues des milliers de fois depuis ce 26 août.

L'art de bousiller un 4 X 4

Immédiatement après cette course, Gilles est venu à Montréal pour participer à des activités promotionnelles en vue de la prochaine présentation du Grand Prix du Canada qu'il espérait remporter de nouveau. Comme cela était devenu une coutume, je suis allé le chercher à l'aéroport de Mirabel pour le reconduire à Berthierville. Cela me permettait de publier une interview exclusive avant la rencontre de presse officielle.

– Les gens de la formule 1 s'énervent beaucoup trop rapidement. Ils ont exagéré ce retour à mon stand sur trois roues. Tout fonctionnait bien sur la voiture, même s'il manquait une roue. Si les attaches n'avaient pas été autant endommagées, j'aurais pu repartir, même si j'accusais un tour de retard.

Comme je savais que Gilles était un passionné des camionnettes 4 X 4 modifiées, j'avais emprunté celle de compétition d'André Cyr, un de mes amis, sans le prévenir de mes intentions. Après avoir essayé ce bolide – j'étais très impressionné par sa puissance – dans une sablière montagneuse de Terrebonne, avec des amis et mon frère René, je me suis rendu à Berthier pour retrouver Gilles, son *chum* Gaétan Giroux et quelques autres passionnés.

J'ai alors invité Gilles à prendre le volant.

– Non, je ne voudrais pas l'endommager.

– Aucun problème, André (Cyr) serait tellement heureux de savoir que tu as conduit son 4 X 4!

– Bon, O.K. je veux bien l'essayer, sauf que je ne veux rien briser!

C'était mal le connaître. Nous étions arrivés dans la sablière depuis seulement quelques minutes et son défoulement était déjà total. Je n'avais jamais vu une personne torturer autant la mécanique. Le moteur rugissait tellement – il gardait le pied enfoncé sur l'accélérateur même lorsque la camionnette ne touchait pas le sol – que je craignais de le retrouver dans la boîte arrière. Comme il y avait une étendue d'eau, Gilles n'avait pu résister à la tentation d'essayer de la traverser... même si tout le monde l'avait prévenu de ne pas tenter sa chance. Évidemment, il s'est embourbé et l'eau s'est infiltrée partout, y compris dans le compartiment du moteur. Il a fallu travailler pendant quelques heures pour sortir la camionnette de ce trou, et plusieurs autres pour l'assécher. J'ai finalement pu reprendre la route, mais le moteur émettait des bruits bizarres. Il avait souffert du traitement infligé par Gilles.

Le lendemain, en rapportant la camionnette à son propriétaire, j'avais la trouille. Je redoutais sa réaction. En entendant le bruit de *son* moteur, André Cyr a changé de couleur.

– Je m'excuse, mais j'ai laissé Gilles Villeneuve conduire ton 4 X 4. Il ne l'a pas vraiment ménagé.

– Es-tu sérieux? Gilles l'a conduit?

– Oui! Et, il a vraiment vérifié la solidité de la mécanique. Je crains que le moteur n'ait souffert.

– Ce n'est pas grave, je vais tout réparer. Mais pourrais-tu lui demander un autographe de ma part?

– Aucun problème, tu peux compter sur moi.

Quelques semaines plus tard, j'ai appris que les frais de réparations avaient été passablement élevés, mais je n'ai rien eu à payer en échange de l'autographe de Gilles.

Prise de bec avec mon nouveau patron

Je n'étais pas fâché. Déjà que ma situation n'était pas tellement reluisante au *Journal de Montréal*. Un nouveau directeur des sports venait d'être nommé. Il s'agissait de Bertrand Raymond, l'ancien responsable de la couverture du hockey professionnel, reconnu pour son intransigeance et ses qualités de journaliste qui lui ont valu une place au Panthéon de la Renommée du hockey. Peu après sa nomination, il n'a pas tellement apprécié mon idée de devenir promoteur d'une course d'accélération (le Défi Corvette) au mois d'août suivant.

Le lancement de cet événement s'est mal déroulé à cause de l'accident d'une voiture Funny Car dans le stationnement de l'hippodrome Blue Bonnets.

À mon retour au bureau, j'étais furieux contre notre photographe qui avait exigé du pilote américain une démonstration plus *punchée* qui avait été la cause directe de l'accident.

Lorsque Bert m'a sermonné sur mon nouveau rôle de promoteur, j'ai piqué une crise en lui disant que je n'avais rien à foutre de son opinion, qu'il devait porter un jugement sur la qualité de mon travail au *Journal de Montréal*, pas sur mes activités à l'extérieur! J'ai eu droit à une de ses nombreuses lettres de réprimandes et à une convocation à son bureau pour le lendemain. Il m'a offert un monologue mémorable.

– On m'avait prévenu avant mon embauche que tu représentais un cas difficile. En plus d'avoir la grosse tête, tu as un caractère difficile à vivre. Tu m'en as déjà donné la preuve. Je sais que tu vas essayer d'avoir ma *peau*, mais cela ne me dérange pas. Le problème avec toi, c'est que tu n'as jamais rien compris au métier de journaliste. Ce n'est pas un concours de popularité et tu n'as jamais fait la différence avec le travail d'un relationniste ou d'un publiciste. Lorsque tu auras compris, peut-être qu'un jour tu obtiendras le respect qu'exige la profession, mais je doute que tu y parviennes.

Disons qu'après ce *meeting*, nos échanges ont été assez froids, sauf que ses commentaires n'étaient pas tombés dans l'oreille d'un sourd. Ils méritaient une sérieuse réflexion.

Un doublé Ferrari à Monza

En repartant de Montréal pour Monza, Gilles était conscient de ce qui l'attendait.

– Une victoire de Jody mettrait fin à la course au championnat. Moi, j'ai besoin de trois victoires, rien de moins. Je vais me battre jusqu'à la fin, mais mes chances ne sont pas énormes. Il y a longtemps que j'ai cessé de croire aux miracles.

Qualifié cinquième derrière Jabouille, Arnoux, Jody et Jones, Gilles croyait encore moins au miracle.

— Je vais tenter de les surprendre au départ, mais je ne pourrai pas faire grand-chose contre la puissance des moteurs Renault.

Ce n'est pas Gilles, mais Jody qui fut le meilleur au départ en surprenant tout le monde. Il est passé en première position pendant que Gilles se retrouvait troisième derrière Arnoux. Ce dernier n'a pas tardé à dépasser Scheckter. Quelques tours plus tard, un autre bris mécanique le forçait à l'abandon. Les deux *ferraristes* avaient le champ libre pour soulever l'enthousiasme des Tifosis qui rêvaient d'un tel plaisir. À cinq tours de la fin, Gilles était depuis longtemps dans la boîte de vitesses de son coéquipier, visiblement plus rapide, comme il le lui avait démontré en revenant à sa hauteur à plusieurs reprises.

— J'aurais pu le dépasser souvent, mais je n'ai qu'une parole. Il n'était pas question que je la renie.

Finalement, tous deux ont croisé la ligne d'arrivée dans cet ordre... créant un désordre inimaginable parmi les milliers de Tifosis qui envahissaient la piste avant que les voitures soient immobilisées. Je n'ai jamais vu une pareille scène de toute ma vie. J'assistais à un raz-de-marée humain. Dans les stands, les mécaniciens tentaient de prendre de vitesse cette foule déchaînée en lançant le matériel à l'intérieur des garages et en essayant de fermer la porte métallique. Les Tifosis tentaient tout simplement d'envahir le paddock pour essayer de voir leurs héros de plus près.

Plusieurs heures après la course, des dizaines d'entre eux sont parvenus à atteindre leur objectif. Ils attendaient Gilles impatiemment en scandant son nom.

— De vrais malades! Lorsque je vais sortir d'ici, ils vont tenter de m'arracher mon linge sur le dos pour avoir un souvenir!

J'avais de la difficulté à le croire mais, en sortant du camion Ferrari pour se rendre à sa roulotte, il a été littéralement agressé. On tentait d'arracher les marques publicitaires de sa combinaison de pilote. Je voulus intervenir, mais Gilles m'a rapidement mis en garde.

– Ils vont te piétiner si tu tentes quelque chose. Il vaut mieux nous mettre à courir jusqu'à la roulotte.

C'est ce que nous avons fait, mais il a eu le temps de perdre quelques morceaux avant d'être finalement protégé par son berger allemand en arrivant *chez lui*. Par la suite, des policiers armés sont venus déloger ceux qui insistaient.

La fièvre Villeneuve

Ce premier voyage en Italie m'a permis de constater que le circuit de Monza était un véritable zoo et qu'à Montréal, les amateurs étaient civilisés.

La campagne de promotion pour la deuxième édition du Grand Prix Labatt du Canada avait été axée sur le thème: *La fièvre Villeneuve!* Maintenant assuré de terminer deuxième au championnat, Gilles était encore plus sollicité qu'il ne l'avait été pour la première édition. On ne mettait plus en doute son talent. Tout le monde espérait le voir gagner de nouveau. Le jeudi après-midi, il était visiblement exténué de tout son travail de promotion.

– J'ai maintenant hâte de retrouver un peu de calme dans le cockpit de ma voiture.

En bataillant comme un forcené, il est parvenu à qualifier sa Ferrari en 2e place, derrière Alan Jones, le favori, au volant d'une Williams plus efficace. Fidèle à son habitude, Gilles a connu un excellent départ pour devancer Jones, au grand plaisir d'une foule qui remplissait à pleine capacité les gradins de l'île Notre-Dame. L'Australien a mis 50 tours avant de devancer Gilles dans un dépassement effectué sous les huées des nombreux supporters du Québécois. Pendant les 22 derniers tours de la course, Gilles a été égal à lui-même, tentant tour après tour de revenir sur la Williams. Une seule seconde les séparait à la fin.

En conférence de presse, Alan Jones a été obligé d'interrompre les journalistes après une quinzaine de minutes.

– Savez-vous que c'est moi qui ai gagné le Grand Prix cet après-midi?

Jusque-là, toutes les questions avaient été adressées uniquement à Gilles... La Fièvre Villeneuve avait frappé fort.

La semaine suivante, Gilles a profité de conditions difficiles (pluie en début de course et piste s'asséchant à la fin) au cours du dernier Grand Prix de la saison, à Watkins Glen, pour remporter sa troisième victoire de la saison, la quatrième de sa carrière.

Au championnat, il a terminé à seulement quatre points de Scheckter, grâce à son éblouissante fin de saison: deux deuxièmes places et une victoire lors des trois dernières courses. Grâce à son titre de vice-champion, Gilles s'était assuré des gains énormes durant cette incroyable saison 1979. On le respectait de plus en plus. Le nombre de ses admirateurs n'avait cessé de croître. Son style de pilotage faisait les délices de tous les passionnés et les journalistes raffolaient maintenant de ses propos directs et francs. Bref, il occupait une place de choix dans ce monde huppé de la formule 1.

Chapitre 16

Deux saisons à oublier

Vice-champion à sa deuxième année complète en formule 1, Gilles était conscient qu'il avait perdu une excellente occasion d'être couronné. Il n'était pas amère, mais réaliste, même si publiquement il parlait de malchance.

— Jody a été plus chanceux car j'ai gagné autant de courses (3) que lui. Il a fini plus souvent dans les points. Cela a fait la différence. Moi, je n'ai jamais conduit avec l'objectif d'amasser des points. Je veux essayer de gagner un maximum de courses. Cela m'a sûrement coûté le titre, mais j'aurai la chance de me reprendre...

Comme l'écrivait le confrère torontois Gerry Donaldson dans son livre *Gilles Villeneuve, the Life of the Legendary Racing Driver* (la vie du légendaire pilote de course), le pilote de Berthier avait vraiment dominé la saison 1979 :

— premier durant 308 des 975 tours de course comparativement à 170 pour Scheckter

— le tour le plus rapide en course à cinq reprises comparativement à une pour le Sud-Africain

— Gilles avait occupé la *pole* sept fois en 15 courses et remporté trois victoires comparativement à quatre *poles* et trois gains pour le nouveau champion du monde.

La popularité de Gilles était incontestable. En Italie, on le traitait en héros national. Tout lui était permis, même ses incroyables bêtises sur la route.

– Je ne veux plus voyager avec lui en voiture. Nous allons nous tuer. Lui et Jody sont des dangers publics sur la route. Ils s'encouragent comme des enfants et ils ont le beau jeu. Lorsque les policiers parviennent à les arrêter – parfois il faut un barrage routier – c'est pour finalement leur demander un autographe après les avoir reconnus. Ils s'excusent presque de les avoir retardés, me racontait Gaston Parent au retour de l'un de ses nombreux voyages qui avaient pour objectifs de rencontrer des commanditaires désireux de s'associer au pilote québécois. Si l'on pouvait mettre 50 marques publicitaires sur la combinaison de Gilles, on signerait des contrats dans le temps de le dire. Même s'il n'a pas gagné le titre, il est tellement populaire en Italie que tout le monde veut un morceau de lui. Les compagnies sont prêtes à débourser des sommes astronomiques pour s'associer à Gilles. Avant de signer, ils ont tous la même demande: ils exigent sa présence à quelques reprises durant l'année pour un banquet, une rencontre avec les employés ou d'autres activités commerciales. Ils veulent le toucher, lui parler, se faire photographier en sa compagnie. De la vraie folie. Cela me cause de sérieux problèmes. Gilles donne toujours son accord avant la signature. Après, je dois me battre avec lui. Il trouve toujours une excuse pour refuser les invitations. Sa réponse est toujours la même: je déteste faire le singe!

Sa réticence était légendaire, que ce soit pour un travail de promotion auprès des commanditaires officiels de l'équipe, la participation à un gala ou une rencontre avec les journalistes. Il fallait mettre des gants blancs, lui fournir de longues explications sur l'importance de l'événement pour le convaincre d'accepter. Lorsqu'il venait à Montréal et que j'allais le voir ou le chercher à l'aéroport de Mirabel, il émettait souvent le même commentaire:

– Encore une rencontre de presse. J'ai dit tout ce que j'avais à dire. S'ils (les journalistes) veulent en savoir davantage, ils n'ont qu'à venir aux Grands Prix. Ils vont tout savoir.

Sa qualité première n'était pas la ponctualité. Les organisateurs finirent par se montrer plus ingénieux. On l'invitait à coucher dans un hôtel montréalais pour s'assurer de sa présence. Une fois sur place, il faisait honneur à sa réputation d'athlète charmeur. On savourait l'intelligence de ses commentaires. Surtout qu'il avait réponse à tout, souvent avec un sens de l'humour très apprécié.

À Montréal, il n'avait pas encore atteint la popularité d'un Guy Lafleur auprès des médias, mais il gagnait toujours un peu de terrain à chacune de ses présences. Aussi bizarre que cela puisse paraître, il était toujours un des derniers à quitter une rencontre de presse. En me regardant, il répétait souvent:

— Il n'y a plus personne, ça doit être le temps de partir.

À ses côtés, Joann retrouvait le sourire. Elle cessait d'être *l'accompagnatrice* de Gilles Villeneuve pour redevenir sa femme, la mère de leurs enfants. Mais cette vie de couple célèbre n'était pas toujours une partie de plaisir. Les frictions étaient nombreuses. On le ressentait de plus en plus.

Le pied «dans le tapis»

Après cette passionnante course au championnat, la croissance vertigineuse de popularité prenait pour Gilles un aspect positif. Comme il avait souvent côtoyé la misère durant ses années d'apprentissage, il pouvait finalement mesurer son degré de popularité en dollars, à son compte de banque.

Ses exigences monétaires étaient à la hausse, le temps était venu de monnayer talent, efforts et résultats. Cela posait cependant un autre problème.

— Je n'ai plus le choix. Si je ne veux pas tout remettre en impôts au gouvernement français, nous devrons déménager. Probablement à Monaco pour que Jacques et Mélanie puissent recevoir leur éducation en français. C'est là que le taux de taxation est le moins élevé.

On était loin de la roulotte dans le champ de Berthier...

À l'origine, Gilles favorisait la location d'un appartement à Monaco pour y établir son domicile tout en continuant d'habiter à Plascassier.

— Le fisc n'est pas dupe. Ils ne mettront pas longtemps à découvrir la supercherie, surtout que Gilles ne peut plus se cacher.

Il est devenu une célébrité partout en Europe, m'avait expliqué Gaston Parent en justifiant la décision de Gilles d'aller vivre temporairement dans l'ancien appartement monégasque de Ronnie Peterson. Cela représente un maudit casse-tête. Gilles ne veut pas vivre en permanence dans un appartement. Il veut s'établir dans une maison. Elles sont rares et inabordables. Ce qui vaut 100 000 dollars ici au Québec doit être multiplié par 10 à Monaco. Pour notre budget, il en existe une seule, près de Menton, permettant un accès facile à l'Italie. Le prix est abordable, mais il faudra dépenser beaucoup d'argent pour la rénover et construire une mini-piscine dans la cour. Une fois les travaux terminés, elle prendra une valeur énorme. Probablement deux ou trois fois le prix qu'il en aura coûté pour l'achat et l'aménagement. C'est un bon placement, mais il aura besoin de tous ses revenus.

Ce n'était pas facile d'administrer le budget de Gilles. Il avait développé un goût pour les jouets de luxe et loué – il l'avait acheté plus tard – un chalet dans les Alpes, à Pra-Loup, pour se permettre d'exercer sa nouvelle passion: le ski. Comme si ce n'était pas assez, il avait aussi loué, avec option d'achat, un hélicoptère de Walter Wolf, après avoir suivi un cours de pilotage de trois mois en trois semaines, puis obtenu son brevet pour le vol aux instruments en une semaine, à Saint-Hubert. La célèbre compagnie italienne Abbarth lui avait prêté un *speed boat* et Gilles s'était amusé à en briser la coque dans les vagues de la Méditerranée entre Monaco et Nice.

– Il faut croire qu'elle n'était pas assez solide. Ils l'avaient probablement construite pour des *sugar daddys* désireux d'impressionner des petites jeunes lorsque la mer est calme. Le *fun*, c'est d'essayer de rouler sur le dessus des vagues. Ça ne marche pas toujours et c'est là que ça brasse. Faudrait que tu viennes essayer ça un jour.

Non merci, ce n'était pas pour moi. J'avais eu mon lot d'émotions à Walt Disney, en Californie, puis en 4 X 4, à deux reprises. Il n'était pas question non plus d'un déplacement en hélicoptère. Les commentaires de Gaston Parent m'avaient convaincu de renoncer.

– Rien ne l'empêche de décoller: que ce soit un ciel voilé, une visibilité nulle ou même une tempête de neige. Plus souvent qu'autrement, il aime atterrir après avoir coupé le moteur à 1 000 pieds ou plus d'altitude.

Comme plusieurs, j'en étais venu à la conclusion qu'il ne vivrait jamais assez vieux pour retirer un chèque de pension de vieillesse. Il prenait trop de risques. Connaissant son habileté à contrôler sa voiture de course, j'avais toujours confiance de le voir revenir lorsqu'il partait au volant de sa monoplace. Je redoutais davantage un accident à l'extérieur d'une piste de course; sur la route ou encore au volant de son 4 X 4. Surtout avec ses ambitieux projets d'escalader les montagnes. Sa vie était également en danger sur l'eau ou en hélicoptère.

Je ne l'avais jamais vu à skis, mais notre ami commun Patrick Tambay, ancien membre de l'équipe française junior de ski, était catégorique:

– Il est incroyable. Même lors de ses premières descentes, il voulait toujours être le premier au bas de la pente. Un jour, il pourrait bien payer pour sa témérité.

Quant à Gilles, il riait toujours lorsqu'on lui suggérait d'être plus prudent, de ne pas risquer sa vie inutilement.

– Voyons, mon Gérard, il y a rien là. Je ne me suis pas encore fait peur. L'important est de s'amuser. Je prends des risques, je le sais. Je ne veux pas avoir d'accident, surtout si je dois rester handicapé. Je préférerais mourir que de me retrouver dans une chaise roulante pour le restant de mes jours.

Un grand bonhomme sans prétention

Son nouveau statut de superstar n'avait pas changé Gilles. Il savait reconnaître ses amis, ceux qui l'avaient aidé à traverser les pires moments de son ascension.

Il est revenu à Trois-Rivières pour encourager son frère Jacques. Il aurait même voulu participer à la course, mais ses ententes contractuelles avec Ferrari l'interdisaient. Par contre, il est venu au Grand Prix Saint-Laurent du Parc Richelieu, dans l'Est de

Montréal, pour faire ses adieux officiels aux courses de motoneige durant l'hiver 1981, en disputant la course.

Après ses succès de 1979, Gilles avait plusieurs raisons d'aborder la saison 1980 avec confiance.

– J'ai plus d'expérience, surtout celle d'une course pour le championnat. Une nouvelle voiture (la 312 T5) à effet de sol a été construite. Nous devrions être compétitifs.

Les observateurs l'ont même établi favori pour remporter le titre mondial devant l'Australien Alan Jones de l'écurie Williams. Mais Gilles et Jody comprirent rapidement que cette nouvelle monoplace était exceptionnellement médiocre. Surtout avec une tenue de route déficiente qui provoquait une usure prématurée des pneus.

À notre arrivée à Long Beach pour le 4e Grand Prix de la saison, Gilles était maussade. Son palmarès faisait état d'un abandon sur accident – bris d'une suspension après un choc terrible contre les glissières de sécurité – en Argentine, une 16e place au Brésil et un autre abandon sur bris mécanique en Afrique du Sud. Il ne mâchait pas ses mots en parlant de cette monoplace construite à la hâte et qui n'existait qu'en attendant la prochaine qui devait utiliser le nouveau moteur turbocompressé.

– Une vraie poubelle! Elle ne tient pas la route. Elle use les pneus trop rapidement. Il faudrait en construire une nouvelle.

Gilles détestait tellement cette voiture qu'il s'amusait à la torturer comme j'en ai été témoin sur ce tracé urbain de la Californie. Son pilotage excessif choquait l'ingénieur Mauro Forghieri. Il reprochait à Gilles de conserver le pied droit bien enfoncé sur l'accélérateur lorsque la monoplace rouge numéro 2 se soulevait des quatre roues sur le faîte de la bosse conduisant à la descente après le premier virage. Le choc des roues sur le sol était terrible et les demi-arbres de transmission ne résistaient pas. Voilà ce que Forghieri reprochait à Gilles.

– Ils me disent qu'ils ont les voitures les plus solides. Qu'ils le prouvent en fabriquant des pièces résistantes.

En course, Gilles bataillait pour la 5ᵉ place avec sa fougue habituelle lorsqu'il a été obligé d'abandonner... après le bris d'un demi-arbre de transmission, comme l'avait prédit Forghieri. Furieux après son abandon (aucun point après quatre Grands Prix), Gilles a retrouvé le sourire en soirée lorsqu'on s'est retrouvé avec un groupe d'amis, dont Daniel Dupuis, un de mes collaborateurs dans l'organisation du Défi Corvette, dans un restaurant où les serveurs étaient déguisés en vedettes de cinéma. En se promenant dans les rues de Long Beach, Daniel m'avait acheté la reproduction d'une lithographie représentant Jody et Gilles avec leur Ferrari 312 T4 de l'année précédente. Tous deux ont accepté de me la dédicacer; Jody en écrivant:

Stop eating so much (cesse de manger autant)!

Quant à Gilles, il a trouvé une façon bien à lui de me remercier de toutes nos années de collaboration:

À Pierre: le premier journaliste qui a écrit des histoires ou des scoops sur moi.

Sincèrement!

Une année de misère

La suite du championnat fut à l'image de ces quatre premiers Grands Prix: beaucoup d'efforts pour peu de résultats. Gilles a obtenu son premier point avec une sixième place lors de l'épreuve suivante à Zolder, en Belgique. Il a triplé sa mise avec une 5ᵉ place à Monaco, deux semaines plus tard. Par la suite, il a obtenu une 8ᵉ place en France, abandonné en Angleterre, terminé 6ᵉ en Allemagne, 8ᵉ en Autriche et 7ᵉ en Hollande.

L'orage grondait un peu partout.

Au printemps, il y a eu une guerre de pouvoir entre la Fédération internationale de l'automobile (FIA) et l'Association des équipes (FOCA). Certaines équipes, notamment Ferrari, n'ont pas participé au Grand Prix d'Espagne, de sorte que les résultats n'ont pas été retenus.

L'ambiance n'était pas très bonne au sein de la célèbre Scuderia italienne. Gilles et Jody dénonçaient la piètre qualité de leur monoplace tandis que les ingénieurs expliquaient à monsieur Ferrari que le problème provenait des pneus ou des pilotes.

Gilles a donc décidé de prendre la solution en main en faisant installer un télex chez lui pour communiquer directement avec monsieur Ferrari.

— Le *vieux* est assis chez lui. Les responsables lui racontent n'importe quoi. À compter de maintenant, il va avoir l'heure juste puisque je vais lui expliquer la merde que nous avons à conduire.

Un nouveau châssis a été construit pour la mi-saison, mais les résultats n'ont pas progressé.

La Ferrari se désagrège

Gilles était donc pessimiste en arrivant à Imola. Pourtant, il avait décidé de rester avec Ferrari pour la saison suivante. La décision avait été prise au Grand Prix de Monaco.

— Nous avons plusieurs propositions pour la prochaine saison. Plusieurs équipes s'intéressent à Gilles. Lui-même aimerait peut-être avoir sa propre écurie. Nous avons rendez-vous avec monsieur Ferrari au début de la semaine prochaine. Une décision importante sera prise à ce moment-là, m'a confié Gaston Parent durant le vol entre Mirabel et Nice.

En arrivant au paddock de la Principauté, la première personne rencontrée a été Gilles.

— Pierre, où est Gaston?

— Il n'est pas venu. Il a préféré se reposer quelques heures à son hôtel.

— J'ai besoin de le voir puisque j'ai signé avec Ferrari ce matin pour la prochaine saison.

— Excuse-moi, mais il y a quelques heures, Gaston m'a dit qu'il étudiait plusieurs propositions. Que ton retour chez Ferrari était hypothétique!

— Je sais, mais monsieur Ferrari m'a demandé combien je voulais d'argent pour renouveler. Je lui ai demandé le maximum et il m'a dit oui tout de suite. Je n'avais pas le choix!

Encore une fois, Gilles avait pris une décision rapide... et j'avais été tout aussi rapide pour l'annoncer en primeur dans le *Journal de Montréal* le lendemain matin.

Pourtant, il avait fallu patienter jusqu'au lendemain du Grand Prix d'Italie, disputé exceptionnellement à Imola, pour avoir la confirmation officielle... quatre mois plus tard.

Qualifié 9e au volant de la nouvelle Ferrari C126 à moteur turbocompressé que l'on préparait pour la saison suivante, Gilles a décidé de prendre le départ avec la 312 T5. Malgré un gain en puissance, la fiabilité du nouveau V-6 turbo n'était pas acquise. Il luttait pour la cinquième place au 5e tour lorsqu'un pneu éclata alors qu'il se préparait à négocier un virage rapide – il est aujourd'hui baptisé virage Gilles-Villeneuve – à plus de 300 kilomètres à l'heure. En une fraction de seconde, Gilles est devenu le passager sans contrôle d'une monoplace en perdition. Le choc avec le mur de ciment a été terrifiant puisque la voiture s'est désagrégée avant de rebondir jusqu'au centre de la piste.

– Pendant quelques secondes, j'ai perdu la *boule*. Je ne savais plus où j'étais, mais j'entendais le bruit des voitures tout près. Comme nous le faisions par réflexe en motoneige, j'ai levé les bras pour signaler ma présence.

Le nuage de poussière dégagé par cette spectaculaire sortie de piste était suffisamment imposant pour prévenir tout le monde. Par miracle, personne ne l'a percuté, ce qui lui a sauvé la vie. À l'infirmerie, Gilles a été le premier à me rassurer puisque j'étais parvenu à déjouer la surveillance des gardes de sécurité... avant qu'ils me rejoignent à l'intérieur pour m'expulser sans que mes deux pieds touchent le sol!

Gilles avait eu le temps de me voir et de me rassurer.

– Pas de problème, tout va bien et je sortirai d'ici rapidement.

Effectivement, il a pu rencontrer les journalistes pour leur raconter l'accident. Quelques heures plus tard, comme cela avait été planifié, on partageait un repas en compagnie de Gaston Parent et de sa femme Danielle. Gilles riait de son accident, surtout après avoir revu les images à plusieurs reprises durant le bulletin de nouvelles. Il était en verve, racontant quelques folies de jeunesse... dont celle du vol de roues chez un concessionnaire de Repentigny, puis de la chasse à l'homme organisée pour essayer de l'arrêter.

Chapitre 17

Une autre saison à oublier

Gilles n'a pas été blessé dans l'accident, mais il était sérieusement courbaturé en se levant le lendemain matin. Les photos de son accident faisaient la *une* des nombreux journaux italiens. On annonçait également son retour chez Ferrari pour la saison 1981 ainsi que le remplacement de Jody Schecter, nouveau retraité de la formule 1, par le Français Didier Pironi.

Pour la première fois, j'ai été invité à une rencontre de presse dans le Temple de la célèbre Scuderia italienne, à Maranello. Comme j'accompagnais Gaston Parent et Gilles, j'ai été convié à visiter la piste d'essais de Fiorano, la ligne de montage des voitures Ferrari et la partie secrète où l'on préparait les monoplaces et les moteurs. Malheureusement, ma demande d'interview en privé avec monsieur Ferrari a été refusée, sa santé le forçant à restreindre ses activités. Comme il devait rencontrer les journalistes en fin d'après-midi, on craignait un peu trop de surmenage.

Nous étions une trentaine de journalistes présents. J'ai été déconcerté de voir ces gens portant veston, chemise de sortie et cravate. Tout le monde parlait à voix basse avant de se taire instantanément lorsque le *Pape* de la course automobile est apparu dans cette salle où tout respirait l'immense respect qu'imposait la présence du *Commendatore*.

Un frisson m'a glacé le dos en assistant à cette scène. Alors, d'un ton solennel, il a regardé ceux qu'il reconnaissait, droit dans les yeux, pour les remercier d'avoir accepté son invitation. Après avoir pris la peine de remercier Jody Scheckter pour ses deux saisons passées chez Ferrari, il s'est excusé pour la piètre qualité de SA voiture. Puis, il a souhaité la bienvenue à Didier Pironi, le nouveau challenger de Gilles Villeneuve. S'adressant ensuite à tout le monde, il a déclaré :

– Je vous promets une voiture plus compétitive pour la prochaine saison afin de permettre à nos deux talentueux pilotes de remporter de nouvelles victoires pour Ferrari!

La période de questions a été brève. Ensuite, avec toute sa prestance, Enzo Ferrari a pris quelques minutes pour échanger quelques mots avec les vétérans journalistes qu'il connaissait depuis toujours. J'étais fasciné comme un enfant qui voit le Père Noël pour la première fois. Même si je ne maîtrisais pas l'italien comme Gilles, il était facile d'interpréter ses commentaires puisqu'il parlait d'une voix calme et déterminée. Je n'avais jamais rencontré une personne imposant par sa seule présence autant de respect.

Une 5ᵉ place inespérée!

Deux semaines plus tard, je n'avais rien oublié de cette rencontre mémorable alors qu'on se préparait pour le Grand Prix du Canada, la troisième édition présentée à Montréal.

Gilles était malheureux en arrivant au Québec.

– J'espère que tout le monde va comprendre que je n'ai pas la voiture pour gagner cette année. Ce serait un miracle si je parvenais à amasser des points (terminer parmi les six premiers). Ils ont cessé de travailler au développement de cette T5 pour se consacrer à la prochaine voiture C126. L'idéal serait d'avoir trois jours de pluie. À ce moment-là, je pourrais me battre avec les meilleurs puisque, sur une chaussée détrempée, l'inefficacité de la voiture a moins d'importance.

Comme Gilles l'espérait, la pluie était au rendez-vous pour les premiers essais du vendredi. Il a tenu sa promesse en livrant bataille aux meilleurs. Pour le reste du week-end, la pluie a cessé. Gilles était malheureux en se couchant le samedi soir puisqu'il était condamné à partir en 22ᵉ place, tandis que Jody n'était pas parvenu à se qualifier, une première dans sa glorieuse carrière!

La pluie souhaitée a refusé de collaborer puisque le ciel était dégagé le dimanche matin. Heureusement, cette contrariété n'a pas atténué la force de caractère du célèbre pilote québécois. Avec la rage au cœur, Gilles a offert un spectacle hors du commun en amenant sa *poubelle* jusqu'à la 5e place... Un exploit!

– Je n'ai jamais travaillé aussi fort de toute ma vie.

Cette course a été marquée par le premier accident majeur sur le circuit de l'île Notre-Dame: la violente sortie de piste du Français Jean-Pierre Jabouille au volant de sa Renault. Emprisonné sous les glissières de sécurité, Jabouille a terriblement souffert pendant que les secouristes tentaient de dégager ses jambes fracturées en plusieurs endroits.

La saison de Gilles s'est terminée à Watkins Glen (Grand Prix Est des États-Unis) comme elle avait commencé... Avec une sortie de piste.

Un nouveau coéquipier

– Nous avons pris tellement de retard dans le développement de notre voiture à effet de sol qu'il ne faut pas s'attendre à des miracles, même si nous disposerons d'un meilleur moteur avec notre V-6 turbocompressé.

C'est dans cet état d'esprit qu'il a entrepris la saison 1981, à Long Beach en Californie, en compagnie de son nouveau coéquipier, Didier Pironi.

– Jusqu'à maintenant, nous nous entendons à merveille. Les essais hivernaux se sont bien déroulés entre nous. Je ne prévois pas de difficulté à cohabiter avec lui.

Même si, au début de sa carrière, Gilles préférait être seul dans une équipe, il s'est rapidement lié d'amitié avec ses trois premiers coéquipiers en formule 1: Carlos Reutemann, Jody Scheckter et Didier Pironi.

Comme son statut l'exigeait maintenant, Gilles disposait d'une Ferrari au lieu d'une Fiat pour ses déplacements personnels dès qu'il se présentait à un Grand Prix à l'extérieur de l'Europe. Chez lui, à Monaco, il en avait une stationnée en permanence à sa porte. Mais jamais personne n'avait martyrisé une Ferrari de la sorte. Il n'hésitait même pas à frotter les garde-fous sur les autoroutes lorsque la situation l'exigeait pour effectuer un dépassement kamikaze. L'état lamentable de la carrosserie lui valait de sévères critiques.

— Il n'a aucun respect pour la mécanique, disait le vétéran journaliste français Gérard Crombac.

Sans détester Gilles, il n'était pas un admirateur du pilote québécois, même si tous les gens de son entourage l'adulaient.

J'admirais beaucoup Gilles, son talent de pilote, sa personnalité. Il était unique en son genre. Sauf qu'il était difficile d'accepter son manque de respect de certaines règles élémentaires. Heureusement, il savait toujours comment se faire pardonner ses excentricités grâce à son charisme naturel.

À mon arrivée à Long Beach, nous avions rendez-vous. Gilles est venu me voir au volant d'une magnifique Ferrari 308. Nous étions loin de la grosse *Bertha* en panne sur l'autoroute entre Québec et Montréal.

— Gilles, puis-je te demander une faveur?

— Ça dépend. Si je peux, cela me fera un immense plaisir.

— J'aimerais conduire une Ferrari au moins une fois dans ma vie.

— Je ne sais pas si je peux. Cette voiture appartient à un concessionnaire. J'en suis responsable et j'ai promis de ne pas la laisser conduire par d'autre que moi.

Finalement, après quelques minutes de réflexion et après avoir vu mon visage suppliant, Gilles a accepté à ma grande surprise. J'ai pris le volant pour une dizaine de kilomètres, soit la distance entre son hôtel et le lieu d'une rencontre de presse. J'avais le goût de me défouler, de voir ce que cette voiture avait dans le *ventre*, mais Gilles ne l'entendait pas ainsi.

— Non, ne fais pas de *power shift* avec cette transmission. Elle ne résistera jamais car elle est beaucoup plus fragile que sur une voiture américaine.

Sourire aux lèvres, je n'ai pu m'empêcher de lui dire:

– Incroyable! Gilles Villeneuve se permettant de dire à quelqu'un de respecter la mécanique d'une voiture. Tu dois vieillir, mon Gérard!

Gilles s'est amusé de cette remarque.

Après avoir assisté à la deuxième place de son frère Jacques lors de la course de formule Atlantic du samedi après-midi, Gilles a pris le départ du Grand Prix en 5ᵉ position. Auteur d'un autre spectaculaire départ, il est ressorti du premier virage en position de commande en utilisant à bon escient la puissance de ce nouveau V-6 turbo. Malheureusement, tout comme l'année précédente, le bris d'un demi-arbre de transmission allait mettre fin à ses efforts à la fin du 17ᵉ tour.

Deux victoires inattendues

Qualifié 7ᵉ lors des Grands Prix du Brésil, d'Argentine, de San Marino et de Belgique, Gilles est arrivé *chez lui* à Monaco après deux abandons suivis de deux quatrièmes places.

Il connaissait très bien le tracé. Son étroitesse et l'absence de longues lignes droites n'avaient rien pour favoriser la brutalité du puissant V-6 turbo. Sachant que les chances de Gilles étaient minimes, mes patrons du *Journal de Montréal* ne jugeaient pas nécessaire que j'effectue le déplacement. Comme je détestais toujours autant les voyages vers l'Europe ou l'extérieur de l'Amérique du Nord, j'ai accepté leur décision avec sérénité. Il n'a pas fallu beaucoup de temps pour réaliser notre erreur puisque Gilles a réussi le tour de force de se qualifier sur la première ligne aux côtés de Nelson Piquet.

Intrigué, je l'ai joint le samedi soir chez lui pour lui demander des explications.

– Simple, j'ai trouvé un truc. Je laisse constamment le pied sur l'accélérateur pour garder la turbine en fonction. Pour y arriver, j'utilise mon pied gauche pour freiner. C'est très efficace.

Des témoins nous ont avoué qu'il y avait encore plus.

– Il met sa voiture de travers partout. Il frôle les glissières tour après tour et il arrive que l'on voie des étincelles sur son passage. Pironi a essayé de l'imiter, mais il a détruit sa voiture et ils devront lui en construire une nouvelle dans la nuit.

Tout le monde savait qu'il ne pouvait pas soutenir un tel rythme pour la durée d'une course. C'était mal connaître Gilles. Contrairement à son habitude, il a *dormi* au départ, se laissant devancer par Piquet. Derrière lui, Alan Jones menaçait. Ce dernier l'a talonné pendant 18 tours avant de l'attaquer. Des freins trop sollicités ont forcé Gilles à laisser passer l'Australien. Au 54e tour, Gilles a retrouvé sa 2e place puisque Nelson Piquet s'est buté à Eddie Cheever, un retardataire qui avait la fâcheuse habitude de ne pas surveiller ses rétroviseurs. La chance était au rendez-vous pour récompenser les efforts de Gilles, puisque des problèmes de moteur obligeaient Alan Jones à ralentir. À quatre tours de l'arrivée, Gilles imposait sa puissante Ferrari dans un dépassement payant.

Dès lors, Gilles était en tête du plus prestigieux Grand Prix de la saison. En croisant la ligne d'arrivée au premier rang, il devenait citoyen d'honneur de la Principauté de Monaco... comme tous les vainqueurs de cette célèbre course.

– Aujourd'hui, la chance était avec moi. Je n'avais pas la voiture pour gagner. Ce sera un excellent tonique pour toute l'équipe.

Gilles avait une autre bonne raison de fêter.

– Au début de la semaine dernière, j'ai accepté de continuer avec Ferrari pour la saison 1982 et il y a même une option pour 1983. Ce n'était pas la meilleure offre, mais j'ai confiance en cette équipe.

Malgré cette victoire inattendue, Gilles n'était pas plus confiant en quittant Monaco, deux semaines plus tard, pour se rendre au circuit de Jarama, en Espagne.

Pour la 5e fois en sept Grands Prix, on le retrouvait en septième place sur la grille de départ. Cette fois, il a été alerte au départ, se retrouvant en troisième place à l'entrée du premier virage, tout juste derrière les Williams de Jones et de Reutemann. En amorçant le 2e tour, Gilles déborda habilement son premier coéquipier chez Ferrari pour se lancer à la poursuite de Jones.

– Le malheur avec cette voiture C126, c'est qu'elle possède un moteur ultra-puissant, mais le châssis est tellement mauvais que l'on bouffe les pneus dans le temps de le dire. Je dois donc attaquer dès le début de la course si je veux gagner des positions.

Tout comme à Monaco deux semaines plus tôt, Gilles se vit offrir *un plateau de chance* avec une sortie de piste inexpliquée, surtout inexplicable, de Jones durant le 17e tour. Pouvait-il réussir un second miracle en autant de semaines? Le défi était plus grand. Le circuit de Jarama offrait de meilleures zones de dépassement. Derrière lui, il y avait plusieurs *clients* menaçants, comme Jacques Laffite, auteur du tour le plus rapide lors des qualifications. À 18 tours de la fin d'une course disputée sous une chaleur torride, Gilles occupait la locomotive de tête d'un train de cinq voitures regroupées en moins de 90 secondes: Jacques Laffite (Ligier) en deuxième place, John Watson (McLaren), Carlos Reutemann (Williams) et Elio de Angelis (Lotus).

– J'étais le plus rapide en ligne droite. Je n'étais donc pas inquiet d'un dépassement au freinage. Par contre, dans les virages, j'avançais comme une tortue... et je n'ai jamais conduit une voiture aussi large. Mes pneus étaient morts. Le moindre dérapage aurait été fatal. Je n'avais aucune marge de manœuvre. Ils étaient comme des loups enragés derrière moi, prêts à me dévorer tout rond. D'ailleurs, je ne comprends pas encore comment Jacques Laffite a été incapable de me dépasser. Sa voiture était au moins deux secondes au tour plus rapide que la mienne. De loin la victoire la plus satisfaisante de ma carrière. Je n'ai jamais travaillé aussi fort au volant d'une voiture de course.

L'écart entre les six premiers à croiser la ligne d'arrivée: UNE SECONDE ET 24 MILLIÈMES! Encore une fois, Gilles venait de marquer l'histoire de la formule 1 en remportant une victoire inespérée, surtout inattendue, au volant d'une monoplace qui, conduite normalement, aurait eu de la difficulté à terminer parmi les 10 premières.

Ce dont Gilles ne se doutait pas à ce moment-là, c'est que cette sixième victoire en Grand Prix allait être sa dernière.

Après des abandons sur bris mécaniques à Dijon (France) et à Monza, en Italie, puis d'autres sur des sorties de piste à Silverstone (Angleterre), Österreichring (Autriche) et Zandvoort (Hollande), Gilles s'est présenté à Montréal avec une 10e place à Hockenheim (Allemagne) comme seul résultat probant après son fameux doublé.

L'aileron part, Gilles reste

Gilles avait une autre raison d'être furieux. Sa popularité ne cessait de grandir et cela compliquait son existence. Les collection-neurs de souvenirs l'avaient rendu fou furieux au Grand Prix d'Italie en dévalisant son hélicoptère garé dans un parc fermé.

— Il m'est de plus en plus difficile de me déplacer, même lorsque je viens ici au Québec. Heureusement, les amateurs ne sont pas aussi sauvages qu'en Italie. Ils me laissent un peu de place pour respirer.

Gilles en avait de plus en plus besoin. Il désirait protéger sa vie privée. Ses disputes étaient de plus en plus nombreuses avec Joann. Les rumeurs parlaient de la présence d'une nouvelle femme, une Torontoise, dans sa vie. Une liaison que Gilles désirait garder secrète, même si elle occupait une place de plus en plus impor-tante. En plus de cette situation personnelle difficile, Gilles avait une pression supplémentaire lors de cette course montréalaise: les débuts de son frère Jacques en formule 1 avec l'équipe Arrows.

— Une décision ridicule de sa part. Il n'a pas eu la chance de rouler suffisamment avec cette voiture en essais privés. Elle n'est pas compétitive et il aura de la difficulté à se qualifier.

Le samedi matin, Gilles était fou furieux et me cherchait partout dans le paddock. À la *une* du *Journal de Montréal,* il y avait une photo de l'Arrows conduite par Jacques devant sa Ferrari, coiffée d'un titre incendiaire: Jacques devant Gilles!

Le responsable de la conception de cette page frontispice n'avait pas pris le temps de vérifier l'information du photographe avant de rédiger ce titre.

– C'est fini. Ne perds plus ton temps à venir me parler au nom du *Journal de Montréal*. Je ne veux plus rien savoir de vous autres. Vous êtes une bande d'imbéciles!

Il n'avait pas tort. Cela a été une monstrueuse erreur de notre part. Le responsable s'est empressé, à ma demande, d'écrire une lettre d'excuses à Gilles qu'on lui a fait parvenir avant la fin de la journée. C'était d'autant plus frustrant que Jacques ne parvenait pas à se qualifier et que Gilles se retrouvait en 11e position sur la grille.

La pluie était au rendez-vous pour le départ d'une course retardée de 90 minutes en raison d'un problème entre les promoteurs, Bernie Ecclestone, le tsar de la formule 1, et la compagnie d'assurance. Finalement, une solution a été trouvée et Gilles a offert aux amateurs québécois une autre performance digne de mention. Dans son style unique, il s'est amusé à effectuer des dépassements incroyables. À quelques tours de l'arrivée – la course a été arrêtée après le 63e des 70 tours en raison du temps limite de deux heures – Gilles a percuté l'arrière de la Lotus de de Angelis, puis l'Alfa Romeo de Mario Andretti. Son aileron a souffert de ce double choc au point de se retrouver en position verticale, style garde-à-vous. Il était obligé de tenir sa tête en position oblique pour y voir quelque chose. Tout autre pilote aurait eu droit au drapeau noir exigeant un arrêt immédiat pour effectuer une réparation, mais Gilles évoluait chez lui!

– De toute façon, je n'aurais pas vu le drapeau noir. Je ne voyais rien devant moi!

Finalement, l'aileron s'est détaché au bout de la ligne droite, tandis que le préposé aux drapeaux rangeait le *noir* qu'il s'apprêtait à lui décerner. Cet autre effort surhumain lui permettait d'obtenir une troisième place inespérée.

– Ce podium signifie autant pour moi que mes deux victoires à Monaco et en Espagne. Les conditions étaient terribles, mais mon expérience des courses de motoneiges m'a été très utile.

Il ne le savait pas encore, mais il venait de s'adresser pour la dernière fois en direct à son public québécois!

Chapitre 18

Le 8 mai 1982

Le dernier Grand Prix de l'année a été disputé dans le station-nement du Caesar's Palace de Las Vegas. L'arrivée des *dieux* de la course automobile dans la Capitale américaine du jeu n'a pas dérangé grand monde... Les gradins étaient presque vides pour la course.

Qualifié en troisième place, Gilles a complété cette saison difficile par un autre abandon en raison d'un problème de surali-mentation. Après avoir connu la gloire comme vice-champion en 1979, Gilles a vécu une immense frustration lors des deux années suivantes: une décevante 10e place au championnat avec seule-ment six points en 1980 et une septième position en 1981 avec 25 points. Sa seule consolation? Trois spectaculaires performances avec le doublé inespéré Monaco/Espagne et sa 3e position sur la piste détrempée de Montréal. Pour un pilote qui espérait battre le record de l'époque, soit les 27 victoires de Jackie Stewart, ses six triomphes en 63 Grands Prix étaient loin de le satisfaire. Malgré l'absence de résultats concrets, Gilles était une des vedettes du cirque de la formule 1. Son style spectaculaire en faisait un pilote recherché par les commanditaires prêts à débourser des sommes astronomiques pour s'assurer ses services.

Même s'il avait renouvelé son contrat avec Ferrari au mois de mai et que monsieur Ferrari avait profité de sa traditionnelle rencontre de presse au lendemain du Grand Prix d'Italie pour confirmer la présence des deux mêmes pilotes pour la saison 1982,

Gilles recevait d'autres propositions, comme me l'a expliqué Gaston Parent en arrivant à Las Vegas:

– À Montréal, nous avons reçu une proposition de plusieurs millions de dollars de la part de Marlboro pour signer avec McLaren. Je me suis rendu en Suisse, mais la réponse a trop tardé à venir. Gilles a décidé de respecter ses engagements avec Ferrari. De plus, il se souvenait que Marlboro et McLaren n'avaient pas respecté leurs promesses en 1977. Il voue tellement de respect à monsieur Ferrari qu'il aurait eu de la difficulté à le quitter de cette façon!

Finalement, l'Autrichien Niki Lauda a accepté l'offre mirobolante de Marlboro/McLaren pour revenir à la compétition active.

Entre-temps, Gilles décidait de s'offrir un nouveau jouet.

– Je devais acheter *l'hélico* de Walter Wolf, mais j'ai renoncé à ce projet. Je veux avoir un appareil avec deux moteurs pour voler de nuit.

Gaston Parent n'était pas d'accord avec cette nouvelle acquisition de plus d'un million de dollars.

– J'ai essayé de le raisonner, mais il est comme un enfant. Il veut avoir sa nouvelle *bébelle* tout de suite. Il a donc signé un contrat pour acheter un Augusta. Quand je lui ai suggéré de patienter un an, il avait sa réponse toute prête: qui dit que je serai encore là l'an prochain?

La vie de l'homme d'affaires montréalais n'était pas toujours facile en compagnie de son célèbre client.

– Il me place dans des situations difficiles. Quelques jours avant Noël, il m'a téléphoné pour me demander: Gaston, pourrais-tu aller acheter un manteau de fourrure pour ma copine de Toronto et le lui livrer personnellement en mon nom?

Gaston s'est exécuté, mais ce n'était pas la première fois qu'il rendait à Gilles un service aussi particulier.

– Gilles avait encore sur la conscience quelques folies de jeunesse. Il m'a demandé d'envoyer un chèque de 4 000 dollars à

Canadian Tire pour payer les outils dérobés avec ses copains lors de quelques frasques de jeunesse.

Avant que s'amorce la nouvelle saison, Gilles a chargé son gérant d'un autre dossier d'importance: préparer son prochain divorce.

— Gilles désirait que tout se passe dans le calme. Il a décidé d'acheter la paix en offrant à Joann un million de dollars comptant. Les avocats sont à préparer les papiers légaux pour que tout soit prêt en septembre.

Voiture sur rails et gomme trop molle

Durant la morte saison, malgré cette situation difficile, Gilles n'a pas négligé son travail. Il s'est consacré corps et âme, en compagnie de Didier Pironi, au développement de la nouvelle 126C2 munie pour la première fois d'une coque en fibre de carbone pour faciliter l'exploitation de l'effet de sol.

— Nous avons fait des progrès en efficacité. L'arrivée de l'ingénieur britannique Harvey Posthlewaite a été profitable. Quant au moteur, il n'y a rien à redire puisqu'il est probablement le plus puissant. Nous avons ce qu'il faut pour gagner de nouveau.

Il s'est rendu en Afrique du Sud pour le premier Grand Prix de la saison avec une certaine confiance. À leur arrivée, les pilotes, regroupés au sein de l'association GPDA présidée par Didier Pironi, étaient furieux contre les dirigeants de la FIA et de la FOCA. Ils désiraient imposer une nouvelle super licence restrictive à signer ou à négocier avec d'autres écuries. Comme les dirigeants ne voulaient pas entendre leurs doléances, les pilotes décidèrent de faire la grève dès le jeudi en se réunissant dans une salle de l'hôtel Kyalami Ranch.

J'étais parvenu à rejoindre Gilles dans cette salle où il s'imposait comme un leader, pendant que Pironi et Lauda négociaient avec Jean-Marie Balestre (président de la FIA) et Bernie Ecclestone (président de la FOCA).

— Nous sommes tous regroupés. Il n'est pas question de sortir tant que nous n'aurons pas eu gain de cause. Je joue au piano que nous avons déplacé devant la porte. Ils (les autres pilotes) devront me tasser s'ils veulent sortir. Il y a des *chieux* qui veulent reculer. Ils ont peur de perdre leur poste. Moi, je ne suis pas inquiet. Nous allons sûrement gagner notre point. Ce n'est pas Bernie (Ecclestone) ni (Jean-Marie) Balestre qui vont me faire reculer.

Une entente est survenue le vendredi matin. Les pilotes avaient couché dans leur salle. Gilles en avait impressionné plusieurs avec ses talents de musicien. Après cette manifestation, des amendes ont été imposées. Les leaders comme Gilles ont déboursé 10 000 dollars pour ce mouvement de contestation.

Il s'est qualifié en troisième position, derrière Nelson Piquet et René Arnoux. En course, un bris de moteur a mis fin à ses efforts dès le sixième tour. La Ferrari était aussi efficace que ses concurrentes puisque Gilles décrocha la 2e place lors de la qualification du Grand Prix suivant, celui du Brésil. Pourtant, il n'était pas heureux au volant de ces voitures à effet de sol.

— Il n'y a plus de plaisir à les conduire. Elles sont soudées à la piste. J'ai l'impression d'être comme le chauffeur d'une locomotive attachée à des rails. Les moteurs sont très puissants. Nous entrons dans les virages à des vitesses incroyables. Les risques sont devenus énormes comme Didier (Pironi) l'a constaté lors d'une violente sortie de piste en essais privés. Je préférais les anciennes voitures qu'il fallait contrôler avec l'arrière qui dérapait. C'était beaucoup plus amusant à conduire.

L'écurie Ferrari était de retour avec les pneumatiques Goodyear pour la saison 1982.

— Ils ne résistent pas longtemps. Lors des qualifications, nous avons un seul tour pour effectuer un bon temps sans compter que nous disposons de seulement deux trains. Cela crée des situations excessivement dangereuses.

L'adaptation aux pneus Goodyear – lors des années précédentes, les Ferrari étaient chaussées de Michelin – ne semblait pas facile. Sur certains circuits, dont celui du Brésil, ils s'usaient rapidement.

Une autre victoire de Gilles avec sa «Bibitte».

Gilles avec sa formule Ford.

1975 : *une deuxième saison en formule* Atlantic.

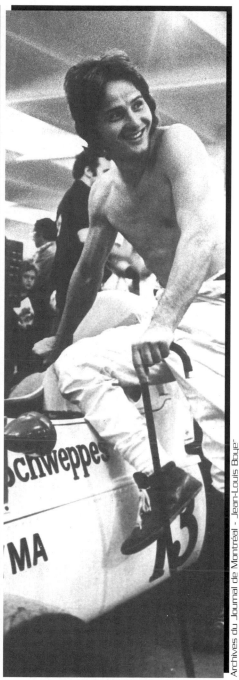

*Gilles signant son important contrat
avec Skiroule.*

*Même une fracture à la jambe
n'empêchait pas Gilles de participer
à une course.*

Un départ mémorable : celui de 1976 au Grand Prix de Trois-Rivières devant Price Cobb et James Hunt, le futur champion du monde de formule 1.

Une page d'histoire venait de s'écrire avec ce triomphe exceptionnel à Trois-Rivières.

Jacques était tout jeune lorsque son père l'initia aux voitures de course.

Guy Lafleur, du Canadien de Montréal, était l'idole de Gilles.

Gilles était heureux de se retrouver dans le cockpit d'une Ferrari.

Après sa magnifique victoire, le 8 octobre 1978 au circuit de l'île Notre-Dame,
Gilles avait eu droit aux félicitations du Premier ministre Pierre-Elliot Trudeau
et du Maire Jean Drapeau.

Grand Prix "LABATT" du Canada 1978

Une photo mémorable : Gilles avec ses parents Séville et Georgette, son fils Jacques, son épouse Joann et son frère Jacques après son premier triomphe à Montréal.

Gilles avec Jacques et Mélanie après leur visite à Walt Disney.

Alain Stanké

Gilles avec Mélanie, Joann et Jacques à leur maison de Plascassier.

Photothèque Player's

Au retour de notre excursion en 4 X 4.

Gilles était aussi un pilote d'hélicoptère très doué.

Une caricature dédicacée par Jody Scheckter et Gilles après leur domination au championnat de 1979. Elle occupe une place de choix dans mon bureau.

Après leur duel exceptionnel au circuit Dijon-Prenois, René Arnoux et Gilles
avaient toujours beaucoup de plaisir à se rencontrer.

À une certaine époque, Gilles et Didier Pironi étaient de grands amis.

Au cours d'un séjour au Québec, Gilles avait participé au lancement du Club des amis de Gilles Villeneuve en compagnie de Gaston Parent et de Pierre Beaugrand-Champagne.

Il m'arrivait souvent d'aller chercher Gilles à l'aéroport de Mirabel.

Un moment inoubliable de la famille Villeneuve : la participation de Gilles et de Jacques au Grand Prix du Canada à Montréal.

J'étais un témoin privilégié de cette rencontre entre Gilles, Walter Wolf et Patrick Tambay.

Personne n'a oublié la dernière course de Gilles à Montréal, avec l'aileron avant de sa Ferrari en piteux état.

*Gilles accordait toujours un soin particulier à la préparation
de son casque pour une course.*

Une reproduction très révélatrice de la première page du 9 mai 1982.

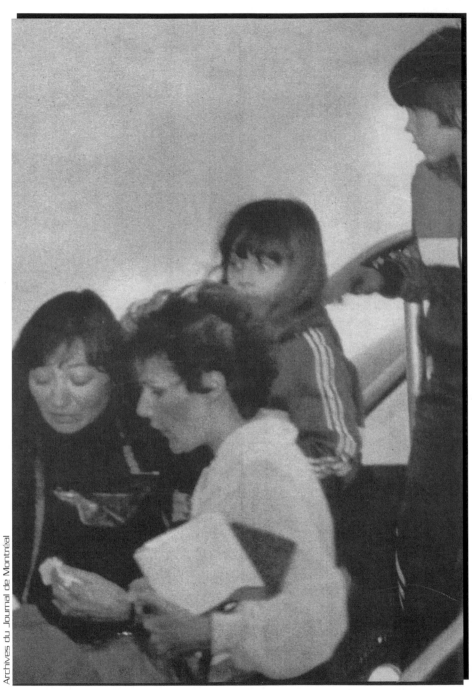

Danielle Parent, l'épouse de Gaston, avait eu la lourde tâche d'accueillir Joann et ses enfants à l'arrivée de la dépouille mortelle au Québec.

Archives du Journal de Montréal

*Jamais les funérailles d'un athlète n'avaient suscité autant d'intérêt
auprès des Québécois.*

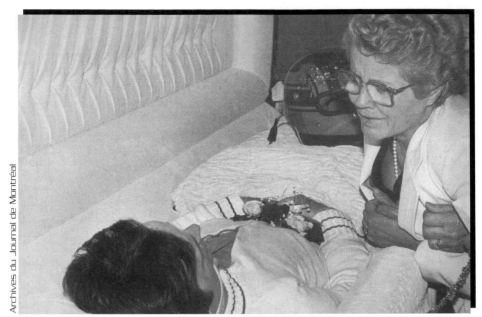

Un moment rempli de tristesse : madame Villeneuve rendant un dernier hommage à son fils disparu.

Une scène émouvante : Gilles à son dernier repos entouré de nombreux témoignages fleuris.

Archives du Journal de Montréal - André Viau

J'étais présent lorsque Jody Scheckter essayait de réconforter Jacques après la mort de son célèbre frère.

Archives du Journal de Montréal

Depuis la mort de Gilles, Jacques Villeneuve a toujours une photo du disparu près de lui.

Après la mort de Gilles, Gaston Parent s'était occupé de la carrière de Jacques pendant quelques années, mais leurs relations n'avaient pas duré.

Le Torontois Gerry Donaldson a écrit la biographie de Gilles Villeneuve
et en a remis un exemplaire à la mère du coureur.

Dans son garage à Saint-Cuthbert, Jacques a de nombreux souvenirs
de son frère et de son neveu.

Jacques Villeneuve, l'oncle, un lutteur opiniâtre et courageux.

Jacques Villeneuve au volant de son bolide IndyCar, de l'écurie Canadian Tire.

Malheureusement, une histoire trop souvent vécue par l'oncle Jacques...
une course terminée dans le mur, cette fois à Sanair, lors du Molson Indy.

Archives du Journal de Montréal - John Taylor

Archives du Journal de Montréal - John Taylor

Alors qu'il avait six ans, le p'tit Jacques s'amusait à promener
ma fille Mélanie dans le paddock à la piste de Mosport.

Le p'tit Jacques était tout jeune lorsqu'il effectuait ses premières cascades sur un trois-roues motorisé.

Lors de sa première expérience au volant d'une monoplace, le neveu avait eu droit à un cours du chef instructeur Gilbert Pednault sous le regard de l'oncle Jacques.

Le p'tit Jacques a toujours été traité aux p'tits oignons. Cette fois,
l'oncle Jacques tenait le parapluie sur le toit de la roulotte motorisée
mise à sa disposition pour une course de karting.

À ses débuts en karting, l'oncle Jacques était sur place
pour s'occuper de son neveu.

Jacques à ses débuts au championat d'Italie de formule 3.

*Jacques à sa troisième saison au championnat d'Italie de formule 3
avec les membres de l'équipe PreMa Racing.*

À 20 ans, lors d'un passage chez ses grands-parents à Berthierville, Jacques faisait tourner bien des têtes avec son charmant sourire.

Fidèle à lui-même, Jacques n'était pas trop stressé lors de sa première course en sol nord-américain, à Trois-Rivières, en 1992.

À sa première course au Québec, Jacques avait effectué une belle remontée.

Le fils de Gilles avait été touché par l'ovation du public après avoir
obtenu la troisième place.

Jacques avait éprouvé une grande sensation en dépassant David Empringham, lors de sa victoire à Montréal.

Sous le regard de David Empringham, Jacques avait reçu la plaque du vainqueur des mains de Jean-Paul Blais, président de Player's.

Même en formule Atlantic, la complicité avec l'ingénieur Tony Cicale
était exceptionnelle.

Jacques et Claude Bourbonnais étaient attentifs aux conseils de l'oncle
Jacques avant la course de Trois-Rivières, en 1993.

Un sourire qui veut tout dire.

Avant de participer à sa première course IndyCar en Australie,
Jacques a eu le temps de fraterniser avec des kangourous.

À sa première saison en série Cart, Jacques portait le numéro 12.

La récompense et le sourire d'une première victoire au circuit Road America à Elkhart Lake, au Wisconsin, le 11 septembre 1994.

Une victoire inespérée, celle de Miami, première course IndyCar de la saison 1995.

Jacques et Barry Green étaient très heureux après la spectaculaire victoire au Indy 500.

Accompagné de son gérant Craig Pollock, Jacques avait été accueilli en héros lors de sa visite au Salon de l'auto, quelques mois avant le début de sa première saison de formule 1.

Première course de formule 1, premier podium avec une deuxième place.

*Malgré l'ampleur de la rencontre de presse à sa première visite
à Montréal comme pilote de formule 1, Jacques était à l'aise
avec les nombreux journalistes présents.*

La concentration avant le départ d'une course.

Jacques au bureau !

La détermination d'un champion.

Jacques appréciait que je lui remette la feuille des résultats d'une course de la série Cart, disputée le Week-end d'un Grand Prix.

Porté en triomphe par David Coulthard et Mika Hakkinen après la conquête de son titre au Grand Prix d'Europe, à Jerez-de-la-Frontera, en Espagne.

En route vers son premier titre mondial.

L'ambiance était à la fête au sein de l'équipe après son triomphe.

Plus de 10 000 *personnes étaient présentes pour l'accueillir au*
Centre Molson, à son retour à Montréal.

Au cours des célébrations de son championnat, Jacques avait été accueilli
par Patrice Brisebois, un ami personnel, dans la chambre
des joueurs du Canadien de Montréal.

«Tu ne pouvais pas t'empêcher de me questionner sur
mon père ?»

– Ils se sont dégradés rapidement, mais je ne voulais pas m'arrêter car j'étais en première place. J'ai tenté de rester sur la piste, mais j'ai finalement manqué d'adhérence.

C'est de cette façon qu'il a expliqué sa sortie de piste en arrivant à Long Beach, en Californie, pour le troisième Grand Prix de la saison.

Une nuée de problèmes

Gilles était préoccupé. Même si la nouvelle Ferrari était en nette progression, il subsistait des problèmes de tenue de route. Pour contrer la puissance du moteur, les ingénieurs avaient décidé d'employer un immense aileron placé au-dessus des roues arrières pour atténuer les problèmes de motricité.

Ce n'était pas pour Gilles la seule source de soucis. Après qu'il se fut qualifié septième le samedi après-midi, Joann était repartie. Elle ne désirait pas rester pour la course. La situation était difficile à vivre pour celui qui ne voulait pas nuire à son image de bon père de famille. Gilles a su regrouper ses esprits pour retrouver sa concentration et sa fougue naturelle et disputer les 75 tours de l'épreuve californienne. À l'arrivée, on le retrouvait en troisième place derrière Niki Lauda (McLaren) et Keke Rosberg (Williams) mais, à l'issue de l'inspection technique des voitures, les commissaires décidèrent que l'aileron arrière n'était pas conforme aux règlements. Les dirigeants de la Scuderia rencontrèrent les organisateurs de la course en compagnie de Gilles, mais ils ne voulurent rien entendre. Gilles était furieux dans l'avion qui nous ramenait vers Montréal dans la nuit du dimanche au lundi:

– Nous avons utilisé cet aileron tout au long du week-end et ils (les commissaires) l'ont accepté lors des vérifications. Pourquoi ne pas l'avoir interdit plus tôt ou nous avoir prévenus qu'ils le jugeaient non conforme?

Gilles en voulait surtout à une personne, le Torontois Roger Peart, alors président de la Fédération canadienne du sport automobile, qui était l'un des directeurs de course.

— Il a tout fait pour que nous soyons disqualifiés. Je pense que s'il n'avait pas siégé sur le comité, je n'aurais pas été disqualifié. Je ne comprends pas pourquoi il m'en voulait tant que cela. Je m'attendais à ce qu'il travaille pour ma cause et non contre moi.

À ce moment-là, j'ai rappelé à Gilles que Peart était le directeur de course à Montréal l'automne précédent. Qu'il avait été sévèrement critiqué pour ne pas avoir disqualifié un pilote de son pays qui roulait avec l'aileron au garde-à-vous!

— Maudit pourri! Il est mieux de ne jamais me demander un service, je vais l'envoyer promener.

Puis, nous avons échangé quelques mots sur notre situation personnelle. Nous vivions un problème similaire.

— Pierre, si nous divorçons, Joann et moi, quelle sera la réaction du monde?

— Cela n'a pas d'importance. Si tu n'es plus heureux, tu dois prendre ta décision. Personne ne peut décider à ta place. Je ne pense pas que cela nuise à ton image.

Gilles était inquiet. Il ne voulait décevoir personne. Il était visiblement malheureux. Cela ne l'a pas empêché d'accepter une requête de ma part. Je voulais avoir un casque à ses couleurs.

— Pas de problème, je te dois bien cela. Je t'en remettrai un lorsque tu viendras au prochain Grand Prix.

La remise devait avoir lieu à Monaco un mois plus tard, mais...

Après l'escale à Toronto, il n'était pas dans l'avion pour Montréal. Je me doutais bien pourquoi!

La course maudite

Rien ne semblait s'arranger pour Gilles. L'équipe Ferrari avait été déboutée en appel après la disqualification de Long Beach. De nouveau, un conflit avait éclaté entre les équipes de la FOCA et celles de la FISA, comme Renault, Ferrari, Tyrrell, etc. Seules 14 voitures étaient présentes pour l'épreuve suivante, le Grand Prix de San Marino, à Imola.

Comme cela devenait de plus en plus fréquent, les deux pilotes de l'écurie française Renault, René Arnoux et Alain Prost, ont dominé la séance de qualification, tout juste devant Gilles et Didier. Mais Arnoux et Prost ont disparu rapidement en raison de problèmes mécaniques, laissant la porte ouverte à un doublé Ferrari, au grand plaisir des Tifosis toujours aussi passionnés.

– Après l'abandon des deux voitures Renault, je me suis retrouvé en première place devant Didier. Tout ce que nous avions à faire, c'était de piloter pour terminer la course. Comme avec Jody en 1979 et 1980, nous avions une entente, Didier et moi: il n'était pas question de se dépasser si on occupait la première place. À Monza, en 1979, j'ai perdu le championnat en respectant cette entente. J'aurais pu dépasser Jody à plusieurs reprises, mais je ne l'ai pas fait. Vers la fin de la course, l'équipe nous a demandé, à l'aide d'un panneau, de ralentir pour ne pas tomber en panne avant la fin. J'ai immédiatement obéi, mais Didier en a profité pour me dépasser. Je ne comprenais pas. Comme moi, il avait dû voir le panneau. Mais il ne ralentissait pas. J'ai alors cru qu'il voulait offrir un spectacle. Je me suis dit O.K., il va me laisser passer. Mais non, il n'a jamais ralenti. Dans le dernier tour, je l'ai attaqué. Il m'a fermé la porte comme un débile. Cet imbécile m'a volé la victoire, m'a expliqué Gilles, la rage au cœur, à son retour chez lui à Monaco.

Il était fou furieux. Il n'acceptait pas la trahison de celui qu'il considérait comme un ami.

– Je ne lui adresserai plus jamais la parole!

De son côté, Pironi – il venait de remporter la première victoire de sa carrière – affirmait n'avoir jamais vu le panneau.

– J'étais convaincu que Gilles ralentissait parce qu'il était en difficulté.

Cette déclaration n'avait rien pour diminuer la colère de Gilles. Il en voulait également à Marco Piccinnini, le directeur sportif de l'écurie à ce moment-là.

– Je ne veux plus rien savoir de lui non plus. Il aurait pu expliquer la situation après la course, dire à tout le monde que Didier m'a volé la victoire. Il a préféré se taire! C'est un faux prêtre! Je comprends maintenant pourquoi il était le garçon d'honneur au récent mariage de Didier. Il est barré sur ma liste.

Même l'intervention publique d'Enzo Ferrari – il a blâmé Pironi pour son geste – avant l'épreuve suivante sur la piste de Zolder en Belgique, n'a pas atténué la rage du pilote québécois.

Je l'ai joint la veille de son départ pour Zolder.

– Non, je ne lui ai pas parlé depuis Imola et je ne le ferai pas. Tu peux me croire. À compter de maintenant, c'est chacun pour soi à l'intérieur de l'équipe. Pas question d'échanger des informations ni d'amorcer une discussion. Je ne lui pardonnerai jamais. Je le traiterai sur la piste comme tous les autres concurrents. Si je peux le bloquer, je vais le faire. Crois-moi! C'est maintenant la guerre entre nous.

Le bout de la piste...

C'est dans cet état d'esprit qu'il est arrivé avec son hélicoptère au circuit de Zolder. Ses amis, y compris Jody Scheckter, ont tenté, en vain, de le calmer. Il avait donc une idée en tête: se qualifier et terminer la course devant celui qu'il considérait comme un *traître*.

À une quinzaine de minutes de la fin de l'ultime séance de qualification, Gilles était devancé par Prost, Arnoux et... Pironi. Ceux qui l'ont bien connu peuvent s'imaginer qu'il était fou de rage. Il avait effectué plusieurs tours avec son dernier train de pneus de qualification. Il ne pouvait plus améliorer sa performance. Les dirigeants de l'équipe lui ont demandé de s'arrêter. Gilles était donc dans son dernier tour de piste quand il s'est présenté à 225 kilomètres à l'heure au virage rapide Terlamenbocht. En entrant dans le virage, tout juste devant lui, il y avait une voiture roulant au ralenti, la March conduite par l'Allemand Jochen Mass.

Quelques jours après l'accident, par l'entremise d'un ami commun, le docteur Gilles Saint-Pierre, de Rimouski, j'avais joint ce sympathique pilote sur son voilier dans le port de Monaco.

– J'ai vu la Ferrari de Gilles arriver à pleine vitesse. Je me suis tassé vers la droite immédiatement pour lui laisser la ligne de course. Puis, soudainement, j'ai vu ses roues toucher aux miennes, puis la Ferrari s'envoler. Le choc a été terrible. Instantanément, j'ai su qu'il s'agissait d'un accident grave.

Une dizaine d'années plus tard, lors de sa venue à Montréal pour disputer une manche du championnat mondial de Sport Prototype, il m'a répété:

– Je n'aime pas parler de cet accident. Je considérais Gilles comme un ami. Tout le monde l'aimait. Il m'arrive encore de me demander si je n'aurais pas pu prendre une autre décision. Mais tout s'est déroulé tellement rapidement.

Que s'est-il vraiment passé à ce moment-là? Pourquoi Gilles n'a-t-il pas vu la voiture se ranger vers la droite, lui qui avait toujours été reconnu pour son sens d'anticipation exceptionnel dans des situations dangereuses? Était-il à ce point traumatisé par cette histoire avec Didier Pironi qu'il a été incapable de réagir promptement?

Tout a été dit. Tout a été écrit sur cet accident, mais la vérité n'a jamais été connue. En fait, l'enquête a été réduite au minimum. Les dirigeants de la course ont conclu que Jochen Mass ne pouvait pas être tenu pour responsable.

Quelques mois plus tard, Didier Pironi – il était alors en première place – a eu un très grave accident au Grand Prix d'Allemagne sur une piste détrempée, à Hockenheim, en percutant l'arrière de la Renault d'Alain Prost alors qu'il roulait à très grande vitesse. Ses multiples blessures aux jambes ont finalement mis fin à sa carrière de pilote de formule 1. Il a perdu la vie en 1987 lors d'un accident de bateau. Mais, contrairement à Gilles, il a pu évoquer les causes de son accident: un accélérateur coincé. Gilles a-t-il été victime d'une telle défaillance mécanique? Nous ne le saurons jamais puisque sa monoplace a disparu rapidement après l'accident.

À la demande de monsieur Ferrari, les héritiers de Gilles et son gérant Gaston Parent – il avait été désigné exécuteur testamentaire par Gilles avant sa mort – ont accepté de ne pas intenter de poursuites judiciaires ou d'exiger une enquête plus approfondie sur les causes de l'accident. Après la signature de cet accord, tous les termes du contrat ont été respectés et monsieur Ferrari a accepté de remettre aux héritiers l'argent perçu d'une assurance. De cette façon, Joann, Jacques et Mélanie ont pu continuer d'habiter la maison familiale de Monaco et le chalet dans les Alpes, d'autant plus que les hypothèques étaient protégées par une police d'assurance-vie. Les enfants ont pu être inscrits dans l'une des meilleures écoles d'Europe, le collège Beau Soleil, en Suisse, un point tournant dans la carrière du *p'tit* Jacques!

Chapitre 19

Une légende est née

Comme tous les week-ends de Grand Prix, quand j'étais chez moi à Repentigny, j'écoutais CKVL, la seule station de radio montréalaise qui offrait des reportages en direct. Vers 7 h 55, l'animateur, d'une voix grave, annonça:

— Un accident grave vient de se produire en Belgique. Allons rejoindre immédiatement Christian Tortora au téléphone.

Ce dernier était en état de choc.

— Gilles Villeneuve vient d'avoir un accident. Cela semble très grave. La séance de qualification a été interrompue. Présentement, les secouristes sont sur les lieux de l'accident. Les premières informations ne semblent pas encourageantes.

Instinctivement, je savais que nous venions de vivre une tragédie. Abandonnant toasts et café, je me suis dirigé immédiatement vers ma chambre pour m'habiller en cinquième vitesse. J'ai eu le temps de dire à ma femme:

— Gilles vient d'avoir un accident; c'est très grave. Je m'en vais au bureau. Beaucoup de travail m'attend.

Après avoir eu le réflexe de prendre toute ma documentation personnelle et mes livres de référence, je suis parti rapidement en direction du Journal.

En cours de route, Christian Tortora est revenu en ondes pour confirmer ce que je redoutais.

– Ici, c'est la consternation générale. Gilles a eu un accident très grave. Nous ne connaissons pas son état, mais il semble blessé sérieusement.

À ce moment-là, quelques pilotes se sont arrêtés sur les lieux de la tragédie pour essayer de porter secours au malheureux pilote. Selon les témoignages entendus, ils pleuraient à chaudes larmes en retournant dans les stands.

Je suis arrivé au travail vers 8 h30. Mon premier réflexe a été de communiquer avec des confrères de la salle de presse, à Zolder, pour en savoir davantage. La réponse a été unanime de la part des vétérans journalistes comme Johnny Rives du quotidien français *l'Équipe*:

– Pierre, c'est grave. Je redoute le pire. Sa Ferrari a effectué plusieurs tonneaux après avoir touché les roues de la March de Jochen Mass et Gilles a été éjecté, perdant même son casque.

À ce moment-là, je savais qu'il était mort.

Pendant quelques minutes, je me suis arrêté, le temps de réfléchir. De penser à ce que je devais faire: retourner à la maison pour pleurer comme tant d'autres ou rester en poste pour essayer de lui rendre hommage. La décision n'a pas été difficile à prendre. Mon esprit et ma conscience me dictaient d'oublier mes sentiments personnels. J'avais à remplir des tâches professionnelles. Un gros défi m'attendait!

Encore aujourd'hui, je me souviens très bien du premier texte d'une longue série que j'ai écrite en cette journée fatidique du 8 mai 1982:

Gilles avait 32 ans!

J'avais dévoilé un des secrets les mieux gardés de Gilles Villeneuve. Question d'améliorer ses chances d'accéder à la formule 1, Gilles avait décidé de se rajeunir dès le début de sa carrière en course automobile. Il avait falsifié ses papiers d'identité pour affirmer qu'il était né le 18 janvier 1952. La réalité? Gilles était venu au monde en 1950, un mois avant moi! Sa falsification avait tellement bien fonctionné qu'encore aujourd'hui, dans le livre des records de la formule 1, il est toujours écrit que Gilles Villeneuve est né en 1952!

Tout au long de cette journée, dans les médias électroniques puis dans tous les quotidiens du monde entier, on pouvait lire ou entendre qu'il avait 30 ans.

Les parents de Gilles, atterrés par la disparition de leur fils aîné, ont rapidement confirmé mon information.

Incapable de rentrer chez moi

À leur réveil, tous mes patrons, dont le directeur des sports Bertrand Raymond et son adjoint Gilles Terroux, ont rapidement compris l'ampleur de l'événement. Ils sont venus me rejoindre en ce samedi ensoleillé. Comme tout le monde, Bertrand et Gilles étaient en état de choc. Un peu comme lors de l'assassinat du président américain John F. Kennedy, le 22 novembre 1963, toutes les personnes se souviennent très bien où elles étaient quand elles ont appris la tragédie.

Le signe indéniable d'un moment historique.

Avant l'arrivée des patrons, vers 10 heures, j'avais eu le temps de recueillir beaucoup d'informations. Pendant que Christian Tortora, présent en Belgique, continuait d'affirmer qu'il fallait garder espoir, les nouvelles étaient beaucoup moins encourageantes de ce côté-ci de l'océan. J'ai joint Gaston Parent chez lui. Il était dévasté. Pour la première fois de sa vie, il avait de la difficulté à réagir.

— Excuse-moi, je suis tellement sous le choc que je préfère ne pas parler.

À ses côtés, sa femme Danielle a pris la relève.

— Depuis que nous avons appris la nouvelle, nous sommes en contact avec les médecins du centre hospitalier de Louvain où Gilles a été transporté. Les premières nouvelles ne sont pas encourageantes. Nous avons joint les meilleurs spécialistes d'ici, à Montréal. Ils discutent avec les médecins belges. Quelques-uns se préparent à partir par le premier avion pour les assister.

Quelques minutes plus tard, Danielle, en pleurs, m'a joint au bureau.

— Pierre, c'est fini. Gilles est mort. Ils l'ont branché à des machines pour le maintenir en vie jusqu'à l'arrivée de Joann. Ne l'annonce pas immédiatement, nous voulons préparer la famille et ses proches.

L'accident est survenu à 13 h 50 (heure de Belgique, soit 7 h 50 au Québec) et les médecins l'ont officiellement déclaré mort à 21h12, soit 15 h 12 ici au Québec. Déjà, à midi, des rumeurs ont commencé à circuler sur sa mort, même si Christian Tortora fulminait contre ceux qui colportaient ces informations. Il affirmait toujours qu'il fallait garder espoir.

J'ai été direct en entrant dans le bureau de Bertrand Raymond pour lui dire, avant d'éclater en sanglots:

— C'est fini, Gilles est mort!

Abattu lui aussi, son premier réflexe a été de me répondre:

— Pierre, je te comprends. Ton *chum* est mort. Tu n'es pas obligé de rester. On va tous comprendre si tu t'en vas chez toi. Cela ne doit pas être facile à vivre. Par contre, c'est une occasion unique de lui rendre un dernier hommage. La décision t'appartient.

Ma réponse est venue instantanément:

— En partant de chez moi ce matin, je savais ce qui m'attendait. Je suis venu ici pour travailler. Je vais prendre quelques minutes pour récupérer. Après, ça va fonctionner.

Jusqu'à tard dans la nuit du samedi au dimanche, je n'ai jamais eu le temps de récupérer, ni même de penser à ma peine. Nous avons décidé de préparer une édition spéciale du *Journal de Montréal,* avec 15 pages de textes et de photos relatant les meilleurs moments de sa courte mais glorieuse carrière. J'ai répondu à des dizaines d'appels. Des personnes voulaient manifester leur sympathie. D'autres souhaitaient obtenir des informations supplémentaires sur Gilles.

Ce fut *non-stop* pendant des heures.

Mon seul refus a été de participer à des émissions de télévision en direct. Au téléphone, je pouvais me contenir. Je n'aurais jamais pu le faire devant des caméras, pas plus que des vétérans de ce métier qui ont éclaté en sanglots avant la fin de leur émission spéciale.

Un réveil brutal

La douleur était loin d'être apaisée au réveil le dimanche matin. Devant moi, un café bouillant, des toasts qui refroidissaient et un exemplaire du *Journal de Montréal* avec la manchette:

Gilles se tue à 170 mph

En relisant les textes écrits la veille, en regardant les photos de l'affreuse tragédie, je devais, comme tout le monde, me convaincre: Gilles était mort et je ne pourrais plus jamais lui parler. J'aurais probablement préféré recevoir un coup de marteau sur la tête. La douleur aurait été moins intense. En relisant mon commentaire intitulé: *Il a passé sa vie... à jouer avec la vie*, ma tristesse s'est légèrement atténuée. Après tout, Gilles venait de mourir comme il aimait vivre... à pleine vitesse, le pied au plancher. La souffrance était terrible pour les autres. Lui, il était mort au champ d'honneur, en exerçant le métier qu'il aimait tant.

Quelques minutes plus tard, j'ai joint Joann chez elle, à Monaco. Malgré sa douleur intense, elle a accepté de me parler. À ce moment-là, tous les appels étaient filtrés par Jody Scheckter, l'ami de Gilles, qui avait décidé avec sa femme de soutenir la veuve éplorée et les enfants.

— Ce fut une décision difficile à prendre lorsque les médecins m'ont demandé la permission de débrancher les appareils qui le maintenaient en vie. Il n'y avait plus rien à faire.

Après avoir pris une profonde respiration et refoulée quelques larmes, elle a poursuivi:

— J'ai beaucoup de peine pour les enfants. C'est très dur pour eux. Jacques a très mal. Il s'est refermé sur lui-même. Il ne dit pas un mot, mais il souffre. Je trouve difficile d'avoir du courage lorsque je vois les enfants aussi tristes. La seule consolation: Gilles est mort comme il l'avait souhaité, sans souffrir, derrière un volant. Je l'ai toujours laissé faire ce qu'il désirait. Il est mort comme il l'a voulu.

Les cendres du héros...

Sa mort a bouleversé tout le monde. Un peu partout, dans les lieux publics, personne n'avait le goût de rire ou de fêter. Tout un peuple vivait une grande tristesse. Sa mort créait un impact inimaginable, l'élevant instantanément au rang des légendes québécoises. En moins de 24 heures, le Québec entier réalisait que nous venions de perdre notre plus grand ambassadeur. Jamais un Québécois n'avait eu autant de notoriété sur les cinq continents. Sa mort brutale a accentué sa popularité.

De son vivant, même après sa mémorable victoire montréalaise, jamais Gilles n'avait été aussi populaire. Quinze ans plus tard, je suis convaincu qu'il est venu au monde... la journée de sa mort, ce fatidique 8 mai 1982.

Rapidement, tout s'est organisé pour rapatrier sa dépouille mortelle au Québec, le Gouvernement canadien y allant de sa contribution en offrant à la famille de les ramener à bord d'un avion des forces armées. Gilles effectua son dernier retour en sol québécois à 19 h 50, le lundi 10 mai. Nous étions des dizaines de personnes, admirateurs, journalistes, photographes et personnalités à l'attendre à la Porte 27 (le numéro de sa Ferrari au moment de son tragique accident) de l'aéroport de Dorval.

Immédiatement après les funérailles prévues pour le jeudi, après deux journées d'exposition de sa dépouille au centre communautaire de Berthierville, Joann a décidé de faire incinérer son corps.

De vibrants témoignages

Le Québec était en deuil. Son héros avait disparu et, devant plusieurs édifices, nous pouvions voir les drapeaux en berne, même s'il avait été décidé que Gilles n'aurait pas des funérailles civiques officielles. Pourtant, ce fut en présence du Premier ministre du Canada, Pierre-Elliot Trudeau, du Premier ministre du Québec,

René Lévesque, du maire de Montréal, Jean Drapeau et de nombreuses personnalités de la scène politique et sportive que furent célébrées ses funérailles dans la petite église bondée. Des centaines d'admirateurs se sont déplacés pour assister de l'extérieur à cet événement unique. Lors des deux journées d'exposition, plus de 12 000 personnes ont patienté pendant des heures pour venir le saluer dans son cercueil ouvert. Après la cérémonie, le cortège a quitté Berthier par l'autoroute 40 pour se rendre au cimetière de l'Est à Montréal. Sur les viaducs, tout au long du trajet, des personnes se sont massées pour saluer leur héros une dernière fois.

Quelques mécaniciens de Gilles chez Ferrari, les pilotes Jody Scheckter, Jacques Laffite et Jackie Stewart sont venus d'Europe pour assister à ce dernier hommage à l'idole d'un peuple et de la grande famille de la course automobile.

– Je ne comprends pas toute cette démonstration. Chez nous, lorsqu'une personne perd la vie, tout se passe dans l'intimité. Gilles devait être bien aimé pour attirer autant de gens à ses funérailles, m'a dit Jody Scheckter en sortant de l'église.

Appelé à prendre la parole durant la cérémonie, cet ancien champion du monde a été émouvant:

– Gilles n'a pas été champion du monde, mais il a toujours été le plus rapide. Je ne l'oublierai jamais!

C'était sa façon bien particulière de reconnaître qu'en 1979 il avait remporté le titre mais que, en réalité, cet honneur aurait dû revenir à Gilles.

Le vendredi 14 mai, la première page du *Journal de Montréal* résumait bien la leçon à retenir de cette disparition:

Salut Gilles! On ne dit pas ADIEU à un champion

Depuis, tous les ans, le 8 mai, on se remémore cet accident. Comme si on voulait arrêter le temps, revenir en arrière pour retrouver ce sympathique héros. Un an après sa mort, le *Journal de Montréal* publiait un supplément avec de nombreux témoignages rendant hommage à ce grand disparu. Personne ne l'a oublié. C'est encore vrai aujourd'hui!

Un hommage de Bert

Même si j'étais toujours promoteur d'une course de *drag*, le Défi Corvette, devenu après quelques années le Défi d'accélération, j'avais su gagner l'estime de Bertrand Raymond, toujours en poste comme directeur des sports. Aussi étrange que cela puisse paraître, la mort de Gilles avait largement contribué à me valoir le respect que je recherchais depuis tant d'années dans le milieu journalistique québécois. Le *boss* me l'a confirmé pendant la semaine qui a suivi les funérailles, en me téléphonant:

— Lorsque tu auras une chance, j'aimerais te voir à mon bureau.

J'ai répondu à sa demande dès le lendemain matin.

Il m'a alors remis un cadre contenant la plaque de métal ayant servi à imprimer la première page du *Journal de Montréal* du 9 mai. Avec ce cadre, Bertrand Raymond m'a remis un de ses traditionnels mémos. Celui-là a toujours eu pour moi une immense signification:

Pierre,

Pour la conscience professionnelle dont tu as fait preuve, mais surtout parce qu'il s'agit d'un souvenir qui ne s'effacera jamais... à l'image de la mémoire de ton ami Gilles Villeneuve.

Bertrand Raymond

Ce cadre occupe, encore aujourd'hui, une place importante dans ma maison et la copie de ce mémo est toujours bien en place à l'arrière.

Chapitre 20

L'après Gilles

Environ un mois plus tard, tout juste avant le Grand Prix du Canada présenté pour la première fois en juin, le Québec se remettait à peine du choc de la disparition de Gilles.

Je me suis rendu à Berthierville pour rencontrer Séville et Georgette Villeneuve, les parents de Gilles et de Jacques. Toujours aussi volubile, Séville était heureux de me voir, de me parler de ses fils. Durant les journées qui ont suivi la mort de Gilles, il s'était déjà manifesté.

— Comme tout père de famille, je suis malheureux de la disparition de mon fils. Je le suis davantage en pensant à tous les sacrifices qu'il s'était imposés pour se rendre jusque-là. Il n'a jamais eu le temps d'en profiter. Il commençait à vivre. À profiter de revenus à la hauteur de son talent. Gilles disait tout le temps qu'il voulait piloter jusqu'à 40 ans et plus. Je pense qu'il y serait parvenu facilement.

Aussi étrange que cela puisse paraître, il souhaitait voir Jacques, son deuxième fils, poursuivre sa carrière de pilote de course.

— Pourquoi pas? Comme Gilles, c'est du sang de course qui lui coule dans les veines. Ce n'est pas moi qui vais l'empêcher d'exercer le métier qui le passionne.

Puis, après m'avoir demandé de l'attendre quelques instants, il est revenu dans le salon pour me dire:

— Tu vois, Pierre, Gilles est toujours avec nous, bien là dans cette petite boîte.

Sous le bras, il tenait l'urne contenant les cendres de Gilles. J'en avais la chair de poule de le voir la manipuler, puis l'embrasser comme un objet précieux. Malgré les protestations de madame Villeneuve qui constatait mon embarras, Séville l'a gardée avec lui pendant toute la durée de mon séjour dans la maison familiale.

Quelques minutes plus tard, Jacques est arrivé chez ses parents, une habitude quotidienne prise après la mort de son frère aîné. Celui que tout le monde surnomme *Coco* dans la région de Berthierville n'a jamais eu peur d'exprimer ses opinions, ni de répondre aux questions pointilleuses des journalistes. Dès le lendemain de la mort de Gilles, il avait été catégorique:

— Arrêter de courir? Non, il n'en est pas question. Je voudrais poursuivre ce que Gilles a commencé. J'aimerais bien qu'on me confie le volant de sa Ferrari, surtout pour la prochaine course à Montréal. Je ne la mettrais probablement pas sur la *pole position*, mais je me battrais pour faire honneur à Gilles avec la même fougue qui le caractérisait.

À ce moment-là, il a été le premier à reconnaître qu'il n'avait pas encore réalisé la mort de son frère aîné.

— Cela ne paraît pas à l'extérieur, mais ça fait mal à l'intérieur. J'essaie de ne pas y penser en m'occupant dans mon garage. C'est difficile, car il y a des photos de lui partout sur les murs. J'aurai fort probablement ma réaction lorsque je verrai son corps revenir d'Europe.

Il avait vu juste. Il n'a pas voulu le quitter durant la nuit du lundi au mardi alors que la dépouille était arrivée à Berthierville pour les ultimes préparatifs avant les cérémonies du dernier hommage à ce grand disparu.

Le Grand Prix maudit

Dès le dimanche 9 mai, le *Journal de Montréal* a inséré dans ses pages un coupon demandant aux lecteurs de nous le faire parvenir pour demander aux autorités municipales de rebaptiser l'île Notre-Dame du nom de Gilles Villeneuve. Nous avons également suggéré que le numéro 27 de Gilles soit retiré. Même monsieur Ferrari s'est adressé à la FIA pour effectuer la même demande. Messieurs Balestre et Ecclestone l'ont rejeté du revers de la main. Ce n'était guère étonnant, surtout qu'ils n'étaient pas de grands admirateurs de Gilles. Et celui que certains surnommaient le *Petit Prince* n'avait jamais raté une occasion de les critiquer sur la place publique.

Les dirigeants de la ville de Montréal ont été plus réceptifs. Ils ont pris le soin d'étudier sérieusement la demande avant de la refuser. Ils ont toutefois suggéré que le circuit soit rebaptisé du nom de ce regretté pilote. C'est donc au circuit Gilles-Villeneuve qu'a désormais été disputé le Grand Prix du Canada dans l'île Notre-Dame.

Est-il besoin de préciser que l'ambiance n'était pas à la fête?

Les vrais amateurs étaient en deuil. Nous savions tous que le centre d'intérêt de cet événement était absent... et le serait pour longtemps. Des travailleurs responsables de la préparation du circuit, sous la gouverne d'André Gervais, ont décidé d'honorer la mémoire du grand disparu en inscrivant à la ligne départ/arrivée: *Salut Gilles!* Depuis, la tradition est respectée tous les ans. Et malheur à celui qui voudrait la faire disparaître. Je serais le premier à amorcer un mouvement de protestation!

Question de respecter la mémoire de Gilles, monsieur Ferrari a décidé de ne pas embaucher de pilote pour faire équipe avec Didier Pironi lors des trois Grands Prix suivant celui de la Belgique. Pironi fut donc le seul pilote à représenter Ferrari à Monaco (2e), Detroit (3e) et Montréal.

Plusieurs personnes connaissaient l'histoire d'Imola entre Gilles et Pironi. On craignait même des représailles contre le pilote français. Les organisateurs ont donc prévu de lui fournir toute la sécurité requise. Je me suis rendu à Detroit, au Grand Prix des États-Unis Est, pour le rencontrer, une semaine avant l'épreuve montréalaise.

— Je suis conscient que je ne dois pas être populaire à Montréal, surtout après l'accident de Gilles à Zolder. Il était très émotif après Imola et j'avais l'intention de le rencontrer pour avoir une bonne explication avec lui, après Zolder. L'occasion ne s'est jamais présentée. J'en ai beaucoup de regrets. Sa mort m'a profondément affecté. Ma femme attend des jumeaux et nous avons déjà décidé qu'ils s'appelleront Didier et Gilles, en mémoire de notre grande amitié avant cet incident!

Heureusement, Didier n'a pas été *maltraité* durant son séjour chez nous, même s'il a décroché la position de tête. Mais il n'a pas eu besoin d'être chahuté pour repartir de Montréal malheureux. Comme si quelqu'un avait voulu se venger de lui, il a été frappé par le sort dès le départ. À la lumière verte, il a calé le moteur de sa Ferrari. Derrière lui, miraculeusement, de nombreuses voitures ont évité sa monoplace immobilisée quelques mètres devant l'écriteau *Salut Gilles*!

L'Italien Riccardo Paletti, à son premier départ en formule 1 au volant d'une Osella, n'a pas réagi comme ses confrères, probablement trop concentré pour ne pas commettre une bévue. Il a embouti l'arrière de la Ferrari à plus de 150 kilomètres à l'heure. L'impact a été si violent qu'il est mort sur le coup, l'aorte n'ayant pas résisté à l'incroyable choc. Malgré l'intervention rapide des secouristes, surtout pour éteindre un début d'incendie, et un transport dramatique en hélicoptère, il était trop tard pour lui venir en aide. La mort avait fait son œuvre pour la 2e fois en un mois dans ce monde huppé de la formule 1.

La course a tout de même été présentée, même si l'ambiance était de nature à vous enlever le goût de sourire pour le reste de vos jours. Même Nelson Piquet, le vainqueur, n'avait pas le cœur à la fête.

Cette épreuve avait bien mérité son titre de *Grand Prix maudit*!

Victoire posthume pour Gilles...

Même s'il y rêvait sérieusement, Jacques Villeneuve n'a jamais reçu d'appel de monsieur Ferrari pour remplacer son illustre frère.

Dans un geste surprise, Enzo Ferrari décidait d'appeler le pilote français Patrick Tambay pour lui offrir de conduire la monoplace rouge numéro 27.

À la fin de l'été 1977, Patrick et Gilles étaient les deux pilotes sollicités pour combler les places disponibles chez McLaren et Ferrari. Le Français avait le premier choix. Comme l'écurie britannique venait de connaître une série de succès avec une troisième place ou mieux, au championnat des constructeurs, lors des six saisons précédentes, le sympathique pilote français avait accepté l'offre de Teddy Mayer au détriment de celle d'Enzo Ferrari. Cela avait été un mauvais choix. À compter de 1978, l'équipe McLaren sombrait dans la médiocrité pour plusieurs années.

Lorsqu'il a été contacté, Patrick n'était pas encore remis de ses émotions après la mort de son *chum* Gilles. Il était encore perturbé par sa décision prise avant la première journée des essais du Grand Prix initial: quitter la formule 1. Moins passionné que Gilles, il trouvait que les monoplaces du grand cirque étaient de moins en moins intéressantes à piloter, mais surtout très dangereuses à cause de l'effet de sol. Patrick était très déçu de la qualité de sa Théodore. Il se savait condamné à se battre pour essayer de trouver une place sur les grilles de départ, sans aucun espoir d'un podium, encore moins d'une victoire. Depuis son passage au Grand Prix de Trois-Rivières, Patrick était devenu un ami. Nous étions tous deux de grands admirateurs des exploits de Gilles qu'il avait hébergé avec sa famille lors des premiers mois des Villeneuve en Europe. Au retour de Joann en Europe avec Jacques et Mélanie après la mort de Gilles, Patrick s'est occupé de la petite famille, suggérant que les deux enfants soient inscrits à l'école Beau Soleil près de chez lui, à Villars, en Suisse.

D'une très grande sensibilité, probablement un peu trop gentilhomme pour devenir un héros de la trempe de Gilles Villeneuve, Patrick a été perturbé par cet appel. Il ne savait plus quoi faire. Devait-il revenir sur sa décision? Accepter de remplacer son *chum* qu'il vénérait comme un véritable héros aux côtés de celui qu'il considérait intérieurement comme un *traître* après les incidents d'Imola.

Patrick a pris le temps de m'appeler avant de prendre sa décision:

— Pierre, je ne sais pas quoi faire. Ce sont de très grands souliers à chausser. Sur le plan émotionnel, la décision est tellement difficile à prendre. C'est le rêve de tout pilote de conduire une Ferrari, mais pas dans ces conditions. Que vont penser les Québécois si j'accepte? Diront-ils que j'ai pris SA place?

Il a fallu le convaincre que cette sélection allait de soi.

— Patrick, si tu veux mon avis, c'est un choix logique. Qui d'autre que toi pourrait remplacer Gilles. Cette décision fera l'unanimité ici. Tout le monde s'en réjouira, car tu es une figure très populaire au Québec.

Finalement, après en avoir discuté avec Joann, Gaston Parent et quelques autres personnes, Patrick a accepté la proposition d'Enzo Ferrari. Il a conduit la «27» pour la première fois au Grand Prix suivant, en Hollande.

Pendant que Pironi remportait la troisième et dernière victoire de sa carrière, Patrick a été contraint à l'abandon. Il a obtenu son premier podium au Grand Prix d'Angleterre en terminant troisième. Il a savouré sa première victoire en Allemagne à son 4e Grand Prix au volant de la «27». C'est lors de cette épreuve à Hockenheim que la carrière de Didier Pironi a pris fin, après son terrible accident lors des essais.

— Pierre, je veux que tu saches que j'ai pensé à Gilles en croisant la ligne d'arrivée, m'a dit Patrick Tremblay.

Moins d'un an plus tard, après avoir remporté une victoire inespérée sur le circuit d'Imola, il m'a téléphoné de nouveau en arrivant chez lui:

— Pierre, Gilles est vengé. J'ai conduit la «27» jusque dans le cercle des vainqueurs et je n'étais pas seul dans la voiture aujourd'hui. Sans son aide, je n'aurais jamais gagné...

En pleurs, Patrick a raccroché, incapable de poursuivre. Aujourd'hui, 15 ans plus tard, il est toujours aussi émotif lorsqu'il parle de cette victoire, sa dernière en formule 1.

Chapitre 21

Les vains efforts de Coco

Bien avant la mort tragique de l'aîné, *Coco* Villeneuve avait de la pression sur les épaules. C'était difficile d'être le frère de l'autre. Surtout que Gilles était traité et considéré comme un véritable héros partout où il passait. Les succès de Gilles en motoneige puis en course automobile avaient placé la barre très haut pour son cadet de trois ans.

De son vivant, Gilles a toujours assumé son rôle de grand frère auprès de Jacques. Il l'a aidé à ses débuts en motoneige en formant un duo difficile à vaincre, que ce soit chez Alouette ou chez Skiroule. L'histoire s'est répétée en course automobile. Gilles a encouragé le frérot à suivre ses traces, allant jusqu'à le soutenir financièrement pendant quelques années. Il a imposé à Gaston Parent, son gérant, l'idée de s'occuper de lui, même si le *courant* ne passait pas à merveille entre eux. Après la retraite de Gilles des courses hivernales, Jacques a poursuivi sa carrière. Encore aujourd'hui, même s'il a dépassé la quarantaine (il est né le 4 novembre 1953), un âge avancé pour évoluer en sport motorisé, on le retrouve tous les hivers sur les anneaux glacés de l'Amérique du Nord, luttant pour assouvir sa passion de la compétition motorisée. Très spectaculaire, il est une figure populaire. Surtout que les succès ont souvent été au rendez-vous comme en témoignent ses trois championnats du monde à Eagle River (Wisconsin) et ses nombreux titres nationaux.

Téméraire, l'athlète de Saint-Cuthbert n'a jamais reculé devant l'adversité, ni les obstacles majeurs. C'est un batailleur né.

Que ce soit pour la recherche d'un support financier ou le gain d'une place sur une piste, il n'hésite pas à foncer tête baissée.

— Je ne suis jamais satisfait tant que je n'ai pas atteint mes objectifs.

Cela pose un problème. Ses objectifs n'ont jamais de limite. Même lorsqu'il sent le tapis lui glisser sous les pieds, il continue de foncer à l'aveuglette. Dans ces moments-là, même un mur de béton ne peut l'arrêter... et il l'a démontré souvent!

Lors des dernières années, ses sorties de piste spectaculaires — cela ne pardonne pas en motoneige — lui ont valu de nombreuses visites impromptues dans les centres hospitaliers. Bras, poignet, jambe, épaule, tout a été fracturé ou presque. Pourtant, cela n'a jamais freiné son désir de prendre le départ d'une course comme, par exemple, l'hiver dernier (1997) au Grand Prix de Valcourt, la plus importante épreuve québécoise de motoneiges. Son épaule était tellement amochée qu'il ne pouvait pas se nourrir avec sa main droite. Pourtant, il s'est retrouvé en piste. Même si son handicap l'empêchait de lutter pour la victoire, il a poursuivi la lutte jusqu'à la fin.

— La course, c'est une drogue pour moi. Je suis heureux lorsque je suis assis sur une machine. Même à 60 ans, je vais me battre pour piloter encore. La retraite, ça ne sera jamais pour moi.

Dans son esprit, il est primordial d'offrir aux amateurs ce qu'ils attendent de lui: sa présence en piste, diminué physiquement ou non.

— Le monde aime voir un gars comme moi en piste. Je ne prends jamais un départ pour faire de la figuration. Je veux toujours gagner. Il n'est pas question d'abandonner tant que l'épreuve n'est pas terminée. Lorsque je me plante, je suis accusé de tous les péchés; lorsque je gagne tout le monde se réjouit.

Jacques, le mal aimé...

Surnommé l'Oncle — pour le différencier de l'autre Jacques Villeneuve, son neveu ou, si l'on préfère, le fils de Gilles — Jacques n'a jamais eu le charisme de son regretté frère. En fait, il n'a jamais eu peur d'émettre ses opinions, comme Gilles dans le passé et maintenant Jacques le neveu. Sauf que son *timing* a souvent fait défaut. On n'a jamais pu miser sur sa crédibilité puisqu'il a souvent commis les pires bévues à des moments inopportuns. Alors qu'ils faisaient front commun pour disputer des courses de motoneige, tout le monde admirait Gilles. Ce dernier avait le don particulier de toujours avoir la bonne réponse, d'obtenir le bon résultat au bon moment. On pouvait presque s'imaginer qu'il avait hérité d'une intelligence supérieure. Qu'il contrôlait tout à sa guise... sauf sa mort.

Même lorsqu'il était vindicatif dans ses commentaires, on l'acceptait de la part de Gilles, pas de Jacques. Lorsque ça sortait de la bouche du cadet, cela n'avait pas la même interprétation ni la même résonance. Pourtant, quand on les voyait alignés l'un et l'autre sur une piste de motoneige, on était assuré d'un cocktail explosif. J'ai assisté à quelques démonstrations magistrales où l'élève était devant le maître... même si Gilles n'appréciait pas la situation.

Durant l'hiver 1976, lors de la première course de la saison au Québec disputée à Sainte-Julienne, les frères Villeneuve se sont distingués: cinq victoires sur une possibilité de six. Jacques a été particulièrement étincelant avec trois gains, une deuxième et une troisième places comparativement à deux victoires pour Gilles, deux deuxièmes et une troisième places.

— Il ne faut surtout pas croire que Gilles m'a laissé des chances parce que nous étions au Québec. Ce n'est pas dans ses habitudes. Aujourd'hui j'étais plus rapide... tout simplement!

Gilles a été le premier à reconnaître l'excellente prestation du frérot:

— Jacques était plus rapide que moi.

Une rivalité saine existait entre eux, en même temps qu'une grande complicité. Certains affirment que Jacques a perdu davantage qu'un frère, ce 8 mai 1982. C'est comme si on lui avait arraché une partie de lui-même.

Pour en revenir aux performances des frères Villeneuve à Sainte-Julienne, leur domination a été annulée 24 heures plus tard. Les dirigeants de l'ACAN (Association Canadienne de l'Auto-Neige), l'organisme sanctionnant les courses de motoneiges au Québec à cette époque, décidaient que la nouvelle suspension révolutionnaire indépendante à l'avant, conçue par Gilles, n'était pas conforme à leurs règlements. Pourtant, ces prototypes avaient été acceptés par les organismes en Ontario et aux États-Unis.

— Une bande d'arriérés, a commenté Jacques, très déçu d'avoir vu de si beaux efforts annihilés par des bureaucrates.

Les dirigeants de Skiroule servaient un sérieux avertissement aux responsables québécois:

— S'ils ne veulent pas accepter la machine de Jacques, ce dernier ira courir à l'extérieur de la province, avec Gilles. Les amateurs seront alors privés de la présence d'un excellent pilote.

Finalement, un compromis a été trouvé pour permettre au pilote de Saint-Cuthbert d'être en piste régulièrement devant ses multiples supporters.

Cette réussite des Villeneuve suscitait beaucoup de jalousie. Comme j'alimentais régulièrement nos lecteurs du *Journal de Montréal* des exploits de ces héros, les autres compétiteurs n'étaient pas heureux. Le week-end suivant, à Saint-André-d'Avelin, un petit village de région de l'Outaouais, les compétiteurs de moto-neige ont été appelés à signer une pétition pour exiger de mes patrons que je cesse de parler aussi souvent des Villeneuve. Jacques m'a fait venir dans sa remorque pour me dire:

— Pierre, il y a le frère de Michel Levac (plusieurs fois champion du Québec en motoneige) qui fait signer la pétition. Ils veulent ta *tête* car ils trouvent que tu parles trop souvent des Villeneuve. J'ai même été obligé de la signer. Je n'avais pas le choix, mais ils ne voulaient pas que je t'en parle...

J'ai difficilement accepté ce geste. D'abord, parce que j'étais le journaliste qui écrivait le plus régulièrement sur le sport de la motoneige. Ensuite, je respectais une consigne de mes patrons: on accorde de l'importance aux meilleurs, à ceux qui suscitent de l'intérêt par leurs résultats et leurs exploits.

Ma réplique du lendemain a été cinglante avec le titre: *Pétition contre le Journal de Montréal*. J'ai alors identifié les responsables de ce projet et Jacques m'a donné une nouvelle occasion de parler des Villeneuve en remportant six victoires en sept courses. Jacques Beauchamp n'a pas apprécié le geste des protestataires:

– Transmets-leur un message de ma part. S'ils recommencent avec un tel geste, le *Journal de Montréal* va cesser la couverture des courses de motoneige. Comme ça, il n'y aura plus de jaloux.

Première course, première victoire

Quelques mois plus tard, tout comme moi, Jacques était inscrit aux courses d'une nouvelle série, Le Volant Québécois, regroupant uniquement des voitures de type Honda Civic. Comme il en était à ses débuts en course automobile, les organisateurs décidaient de le classer dans la catégorie Espoir (les recrues), malgré sa grande expérience en compétition de motoneiges. Il n'a pas fallu longtemps pour comprendre que c'était une erreur, qu'il n'était pas une véritable recrue.

Après avoir participé à une école de pilotage sommaire pour obtenir son permis de pilote, Jacques n'a pas mis de temps à se distinguer lors de la première course disputée au Circuit Mont-Tremblant. Pourtant, quelques pilotes de renom étaient sur place comme Jacques Duval (champion canadien de voitures de type Sedan, journaliste et commentateur de radio et de télévision), Richard Spénard, Jean-Paul Cabana (champion de stock-car), Marc Dancose (champion québécois de voitures de type Sedan), Michel Désormeaux (champion québécois de courses sur glace), etc.

Qualifié en 5e place, *Coco* s'est retrouvé 7e à la fin du premier tour. Il a mis seulement 11 tours pour dépasser un à un tous ces pilotes d'expérience pour se hisser à la première place, position qu'il a conservée jusqu'à la fin du 15e tour. Jacques était tout souriant, heureux de fêter avec ses nombreux amis, en revenant dans les puits de ravitaillement après le tour de piste d'honneur avec le drapeau quadrillé.

— Pas mal pour une recrue!

Effectivement, c'était une victoire impressionnante. Les frères Villeneuve étaient devenus le point de mire des Québécois en course automobile après l'avoir été lors des compétitions de moto-neige depuis 1970. Gilles dominait la saison 1976 en formule Atlantic, Jacques impressionnait à ses débuts. Cette victoire toutes catégories fut la seule du pilote de Saint-Cuthbert, mais il enregistra la majorité des gains de la classe Espoir pour remporter facilement le titre à la fin d'une première saison couronnée de succès. Encouragé par Gilles, Jacques s'inscrivit de nouveau dans la série Le Volant Québécois pour la saison 1977 en plus de participer à ses premières courses en formule Ford.

Pendant qu'il accumulait les succès avec sa petite Honda, au point de remporter le championnat, Jacques s'inscrivait à un cours de pilotage plus avancé à l'école Jim Russell au Circuit Mont-Tremblant, comme son frère Gilles l'avait fait en 1973.

À sa première course, disputée à Mont-Tremblant au début du mois de septembre, Jacques occupait la première place jusqu'au moment de son abandon... après une sortie de piste.

Limité dans ses ressources financières, il a reçu heureusement de l'aide du grand frère pour la saison 1978.

— Il n'est pas facile de trouver le soutien financier pour disputer une saison complète.

Il a donc décidé d'y aller d'une solution économique: participer au championnat de l'école Jim Russell. Il en a profité pour obtenir ses cinq premières victoires en monoplace. Ironie du sort ou histoire de sa vie, il termine à égalité avec le *Doc* Marc Dancose (un médecin montréalais passionné de course automobile) pour le nombre de points, mais il est classé 2e au championnat puisqu'il a une victoire de moins que son adversaire.

— Pas grave, j'ai prouvé à tout le monde, à moi le premier, que je pouvais être compétitif en monoplace.

Il l'a prouvé merveilleusement en s'inscrivant à trois manches du championnat du Québec de formule Ford, obtenant une 2ᵉ place au Grand Prix de Trois-Rivières. Ce n'était qu'un début...

Son premier exploit digne de mention est survenu le samedi 7 octobre 1978, au nouveau circuit de l'île Notre-Dame, à Montréal. Il s'est qualifié en troisième place et son frère Gilles a été la dernière personne à lui souhaiter bonne chance avant le départ.

– J'ai confiance qu'il peut gagner, m'a confié Gilles en surveillant le départ.

Une trentaine de minutes plus tard, sa prédiction se réalisait: Jacques remportait sa première victoire d'importance devant une foule congelée en cette froide journée d'octobre, mais heureuse du succès d'un Villeneuve.

– J'étais 3ᵉ sur la grille de départ aujourd'hui, comme Gilles le sera demain pour le Grand Prix de formule 1. J'espère qu'il répétera mon exploit.

Lui aussi a vu juste. Gilles a remporté la première victoire de sa carrière, probablement la plus importante. Une fois de plus, le destin les unissait et Jacques était heureux de retrouver son idole sur le podium.

– Il n'y a rien eu de facile pour Gilles. C'est un grand moment pour notre famille et je suis heureux de le partager avec lui. Un jour, ce sera mon tour...

Chapitre 22

Des bêtises coûteuses

Ce premier doublé Villeneuve en course automobile ouvrait les portes à Jacques et il était le premier à l'admettre.

– Avec sa popularité, Gilles m'ouvre toutes les portes. Je n'ai qu'à en profiter.

Sans volant ni projet précis pour la saison 1979, il se retrouve à Long Beach, en Californie, pour *magasiner* un volant en formule Atlantic. Son rêve était de suivre les traces de Gilles. C'est finalement à la troisième course de la saison qu'il se trouve au volant d'une monoplace de cette série.

– L'ancien champion Bill Brack veut arrêter de piloter et il m'a proposé de le remplacer.

Jacques était donc au départ du Grand Prix de Québec au début de juin. Un bris de suspension l'avait contraint à l'abandon alors qu'il pouvait espérer une place parmi les cinq premiers. Quelques semaines plus tard, il trouvait le moyen de se distinguer en terminant deuxième derrière le vétéran Jeff Woods à sa 2e course dans cette série très compétitive sur la piste Shubenacadie, près de Halifax, en Nouvelle-Écosse..

Jacques voyait déjà grand.

– Je rêve du jour où je me retrouverai en formule 1 pour battre Gilles.

Un bel objectif mais, en 1979, Gilles était reconnu comme un des meilleurs pilotes de formule 1 et il l'avait prouvé en terminant deuxième au championnat du monde derrière son coéquipier Jody Scheckter!

Lors du Grand Prix de Trois-Rivières, la cinquième course de sa carrière, Jacques a terminé son week-end sur une civière, en route pour l'hôpital, afin de soigner une gênante déshydratation. Il avait croisé la ligne d'arrivée en 4ᵉ place.

– Jacques devrait mieux s'alimenter s'il veut être capable de fournir un effort soutenu pendant de longues périodes, m'expliquait le docteur Marc Dancose, alors présent à Trois-Rivières lors de la défaillance physique de son *chum Coco*.

Gilles était reconnu pour son penchant pour les *hamburgers*, mais Jacques préférait les hot dogs avec un pétillant coke glacé et quelques chips (croustilles) lorsque les frites n'étaient pas disponibles.

Tout juste avant cette course trifluvienne, Jacques a gravé son nom dans l'histoire de la course automobile au pays en devenant le premier pilote canadien à recevoir un appui financier de la part de Player's, une filiale d'Imperial Tobacco, le plus important fabricant de produits de tabac au Canada. Il s'est présenté à Montréal avec la possibilité de concrétiser son titre de recrue de l'année. Malgré un abandon provoqué par un problème de radiateur, Jacques a néanmoins obtenu cet honneur.

– J'ai été chanceux de profiter des ennuis de John Paul Jr pour remporter ce titre. Si je veux gagner le championnat de la série, je devrai toutefois éviter les nombreuses sorties de piste.

Pilote de l'année

Son habileté et sa combativité ont été rapidement reconnues par Doug Shierson, l'importateur des voitures March qui remportaient nombre de championnats à cette époque. Shierson regrettait encore de ne pas avoir embauché Gilles Villeneuve à la place de Bobby Rahal avant le début de la saison 1976. Cette fois, il ne voulait pas rater l'occasion.

– Jacques a démontré à tout le monde qu'il est un pilote rapide, meilleur que son frère Gilles à sa première saison dans la série.

Un compliment flatteur qui préparait son embauche pour la saison suivante. Son idée était simple: remporter le championnat 1980 avec un Villeneuve.

En présence de Gilles, son mécène, Jacques a entrepris cette première saison complète en formule Atlantic sur une bonne note en récoltant une 2e place.

– Jacques a beaucoup de potentiel pour réussir en course automobile. Il a besoin du soutien de tout le monde, y compris du tien. Ce n'est pas nécessairement facile pour lui. Il n'a jamais droit à l'erreur, m'a dit Gilles avant le départ de la course.

C'est lors de l'épreuve suivante que Jacques signa sa première victoire sur le circuit de Westwood, près de Vancouver, en Colombie-Britannique. Il en ajouta trois avant la fin de la saison, dont une très importante, la veille du Grand Prix du Canada, devant les ténors de la formule 1.

– Maintenant, ils savent que je peux, moi aussi, gagner des courses.

Avant cette épreuve montréalaise, il s'était couvert de ridicule au début du Grand Prix de Trois-Rivières. Désireux de réussir un départ impeccable, il n'avait pas attendu la lumière verte pour démarrer. Réalisant son erreur 200 mètres plus loin, il recula pendant que le préposé au départ laissait partir les autres voitures. Comme si cela n'était pas suffisant, Jacques s'accrochait au premier tournant et rétrogradait davantage dans le peloton. Mais il en fallait plus que cela pour décourager un *vrai* Villeneuve. En moins de 18 tours, il était revenu en 2e place. Sauf que la mécanique de sa voiture et ses pneus sollicités à outrance avaient trop souffert pour qu'il puisse continuer. Gilles Villeneuve, venu sur place avec un hélicoptère de location, ne cachait pas sa déception.

– Oui, il m'a impressionné par sa remontée, beaucoup moins par son départ. Le plus tata a été l'officiel qui a quand même donné le départ dans ces conditions. Il aurait été préférable d'arrêter les procédures et d'imposer une minute de pénalité à *Jacquot*.

Malgré une énorme pression, Jacques a profité de la dernière course, à Mexico, pour remporter la victoire qui lui assurait un premier titre. Il venait de rejoindre Gilles dans le livre des records de la série, sauf qu'il avait pris moins de temps pour réussir l'exploit.

Quelques mois plus tard, ses efforts étaient récompensés par le titre de pilote de course automobile par excellence au Canada, devant son frère. Un honneur gratifiant, mais Jacques était plus excité par l'intérêt de quelques écuries de formule 1 à son endroit.

— J'ai eu des premiers contacts avec McLaren et Fittipaldi, mais ils ne m'ont pas donné l'impression d'être très sérieux, m'a dit Gaston Parent.

Il a toutefois été plus attentif à une proposition de l'écurie Lotus dirigée par le célèbre Colin Chapman.

— Ils sont à la recherche d'un pilote pour appuyer l'Italien Elio de Angelis, déjà embauché comme numéro un. Ils voudraient voir Jacques à l'œuvre pour des essais privés au circuit Paul Ricard, dans le Sud de la France. J'ai donc accepté de signer un contrat d'exclusivité d'un mois avec eux. Nous ne voulons pas nous retrouver pris au piège comme Gilles l'était avec McLaren, à ses débuts.

Tout joua contre Jacques. Le manufacturier de pneus Goodyear, en dispute avec les dirigeants de la formule 1, annonça son retrait de cette discipline. Les essais furent annulés... et n'eurent jamais lieu par la suite.

La gaffe monumentale

Cela n'empêchait pas le nom de Jacques de circuler dans le monde de la course automobile, en Europe. En raison des succès de Gilles, on ne voulait pas laisser échapper l'autre Villeneuve.

Derrière la déception Lotus se cachait une bonne nouvelle: une alléchante proposition du groupe Phillip Morris qui désirait embaucher Jacques comme pilote Marlboro. On lui offrait de disputer le championnat italien de formule 3 avec Euro Racing, une des meilleures écuries. Dans la réalité, elle représentait Alfa Roméo qui faisait déjà courir des voitures en formule 1. C'était la filière idéale pour retrouver rapidement Jacques en Grand Prix.

En compagnie de Gaston Parent, Jacques s'est rendu en Suisse pour conclure l'entente.

– C'était une proposition difficile à refuser : toutes les dépenses sont payées. J'aurai même un salaire. Sauf que je devrai déménager en Europe.

La semaine suivante, il a mis moins d'une vingtaine de tours pour battre le record de piste à Monza. Immédiatement après les essais, Jacques s'est rendu à Monaco pour partager un repas avec son frère et sa famille. Je l'ai joint à cet endroit.

– Une formule 3, c'est moins agréable à piloter qu'une formule Atlantic. J'ai eu l'impression de conduire une grosse formule Ford plus puissante. Ce championnat a beaucoup de prestige, ouvre plus facilement les portes de la formule 1, mais je préférerais défendre mon titre en Amérique du Nord.

De l'autre côté de l'Océan, ici en Amérique du Nord, Doug Shierson exerçait énormément de pression pour garder Jacques. À titre de propriétaire, il désirait répéter l'exploit de Gilles : deux titres consécutifs avec l'*autre* Villeneuve. Pourtant, au lieu d'offrir un volant rémunéré à Jacques, il exigeait d'importantes sommes d'argent.

Comme je l'avais facilement imaginé en terminant l'entretien avec Jacques, sa décision était prise : il ne voulait rien savoir de l'Italie, de la formule 3 et (surtout) d'aller vivre en Europe. Un *feeling* confirmé dès son retour :

– Ils m'ont fait goûter à leurs pâtes, mais je n'ai vraiment pas aimé. Je préfère de loin notre bouffe et la vie nord-américaine.

Difficile à croire, mais *Coco* n'était pas capable de concevoir qu'il aurait pu s'adapter à la vie européenne et à ses habitudes alimentaires même si, en bout de ligne, cela lui ouvrait les portes de la formule 1.

– Je préfère que tu ne m'en parles pas, m'a dit Gilles.

Il était furieux contre son frère cadet, car il savait très bien qu'une proposition de la sorte ne reviendrait probablement jamais. Vingt-quatre heures plus tard, j'écrivais qu'il venait probablement de commettre la gaffe de sa vie. C'est encore plus vrai aujourd'hui, même si cette décision lui a permis de rééditer l'exploit de son frère avec un second titre consécutif. Cela lui a également permis de se racheter de sa bêtise de 1980 au Grand Prix de Trois-Rivières avec une brillante victoire.

— Je voulais effacer à tout jamais ma gaffe de l'an dernier.

Il en avait pourtant commis une beaucoup plus importante à oublier, sauf que, dans son esprit, il avait pris la bonne décision. Pourtant, il n'avait pas l'argent qu'exigeait Doug Shierson, comme l'expliquait Gaston Parent:

— C'est simple, Jacques n'a pas l'argent exigé. Nous ne pourrons jamais le payer. Il voulait Jacques, il l'a eu. À lui de se débrouiller avec ses problèmes.

À l'époque de l'épreuve trifluvienne, Jacques était de nouveau au centre des rumeurs. On l'associait de plus en plus à des équipes de formule 1, surtout que le Grand Prix du Canada était à nos portes. Le confrère Christian Tortora écrivait dans le quotidien montréalais *La Presse*: *C'est fait! Jacques Villeneuve terminera la saison avec Arrows et disputera toutes les courses en 1982.*

La vérité était différente. Jacques fut invité à effectuer un essai privé de la voiture Arrows, en Angleterre, pour le préparer à disputer les deux dernières épreuves de la saison: les Grands Prix du Canada et de Las Vegas.

Encore une fois, Gilles n'était pas heureux de la décision de son frérot:

— Je ne sais pas pourquoi Jacques a accepté de conduire cette voiture. Il s'agit de l'ancien modèle, puisque seul Riccardo Patrese dispose de la nouvelle monoplace. Il a très peu de chances de se qualifier. Une mauvaise décision de sa part.

Il faut ajouter à cela que Gilles trouvait que les médias québécois exagéraient énormément l'importance de cette nouvelle.

Comme Gilles le redoutait pour la carrière de Jacques, ce fut deux retentissants échecs: deux qualifications ratées.

En attendant des jours meilleurs

Comme il fallait le craindre, après l'affront fait à Marlboro et le double échec en formule 1, le bureau de Gaston Parent n'a pas été inondé de propositions intéressantes. Des dirigeants d'équipes de différentes séries s'intéressaient à Jacques dont le nom de famille Villeneuve avait été rendu célèbre par Gilles. Sauf qu'on exigeait toujours un déboursement d'argent de sa part ou des commanditaires pour l'embaucher. On reconnaissait son talent, mais on redoutait sa réputation de pilote onéreux en raison de ses sorties de piste, de ses accidents nombreux et de son style fonceur. Il n'y avait donc rien de trop reluisant à l'horizon pour la saison 1982.

Quelques mois plus tard, la mort de Gilles bouleversa tout le monde, dont Jacques et Gaston Parent.

Avec un soutien modeste de la chaîne des magasins Canadian Tire, Jacques a finalement eu un volant dans la catégorie deux litres (voitures moins puissantes) de la série Can-Am. Même s'il ne disposait pas d'un équipement de première qualité, il le compensa par son talent pour terminer 2e au championnat de sa catégorie. Cela lui valut une nouvelle présence à Trois-Rivières où Jacques était une vedette incontestée. Les organisateurs se réjouissaient de sa présence, mais pas nécessairement les autres compétiteurs.

Le samedi matin, lors d'une manœuvre audacieuse de dépassement de Bill Tempero, un concurrent de la classe cinq litres, l'Américain s'est retrouvé dans le mur. Au tour suivant, Jacques s'arrêtait pour faire vérifier sa voiture. Un mécanicien de l'équipe de Tempero, fou furieux, décida de s'en prendre physiquement au pilote québécois. Enragé, il sauta sur l'arrière de la voiture, les deux jambes de chaque côté du capot moteur, pour se pencher au-dessus de la tête de Jacques retenu dans son siège par les ceintures. Frénétiquement, il se mit à marteler le casque du pilote québécois devant des responsables de la sécurité dans les stands.

Personne ne réagissait à cette attaque sournoise. Surveillant la scène près de la voiture de Jacques, je fus le premier à intervenir.

Mon premier réflexe a été de déloger l'agresseur pour l'empêcher de blesser le pilote incapable de se défendre. L'intrus s'était retrouvé *les quatre fers en l'air* dans la ligne des puits où une autre voiture faillit le heurter. Furieux de s'être fait tabasser de la sorte, il voulait poursuivre sa vengeance. J'avais été obligé de freiner de nouveau ses ardeurs. Le soulevant une deuxième fois, je lui ai expliqué que, derrière nous, il y avait plus de 1 000 supporters dans le gradin Villeneuve prêts à le lyncher sur la place publique. Il était donc dans une position de perdant comme l'ont confirmé les dirigeants de la série en lui demandant de quitter les lieux après son inconduite.

Quant à moi, j'ai eu droit à un article coiffé d'un titre dans un hebdomadaire dominical: *Un journaliste sauve la vie de Jacques Villeneuve.*

Comme j'étais sous le coup d'une suspension avec sursis au *Journal de Montréal* pour une altercation physique survenue l'année précédente, j'avais eu à m'expliquer avec les patrons le lundi matin. Après qu'ils eurent vérifié les faits, ils acceptèrent d'éliminer la lettre à mon dossier... Pour une fois, mon caractère prompt avait servi une bonne cause!

En 1983, soit la saison suivante, personne ne s'était encore remis de la mort de Gilles, Jacques moins que tout autre. Malgré cette période sombre, un défi plus intéressant l'attendait: disputer le championnat de la série Can-Am – malheureusement il y avait peu de voitures compétitives – avec un soutien plus sérieux de Canadian Tire. Avec trois victoires et deux secondes positions en six courses, Jacques n'eut aucune difficulté à remporter le titre. Ses succès lui valurent une participation aux prestigieuses 24 Heures du Mans, mais son expérience fut écourtée par un bris mécanique. Il échoua de nouveau dans sa tentative de se qualifier au Grand Prix du Canada au volant d'une March qui n'avait rien d'une voiture intéressante à conduire.

Pour cette expérience, Jacques a eu le soutien de Canadian Tire et de Bombardier qui ont déboursé les 65 000 dollars exigés. Il était déçu du résultat:

– Je ne suis pas un *faiseux* de miracle. Les pneus ne veulent pas se réchauffer. Il me manque près de deux secondes au tour à cause de cela.

Ce résultat n'empêcha pas les patrons de Canadian Tire, notamment le président Dave Billes, un passionné de la course automobile, de se joindre aux ligues majeures du sport automobile pour la saison 1984 en créant une nouvelle écurie pour permettre à Jacques de disputer quelques courses dans la série IndyCar. C'était une excellente nouvelle pour le pilote de Saint-Cuthbert, comme l'expliquait Gaston Parent.

– Pour la première fois de sa vie, Jacques sera payé comme pilote professionnel. Il touchera un salaire de l'équipe, un pourcentage des bourses gagnées et une somme importante pour représenter la compagnie Canadian Tire au cours des prochaines années. S'il est intelligent, il pourra compter sur des revenus dépassant le demi million de dollars annuellement. Tout est entre ses mains.

Un peu comme Gilles, Jacques aimait les jouets de luxe. Ses revenus à la hausse lui permettaient d'avoir, par l'entremise d'une compagnie de location, une nouvelle roulotte motorisée ultramoderne, un impressionnant *speed boat* pour épater ses amis sur les eaux du Saint-Laurent, une Firebird Trans-Am modifiée, un Ford Bronco 4 X 4 et une luxueuse Lamborghini. Les mensualités dépassaient facilement les cinq chiffres.

Chapitre 23

Les débuts du jeune Jacques

En ce début de saison 1984, Jacques avait le sourire facile. Le défi était grand, mais on le retrouvait finalement dans les ligues majeures du sport automobile.

La série CART-PPG n'était pas la formule 1, mais elle avait l'avantage de regrouper des équipes et des pilotes professionnels. Autre détail important: toutes les courses étaient disputées en Amérique du Nord, ce qui était excellent pour le moral de Jacques... et ses habitudes alimentaires.

Qualifié en 11ᵉ place avec la nouvelle March de l'équipe Canadian Tire lors de l'épreuve inaugurale dans les rues de Long Beach, en Californie, Jacques était tout sourires en sortant de sa monoplace rouge et blanche après avoir terminé en 6ᵉ position.

– Un bon début et toute l'équipe est heureuse. Il était important d'amorcer la saison avec un résultat concret.

Ce fut plus difficile lors de l'épreuve suivante, à Phœnix, en Arizona. C'était la première fois qu'il était confronté à une piste ovale. Qualifié 16ᵉ, il ne put faire mieux qu'une 13ᵉ position à l'arrivée.

– Un pilotage totalement différent. Je devrai m'habituer.

Comme à sa première course, Jacques avait été sage, évitant les erreurs.

Dans le mur

Son apprentissage sur le Speedway d'Indianapolis, théâtre de l'importante course Indy 500, fut moins facile. Jacques fit connaissance avec le mur de protection durant les essais, alors qu'il essayait de rouler à plus de 200 milles à l'heure, le jeudi 17 mai, 10 jours avant la course. Aucune fracture mais, sous le choc, il a perdu conscience. Il a mis beaucoup de temps à retrouver ses esprits. Les médecins l'ont gardé plus de 48 heures sous observation.

— Je ne me souviens de rien, mais heureusement, je me sens de mieux en mieux. Je pourrai reprendre la piste dès la semaine prochaine pour participer à la course.

À ce moment-là, il était assuré d'une place sur la grille des 33 partants, sauf que les médecins exigeaient une nouvelle rencontre le mercredi, six jours après l'accident. La veille, se sentant de mieux en mieux, Jacques accompagna sa femme Céline dans un centre commercial. À la sortie, il s'est égaré, une histoire qu'il a racontée en arrivant à la piste. Les médecins furent mis au courant. Avant même qu'ils ne l'examinent, ils avaient pris leur décision: on le jugeait insuffisamment rétabli pour disputer une course de 500 milles à une moyenne de près de 200 milles à l'heure. Sa commotion cérébrale était très sérieuse. Jacques maugréait en repartant d'Indianapolis en quatrième vitesse après la décision officielle et irrévocable, surtout qu'on l'obligeait également à surseoir à l'épreuve de Milwaukee prévue pour la semaine suivante.

— Je ne comprends pas leur décision. Je me sens en pleine forme, prêt à reprendre la piste, mais ils ne veulent rien entendre. Le plus fâchant, c'est qu'ils ne m'ont jamais examiné. Si je n'avais pas raconté ma mésaventure, ils m'auraient au moins fait subir des tests.

Jacques découvrait que les médecins de la série n'entendaient pas à rire. Qu'il n'était pas aux épreuves de motoneige où il parvenait toujours à reprendre la piste malgré une ou des fractures survenues lors de sorties de piste.

Jacques reprit la compétition à Portland (Oregon) où, après avoir obtenu la 20e place en qualification, il effectua une remontée le ramenant à la 6e pour l'arrivée.

Encore dans le mur

Il ajoutait une 15e place (abandon après un accrochage) à Meadowlands et une 9e à Cleveland, avant de mesurer de nouveau la solidité d'un mur de ciment sur un *super speedway* (piste ovale de deux milles et plus), celui du Michigan International Speedway, à Brooklyn, au Michigan. Incapable de bien doser son style de fonceur, Jacques a eu droit à une nouvelle rencontre avec les médecins de la série, cette fois pour soigner une fracture à un pied. Cette blessure l'a empêché de participer à quatre courses. Mais il a été rétabli à temps pour reprendre la piste en septembre lors de la seule épreuve canadienne, celle qui avait lieu sur la piste triovale de 1,3 kilomètre du complexe de Sanair, à Saint-Pie-de-Bagot, près de Saint-Hyacinthe, au Québec.

— Tout le monde s'attend à un miracle de ma part. Cela ne sera pas facile. Nous manquons d'expérience, moi le premier, sur les pistes ovales. J'aimerais bien gagner, comme je veux toujours le faire, mais j'ai surtout besoin de terminer.

Comme il s'est qualifié et a terminé 8e, tout le monde est reparti satisfait de Sanair.

Les dirigeants de l'équipe Canadian Tire ont décidé de préserver la vie du pilote québécois en faisant l'impasse sur la course suivante, la deuxième de la saison présentée sur la dangereuse piste du Michigan International Speedway.

— C'est inutile de prendre un tel risque. Nous ne sommes pas impliqués dans la course au championnat. Il serait préférable d'effectuer des essais privés avant de participer à une nouvelle compétition sur ce type de circuit.

Jacques n'était pas tellement heureux de cette décision, mais on ne lui avait pas laissé le choix.

Lors de la manche suivante, il fit taire ses dénigreurs en décrochant la position de tête — la seule de sa carrière — établissant un record sur une piste ovale d'un mille, à Phœnix, en Arizona.

— Ce fut relativement facile. J'avais une voiture parfaite à conduire. Elle était soudée à la piste. C'est ce qu'il faut pour réussir sur une piste ovale.

Jacques domina les premiers tours, mais son manque d'expérience et une voiture se dégradant rapidement le firent reculer jusqu'en 9e place. Il s'agissait néanmoins de son cinquième résultat parmi les 10 premiers à sa septième épreuve dans cette série très compétitive.

Après avoir fini 24ᵉ à Laguna Seca, en Californie, il ajouta un autre exploit avant de terminer la saison. Qualifié 13ᵉ lors de l'épreuve disputée à Las Vegas, il était en première place lorsque des ennuis de freins furent responsables d'une sortie de piste, le forçant à terminer 15ᵉ. Cela lui valut la 16ᵉ place au championnat, mais il était heureux d'avoir occupé la position de leader en course pendant 50 tours:

— Je sais que je peux rouler en avant. Il me reste à le prouver en remportant une victoire.

Deux autres fois dans le mur...

Un premier podium échappa de justesse à Jacques dès sa première course de la saison 1985, à Long Beach, en Californie. En amorçant le dernier tour de piste, il était 2ᵉ derrière le légendaire Mario Andretti. Malheureusement pour lui, une panne de carburant l'empêcha de croiser la ligne d'arrivée. Cela explique pourquoi, dans l'histoire de la série, sa fiche indique une 7ᵉ place, position qu'il occupait au moment de prendre le départ.

— Je disposais d'un moteur puissant, mais il consommait trop. Cela explique la panne sèche à la fin.

D'un autre côté, Jacques n'a jamais eu la réputation d'essayer d'économiser le carburant au volant d'une voiture de course. Il a toujours préféré rouler *pleins gaz*.

La course suivante était la Classique Indy 500. Jacques était loin d'être à l'aise sur ce tracé de l'Indiana. Il le prouva en donnant contre le mur de ciment dès le début de la deuxième journée des essais précédant les qualifications. Quelques jours plus tard, au volant de sa March réparée, il effectuait une nouvelle pirouette, compromettant ainsi sa participation au premier week-end de qualification.

— J'ai beau essayé de faire des miracles, la voiture n'avance pas. Pour cette raison, je suis obligé de conduire à la limite dans des conditions difficiles.

Au sein de l'écurie, on doutait des capacités de Jacques à mettre au point une monoplace sur ce genre de piste ultra-rapide. Une décision insultante pour le Québécois a alors été prise : embaucher le vétéran Johnny Parsons pour essayer de trouver une solution. Ce dernier ne mit pas de temps à adopter de meilleurs réglages afin de rouler beaucoup plus rapidement. On lui confia la voiture pour le deuxième week-end de qualification. Quant à Jacques, on l'avertit qu'on le jugeait inapte à essayer de se qualifier.

– Ce n'est pas juste moi le problème. Brad Francis (le responsable technique de l'écurie) ne veut pas m'écouter, ni ceux qui ont plus d'expérience que lui pour régler la voiture sur les pistes ovales.

Le président Dave Biles lui donna raison en congédiant Francis – un ami – pour confier son poste à l'Américain Larry Curry, un spécialiste en préparation de voitures sur une piste ovale.

Sa seule victoire

Jacques traînait de plus en plus une réputation de pilote rapide, très téméraire, mais trop souvent victime d'incidents. On ne donnait pas cher de sa peau s'il ne cessait pas de vérifier la solidité des murs de ciment sur les pistes ovales. De retour au sein de l'équipe, il a été plus sage lors de la course suivante sur l'ovale d'un mille de Milwaukee avec une 13ᵉ place sur la grille, mais il a dû d'abandonner en course à la suite d'un bris mécanique. Après cette 22ᵉ place, il ajouta à sa fiche une 23ᵉ à Portland et une 21ᵉ à Meadowlands, les deux fois en raison de sortie de piste. Ça grondait de nouveau au sein de l'écurie. Dave Biles, président de Canadian Tire, aimait bien Jacques, mais ses associés commençaient à désespérer. Les résultats n'étaient pas au rendez-vous.

L'épreuve suivante, disputée sur le terrain de l'aéroport municipal de Cleveland, permettait aux pilotes de *s'énerver* puisque les murs de ciment y étaient presque inexistants. Qualifié en cinquième place, Jacques en profitait pour inscrire son meilleur résultat de cette deuxième saison dans la série CART-PPG avec une quatrième position.

– J'ai encore raté un podium de peu.

Ayant encore frais à la mémoire les problèmes de Jacques sur les ovales ultra rapides, les dirigeants de l'équipe décidèrent de surseoir à la course suivante au Michigan. Cela donna l'occasion de mieux préparer l'étape suivante à Road America d'Elkhart Lake, au Wisconsin, la piste la plus intéressante pour les pilotes qui appréciaient les circuits routiers rapides... comme Jacques Villeneuve. Qualifié en quatrième place, le pilote de Saint-Cuthbert a été impeccable du début à la fin, profitant pleinement d'une averse à la mi-course pour s'imposer et remporter la victoire.

— Pour une fois, tout a fonctionné, même si c'était à l'inverse de mes habitudes; la chance était avec nous, j'ai survécu à un léger tête-à-queue. Je n'ai pas connu un bon départ, mais la fin me satisfait pleinement.

De huitième à la fin du premier tour, Jacques s'est retrouvé premier avec 12 tours à disputer. Derrière lui, il y avait des pilotes renommés comme Michael Andretti, Alan Jones, Bobby Rahal et Emerson Fittipaldi.

Vingt-quatre heures après cette victoire, la première d'un pilote canadien dans cette série nord-américaine, j'écrivais dans le *Journal de Montréal: Oui, Jacques peut gagner!*

Ce triomphe mettait un peu de baume sur sa mauvaise réputation; plusieurs détracteurs l'accusaient d'être indigne de porter le nom Villeneuve.

Pourtant, Gilles avait mis 19 courses avant de remporter sa première victoire chez les professionnels; Jacques l'avait fait à sa 16e épreuve. Tout le monde exigeait du cadet qu'il soit plus performant que l'avait été son regretté frère. Mais cela ne suffisait pas toujours.

Une bêtise qui ne pardonne pas

Son gérant, Gaston Parent, retrouvait le sourire.

— Cette victoire fera un bien immense à Jacques. Ça lui enlèvera une tonne de pression sur les épaules puisqu'il vient de prouver qu'il peut gagner, même dans des conditions difficiles. Il n'a pas volé cette victoire.

À ce moment-là, personne ne s'en doutait, mais il venait de remporter sa seule victoire chez les professionnels.

Pourtant, une occasion rêvée s'offrit à lui un mois plus tard sur la triovale de Sanair. Après sa 13e place en qualification, les observateurs lui accordaient peu de chance de rééditer son exploit de Road America, surtout qu'il n'avait jamais impressionné en course sur ce type de piste. Patient en début d'épreuve comme le lui avait conseillé Larry Curry, Jacques s'est retrouvé au volant d'une voiture efficace dans la seconde moitié de la course. Il était de loin le plus rapide en piste, ses arrêts pour les ravitaillements en carburant et en pneus étaient excellents. Tout était en place à 15 tours de l'arrivée.

À ce moment-là, seul Bobby Rahal le devançait sur la piste, mais son avance fondait comme neige au soleil. La voiture de Jacques était particulièrement efficace dans la deuxième partie de la triovale, retranchant jusqu'à une seconde par tour à ses concurrents. Bien installé dans la boîte arrière de la voiture de Rahal, Jacques n'avait qu'à patienter un demi-tour pour le *bouffer* comme un fauve attaquant sa proie. Incapable de se contenir, impatient de jouer les héros, Jacques porta son attaque à l'entrée du premier virage, là où un pilote peut facilement défendre sa position. Rahal, en difficulté avec ses freins, anticipa la manœuvre du frère de son ancien ennemi pour lui fermer la porte hermétiquement.

De héros, Jacques passa à zéro en moins de temps qu'il n'en faut pour respirer; les deux voitures se retrouvèrent dans le mur de protection, sous les huées d'une foule amèrement déçue. Le vétéran Rahal ne ménagea pas le héros déchu pendant que ce dernier s'enfermait dans sa roulotte, refusant de parler aux journalistes désireux d'avoir ses commentaires. Pour la première fois de sa carrière, il ne voulait pas parler à ceux qui se préparaient à le crucifier sur la place publique.

– Ça me donne quoi de leur parler. Ils vont encore me descendre, car ils ne peuvent pas comprendre. J'ai vu une ouverture. Elle s'est refermée. Nous nous sommes accrochés et j'ai maintenant l'air d'un imbécile.

Jacques s'en voulait terriblement, surtout que l'équipe Canadian Tire menaçait de disparaître. Le président Dave Biles n'avait plus d'argument pour défendre sa position. Jacques venait de lui enlever les derniers.

Quelques semaines plus tard, Jacques apprit, la veille de la dernière course à Miami, la nouvelle qu'il redoutait: l'équipe en était à sa dernière course. Des confrères américains m'avertirent de le prévenir que des dirigeants d'équipes s'intéressaient à lui pour la saison suivante, mais on voulait le voir terminer la course, peu importe le résultat.

– Je ne suis pas ici pour faire de la figuration. Lorsque je prends le départ d'une course, c'est pour essayer de gagner. Si je gagne, tout le monde voudra m'embaucher.

Avant la mi-course, Jacques avait disparu, encore impliqué dans un accrochage.

Sauvé des eaux

À la fin de cette saison 1985, tout semblait dériver. La situation professionnelle de Jacques était inquiétante, tout comme ma vie personnelle. Je nageais en eau trouble et je me préparais à vivre un premier divorce. J'avais tout misé sur le plan professionnel, mais rien ne fonctionnait depuis la mort de Gilles. La relève tardait à venir. Visiblement, son frère Jacques n'avait pas les éléments pour le remplacer. Il fallait donc tout revoir, prendre des décisions pour essayer d'améliorer ma situation. C'est dans cet état d'esprit que j'amorçais une nouvelle union avec Marie-Claire au mois de janvier 1986.

À ce moment-là, Jacques effectuait un retour à la compétition de motoneige avec Bombardier, mais il s'inquiétait pour son avenir de pilote de course. Un Américain, Ron Hemelgarn, propriétaire de plusieurs compagnies se spécialisant dans la vente de machines pour l'entraînement physique, discuta pendant plusieurs mois avant de racheter les actifs de l'écurie Canadian Tire. Finalement, Jacques a entrepris la saison 1986 lors de la deuxième course, à Long Beach (Californie), puisque l'équipe n'était pas prête pour la première manche à Phœnix, en Arizona. La voiture était encore peinte aux couleurs de Canadian Tire. Un budget de commandite a été accepté par les dirigeants de cette compagnie. La somme consentie n'avait rien de comparable à celle des deux années précédentes. Sur les 17 courses au calendrier, Jacques a pris le départ de 13. La situation n'était pas facile puisqu'on négociait l'inscription d'une course à l'autre. En fait, au jour le jour. Jacques devait piloter en se demandant toujours si l'équipe avait les ressources pour continuer.

Les murs baladeurs: presque un abonnement!

Cela ne l'empêcha pas de terminer 5e à Portland et à Meadowlands, avant d'échouer lamentablement à Toronto et à Sanair.

Dans les rues torontoises où l'on présentait la première édition de la course Molson Indy, les dirigeants de Canadian Tire avaient acheté tous les billets d'un gradin pour surveiller la March de Jacques peinte à leurs couleurs. L'ambiance était à la fête puisque Jacques s'était qualifié en 7e place, sa meilleure performance de la saison. Mais, une fois de plus, Jacques causa une immense déception en frappant un mur de protection après une sortie de piste dans le tour de chauffe... avant le départ de la course! Deux mois plus tard, il fut tout aussi décevant avec une 19e place à Sanair devant, encore une fois, de nombreux représentants de Canadian Tire. Il venait de signer son arrêt de mort. On décida tout simplement de ne plus le supporter financièrement pour la saison suivante. De fait, sa carrière de pilote professionnelle à temps plein prenait fin.

Par la suite, on le retrouva à différentes courses de formule Atlantic, comme à Trois-Rivières où il en profita pour gagner en 1989 et en 1991. Souvent, sa venue à la course trifluvienne était négociée sur la place publique. Une fois en piste, tout le monde était assuré d'un spectacle de qualité puisque Jacques ne laissait jamais personne indifférent, que ce soient ses admirateurs ou ses détracteurs.

À plusieurs reprises, Jacques ne s'est pas aidé en dénonçant publiquement les commanditaires d'importantes épreuves canadiennes qui refusaient de le soutenir financièrement. Il comprenait difficilement qu'on redoute une association avec lui. Son rejet par Canadian Tire, ses nombreuses sorties de piste, son style *ça passe ou ça casse* et ses déclarations intempestives étaient ses pires ennemis. Pourtant, comme pilote, il était aussi rapide qu'un Bobby Rahal, un Michael Andretti, un Paul Tracy ou d'autres vedettes de la série CART-PPG. Mais les dirigeants d'écurie savaient qu'il était une bombe à retardement, qu'il fallait un budget illimité pour réparer les bris d'équipement.

Depuis, Jacques a été obligé de courir en motoneige pour assouvir sa passion de vitesse. Ses présences en course automobile ont été de moins en moins nombreuses. Aujourd'hui, l'âge joue contre lui, malgré son désir de poursuivre la compétition.

– Je suis convaincu que je peux encore devancer les jeunes pilotes.

Les débuts du «jeune»

Quatre ans après la mort de son frère, il était évident que Jacques n'était pas le sauveur espéré. Pourtant, à ce moment-là, il se préparait à lancer le plus beau *success story* de la course automobile au Canada.

En vacances chez ses grands-parents Séville et Georgette Villeneuve à Berthierville, *l'autre Jacques Villeneuve*, le fils de Gilles, venait de fêter ses 15 ans. Comme son oncle l'espérait, le jeune démontrait de l'intérêt pour la vitesse, que ce soit en vélo, en mini-moto ou dans son attitude et ses discussions. Mais, il était encore trop jeune pour avoir le droit de conduire sur les routes. Cela n'empêcha pas *Coco* de proposer une visite secrète au Circuit, à Mont-Tremblant. Son idée était simple: asseoir *Ti-cul* (le surnom qu'il donnait à son neveu) dans une monoplace de l'école de pilotage Jim Russell, comme le père et lui-même l'avaient fait avec tant de succès par le passé.

Au début d'août, les deux Jacques, Céline, la femme de *Coco*, et les grands-parents se retrouvèrent à Mont-Tremblant dans la roulotte motorisée pour assister aux premiers tours de piste du *jeune*. À ce moment-là, Jacques ne savait même pas comment utiliser un embrayage pour démarrer une voiture. C'est ce que m'a expliqué son instructeur Gilbert Pednault:

— Une heure lui a suffi pour surmonter ce handicap.

Timide et réservé, Jacques a mis deux journées avant d'émerger du groupe de 10 élèves qui ont suivi ce cours de trois jours.

— La troisième journée, il m'a vraiment impressionné. Sur une piste détrempée, il a été facile de constater son habileté naturelle. À la sortie des virages, on pouvait apprécier son talent à contrôler un dérapage des quatre roues. Quelque chose que l'on ne peut pas enseigner à un débutant.

Confronté aux autres élèves lors d'épreuves de 10 tours dans ces conditions difficiles, Jacques n'a pas mis de temps à impressionner.

— Il roulait cinq à six secondes plus vite au tour que tous les autres. Pour cette raison, il terminait avec un tour et plus d'avance sur tout le monde. J'ai l'impression d'avoir assisté à la naissance d'un phénomène. Jacques a assurément hérité d'un talent naturel. Pour le protéger de la pression, nous avons évité d'ébruiter sa venue ici. Ceux qui ont pu le voir à l'œuvre sont des personnes privilégiées.

Si le talent pur était impressionnant, Gilbert Pednault retenait un autre point.

— Lorsqu'il a une idée en tête, il n'hésite pas à se battre pour la faire respecter. Il est sûr de lui et il a confiance en ses moyens.

Un trait de caractère déjà vu 10 ans plus tôt alors que son père luttait pour atteindre les sommets de la course automobile. Je ne le savais pas encore, mais le meilleur était à venir. Je ne m'en doutais pas encore, mais ce jeudi 7 août 1986, j'écrivais le premier d'une longue série d'articles sur ce futur champion du monde.

Chapitre 24

Un début dans la ouate

Présent aux premiers tours de piste du jeune Villeneuve, le grand-père Séville avait une nouvelle occasion de s'émouvoir. Et dans ces circonstances, il avait la parole facile.

– C'est un *vrai* Villeneuve! Il a ça dans le sang. En le voyant s'installer dans le cockpit, nous avons revu Gilles dans sa formule Ford. Cela a été difficile pour les premiers tours, puis nous nous sommes habitués.

Évidemment, le comportement de son petit-fils l'impressionnait.

– La première chose que j'ai retenue, c'est que Jacques a semblé s'amuser. Comme son père et son oncle, il ne pense qu'à devancer celui qui le précède. Finalement, je n'ai pas vu chez lui des signes de nervosité.

En raison du jeune âge de Jacques, Séville a dû signer les formulaires pour dégager de toutes responsabilités les dirigeants de l'école Jim Russell.

– Comme je n'ai jamais pu refuser à mes deux garçons de faire ce qu'ils désiraient, j'étais incapable de lui dire non.

Quelques jours plus tard, Claude Destrampes, un ami de la famille, prêtait son kart pour permettre au *jeune* de participer, discrètement, à une première course. Il s'agissait d'une manche du championnat régional disputée sur une piste temporaire à l'ouest de Montréal. L'expérience a été concluante. On a décidé de recommencer la semaine suivante, mais cette fois pour une épreuve provinciale au complexe de Sanair, à Saint-Pie-de-Bagot.

La présence du fils de Gilles a été annoncée publiquement par des articles publiés dans le *Journal de Montréal* pour souligner les débuts du jeune en sport motorisé.

Comme d'autres journalistes, j'étais sur place pour les deux journées de compétition.

Si son père et son oncle avaient tiré le diable par la queue pour amorcer leur carrière dans l'anonymat, le *p'tit* Jacques avait droit à un traitement royal:

– Une série d'articles avec une manchette en page frontispice dans le *Journal de Montréal*, le plus important quotidien francophone en Amérique du Nord.

– Une collaboration spéciale des dirigeants de l'école Jim Russell sous la direction du chef instructeur.

– Un ami de famille, Claude Destrampes, fournissait gratuitement tout l'équipement pour les débuts en karting.

– Pour la deuxième course, l'importateur québécois de kart, Roberto Dionisi, dont le pilote régulier Tony Badia était blessé, lui prêtait un équipement de première qualité comprenant le mini-bolide, les pneus et l'assistance technique.

– Son oncle lui offrait le casque et tous les vêtements obligatoires pour participer à une telle compétition, sans oublier la superbe roulotte motorisée mise à sa disposition.

– Et dès sa deuxième course, plusieurs journalistes étaient sur place pour assister à ses performances.

Habitué à la vie des gens riches et célèbres de Monaco et de la Suisse, Jacques s'accommodait naturellement de toutes ces attentions.

Après l'avoir vu participer à une première journée d'essais, j'écrivais dans le *Journal de Montréal*: «On a l'impression que c'est du sang de course qui lui coule dans les veines.»

Ma présence ne l'importunait pas puisqu'il m'avait déjà vu auparavant... même si c'était vague dans sa mémoire d'adolescent.

Il semblait à l'aise lorsqu'on discutait. Aucune barrière ne semblait l'empêcher de s'exprimer avec une franchise qui allait devenir caractéristique.

– Je pense que mon père serait heureux de me voir en piste. Il n'est pas là, mais *Jacquot* s'occupe bien de moi.

C'est le seul commentaire qu'il se permettait sur son père; ça frôlait la politesse, rien de plus.

– Je n'aime pas qu'on dise que je suis le fils de Gilles Villeneuve. Je ne renie pas mon nom de famille, au contraire. Cela va sûrement m'aider à trouver des commanditaires pour ma carrière, mais je veux être moi-même.

Comme pour ses aînés dans la famille, sa timidité était évidente.

– Les gens sont sympathiques avec moi, mais je n'aime pas cela lorsqu'il y en a trop. Je me sens mal à l'aise avec les personnes que je ne connais pas.

Il était assez intelligent pour comprendre qu'il constituait une attraction, surtout pour ceux qui voyaient en lui le successeur de son célèbre père.

– Je sais que je n'y échapperai pas, comme je l'ai constaté au Grand Prix de San Marino, à Imola – il avait assisté à cette course comme invité de marque en compagnie de sa mère – ce printemps. J'ai accordé des entrevues pendant deux heures. Cela m'a déplu. C'était beaucoup trop. Je ne veux pas déplaire à qui que ce soit, mais je suis ici pour m'amuser et pour essayer de gagner. Ce qui m'intéresse, c'est de toujours rouler plus rapidement.

Comme on le prévoyait, il y avait une foule plus nombreuse et un nombre record de journalistes pour une course québécoise de karting. Tout le monde est cependant reparti sur son appétit.

Après une 4e place à la première course de la journée, le jeune s'est blessé à l'épaule dans un capotage, non sans avoir gagné sept positions en quelques tours à l'occasion de cette épreuve. Ses grands-parents, sa mère Joann et son oncle ont retenu leur souffle pendant quelques instants lors de l'accident, avant de retrouver rapidement leurs couleurs en le voyant se relever. Cela mettait un terme à sa journée de travail. Il demanda à son oncle de s'amuser à sa place. Fidèle à lui-même, *Coco* n'a pu s'empêcher de dévoiler le fond de sa pensée.

— Je pense qu'il est un peu *feluette*. Il n'a pas la couenne assez dure, probablement trop habitué à vivre dans la ouate à Monaco.

L'école de Richard Spénard

Après s'être amusé au Québec pendant quelques semaines, Jacques est retourné en septembre dans son collège suisse. À ce moment-là, il était difficile de savoir où et quand aurait lieu notre prochaine rencontre.

Après la publication de la série d'articles sur le *jeune* dans le *Journal de Montréal*, l'homme d'affaires montréalais Raymond David, associé à Richard Spénard – l'ancien coéquipier de Gilles Villeneuve en 1977 – dans une école de pilotage très populaire à Shannonville, en Ontario, m'a appelé.

— La prochaine fois que tu parleras au jeune Villeneuve, pourrais-tu l'inviter à venir à notre école l'été prochain? Nous l'accueillerons à bras ouverts et Richard sera sûrement très heureux de lui faciliter la vie.

Après avoir raté plusieurs belles occasions en course automobile, Spénard était devenu un instructeur très respecté en Amérique du Nord. Il avait fait ses classes chez Jim Russell, à Mont-Tremblant, et en Californie, avant de diriger sa propre école avec le soutien financier de Raymond David. Passionné de course automobile, ce magnat de l'assurance désirait contribuer au développement des jeunes talents québécois.

L'occasion de renouer avec Jacques se présenta en décembre. L'ancien pilote de formule 1, Patrick Tambay, dirigeait maintenant sa compagnie de promotion et de relations publiques en France. Un de ses premiers mandats fut de promouvoir l'Euromotor, une importante exposition de sport motorisé à l'intérieur du complexe Eurexpo à Lyon, en France. Comme il se souvenait de mon implication comme promoteur d'une course de *drag*, Patrick m'a demandé d'organiser une démonstration de ce sport nord-américain. Accompagné de Ronald Brunet, propriétaire de la piste d'accélération de Napierville, près de Montréal, d'André Massé, le directeur de course à cette piste, de Gilles Daoust, champion du Québec, et de Richard Mathieu, l'associé de Daoust et mécanicien émérite, nous avons initié les Français... et Jacques Villeneuve au *drag*.

Tambay a invité le *jeune* à participer à une compétition de karting en salle. Cela a permis à Jacques de livrer un spectaculaire duel à René Arnoux, celui qui s'était battu comme un forcené avec Gilles Villeneuve lors de la célèbre course de Dijon, en 1979.

— Cela m'a rappelé ma course contre Gilles. Le *jeune* m'a beaucoup impressionné. Comme son père, il a un excellent coup de volant, une belle détermination. Je ne sais pas s'il va devenir un grand champion, mais il a de belles aptitudes.

Profitant des conseils de Gilles Daoust, Jacques s'est amusé à *draguer* malgré son jeune âge.

— Il est très réservé et très timide, d'expliquer Daoust. On sent qu'il veut apprendre puisqu'il est très attentif. Il s'est assis à mes côtés pour les deux premières démonstrations. Après, il s'est amusé comme tous les autres. Très poli, il suivait mes conseils à la lettre en me répondant: oui monsieur, merci monsieur!

Comme me l'avait demandé Raymond David, j'ai discuté avec Jacques de l'idée de se rendre à Shannonville l'été suivant.

— Serais-tu intéressé à passer tes prochaines vacances estivales à l'école de pilotage de Richard Spénard, l'été prochain? C'est probablement le meilleur instructeur en Amérique du Nord présentement.

— Je ne le connais pas.

— Peut-être, mais ta mère le connaît bien. Elle pourra te rassurer.

— Si elle est d'accord, moi je veux bien. Il suffirait de m'écrire pour me fournir plus de détails.

À mon retour au Québec, j'ai écrit une lettre à Jacques pour lui donner plus d'explications et lui formuler officiellement l'invitation. La proposition était simple: l'école l'hébergeait pour la saison estivale, on lui prodiguait régulièrement des cours de pilotage et on lui proposait une participation gratuite au championnat de l'école en échange de sa collaboration pour aider à la préparation des monoplaces utilisées pour les cours des clients.

Jacques mit peu de temps à me répondre pour me remercier de cette proposition ainsi que de l'intérêt que je lui avais manifesté lors de sa venue au Québec l'été précédent et à l'occasion de son passage à Lyon.

À la fin de l'année scolaire, Jacques se retrouva, comme prévu, à Shannonville où je l'ai rencontré à la mi-juillet pour réaliser une série de reportages. Le jeudi 16 juillet, j'écrivais un article coiffé du titre: *Je veux devenir champion du monde.*

Cette déclaration du *jeune* Jacques Villeneuve surprenait, mais il y croyait sincèrement. Encore une fois, j'ai noté son caractère réservé et sa timidité. Je n'ai pu m'empêcher d'effectuer un rapprochement entre lui et son regretté père en écrivant qu'on lisait beaucoup de détermination dans ses yeux perçants.

Un an après notre première rencontre professionnelle, il n'avait pas modifié ses ambitions:

— Je veux apprendre progressivement, en commençant par la formule 2000 – les monoplaces utilisées à cette école de pilotage – puisque je désire faire carrière en course automobile, principalement en formule 1, car je veux devenir champion du monde. Mon objectif est simple: devenir le meilleur dans tout ce que je fais. C'est comme cela à l'école puisque je suis toujours parmi les trois premiers de ma classe.

Son instructeur, Richard Spénard, reconnaissait son talent:

— Aucun doute, il possède un talent naturel. Tout lui semble facile en piste. Il a seulement 16 ans, mais déjà il démontre de belles aptitudes. Il apprend rapidement.

Il était moins impressionné par ses habitudes de travail.

– Il ne s'est pas souvent sali les mains à travailler. Il a de la difficulté à s'habituer aux conditions de vie de l'école. Disons qu'il y en a qui travaillent plus fort que lui.

Pour cette raison, il émettait des réserves sur les chances de réussite de l'adolescent qu'il avait connu enfant 10 ans auparavant:

– La course automobile exige beaucoup des jeunes. Reste à voir s'il aura le désir de travailler fort pour réussir. Ce n'est pas toujours facile. Cela demande beaucoup de combativité et de nombreux sacrifices.

Comme prévu, Jacques a participé à quelques courses du championnat de l'école. Cependant, il n'a pas complété la saison, Richard Spénard lui reprochant son manque d'efforts au travail.

Traversée d'un désert

Les débuts du dernier membre de la famille Villeneuve mettait un peu de baume sur la blessure qui refusait de se cicatriser depuis la mort de Gilles. L'oncle Jacques avait beaucoup de volonté, mais il a raté toutes les occasions de s'illustrer. On retenait davantage ses échecs spectaculaires que ses exploits.

Pourtant, le sport automobile canadien connaissait une période faste, avec deux écoles de pointe pour développer des pilotes et quelques séries bien organisées. Mais il manquait cette étincelle pour allumer un gigantesque feu d'artifice de passion. De jeunes pilotes d'avenir comme Claude Bourbonnais, Patrick Carpentier et Stéphane Proulx nous permettaient de rêver à l'arrivée d'un nouveau phénomène Villeneuve. Mais rien ne se concrétisait. Comble de malheur, Bertrand Fabi, un des meilleurs espoirs et un protégé de Raymond David, perdait la vie en essais privés alors qu'il se préparait à une saison au championnat de formule 3, en Angleterre, après s'être illustré en formule Ford la saison précédente.

Le Grand Prix du Canada vivait des heures sombres. Les dirigeants de Labatt commençaient à trouver la note beaucoup trop élevée. Le président Pierre Desjardins (un ancien joueur de football à la stature imposante) et son bras droit Roger Doré utilisaient à profusion les médias d'information pour négocier sur la place publique de meilleures conditions monétaires pour l'utilisation du circuit Gilles-Villeneuve de l'île Notre-Dame. À la fin de 1986, Labatt décidait de négocier serré avec Bernie Ecclestone, le maître d'œuvre de la formule 1. Pierre Desjardins s'est même permis de lui lancer un ultimatum.

– Si tu crois pouvoir faire mieux que nous, prends le Grand Prix sous ta responsabilité.

Bernie Ecclestone n'a jamais aimé se sentir coincé dans une situation de non-retour. Il décida d'accepter le *bluff* du président de Labatt pour prendre la relève comme promoteur en trouvant un nouveau commanditaire, la brasserie Molson, principale concurrente de Labatt. Les deux parties s'engagèrent dans une partie de bras de fer interminable. Elle s'acheva par une confrontation devant les tribunaux ayant à décider qui de Labatt ou Molson avait le droit d'utiliser le circuit Gilles-Villeneuve pour présenter le Grand Prix.

La première conséquence de cette guerre? L'absence d'un Grand Prix de formule 1 à Montréal en 1987, puisque le tsar Ecclestone n'a jamais voulu évoluer du côté des perdants. Heureusement, quelques mois plus tard, le nouveau président de Labatt, Marcel Boisvert, trancha la question en annonçant le retrait de sa compagnie de ce conflit.

Le cirque de la formule 1 est revenu à Montréal en 1988, mais cette fois sous la gouverne de la brasserie Molson, avec un nouveau promoteur: l'Américain Jack Long. Question de relancer la formule 1 chez nous, les nouveaux dirigeants de l'épreuve montréalaise et ceux de l'important réseau radiophonique Radiomutuel du Québec m'offraient la possibilité d'effectuer les reportages de toutes les épreuves de la saison. Un contrat de deux ans.

Je n'aimais pas davantage les voyages, mais le défi était intéressant. Pour ma vie personnelle et professionnelle, le *timing* était parfait. J'avais besoin de changer d'air, de relever de nouveaux défis. J'ai accepté, même si c'était une corvée à chacun de mes départs. Pour la première fois de ma carrière, j'avais l'occasion d'assurer la couverture d'une série professionnelle. J'étais donc au circuit de Jerez de la Frontera pour le Grand Prix d'Espagne, au début d'octobre, lorsque les journalistes internationaux furent invités à assister à une importante rencontre de presse pour annoncer l'arrivée en course automobile d'un jeune pilote très prometteur.

Graine de champion

Ayant appris que le fils de Gilles avait effectué ses premiers tours de piste en course automobile au Canada, l'Italie avait hâte de le voir courir. Les Tifosis n'avaient pas oublié leur héros et désiraient vibrer de nouveau.

En 1988, Jacques n'avait que 17 ans et pas de permis de conduire. Donc, il ne pouvait piloter une voiture de course, encore moins conduire sur la route. Pourtant, il disputa trois manches du championnat italien pour voitures de tourisme Alfa. Il termina 10e à sa première épreuve avec une Alfa Romeo 33, à Enna Pergusa. Il abandonna lors de la deuxième, à Monza, et termina cette expérience avec une 14e place, à Imola. Comment expliquer cette participation? Sa mère Joann détient la réponse:

– Je ne voulais pas que Jacques participe immédiatement à des courses. J'aurais préféré qu'il patiente jusqu'après ses études d'ingénieur. Secrètement, j'espérais qu'il change d'idée. Je me croyais en sécurité. J'avais une bonne excuse puisqu'à Monaco, il est impossible d'avoir un permis de conduire avant 21 ans. Cela me donnait quelques années pour le convaincre de changer d'avis.

Ce n'était pas suffisant pour freiner son ambitieux et déterminé garçon.

– Il a découvert que, dans la Principauté d'Andorre (à la frontière de la France et de l'Espagne), il pouvait le passer à 16 ans. Il a donc effectué toutes les démarches pour en devenir citoyen afin d'obtenir ce qu'il désirait. Placée devant les faits, je n'ai eu d'autre choix que d'accepter, même si ça ne me plaisait pas. Cela m'a obligée à effectuer plusieurs voyages en Italie.

D'ailleurs, lors de l'un de ses déplacements, il est arrivé un incident cocasse qu'explique Joann:

– Évidemment, il voulait toujours conduire. Nous étions en direction d'Imola et nous roulions depuis une heure lorsque j'ai commencé à m'interroger. Je lui ai dit: «Jacques il faut retourner à la maison, je pense que j'ai laissé le fer à repasser allumé. Il y a un risque d'incendie.» Il a pris quelques secondes de réflexion, a regardé sa montre, puis m'a répondu: «De toute façon, maman, il est trop tard. Nous sommes partis depuis plus d'une heure et il en faudra autant pour y retourner. S'il y a quelque chose, la maison flambe déjà!» Je ne pouvais rien ajouter, sa logique avait eu raison. À notre retour, la maison était intacte puisque je n'avais pas oublié d'éteindre le fer.

Le traitement royal

Nous étions une dizaine de journalistes à la rencontre de presse convoquée par les dirigeants du commanditaire Camel, de l'écurie de formule 1 Lotus, dans la salle de conférence du Grand Prix d'Espagne.

– Nous sommes heureux d'annoncer la signature d'une entente de commandite de plusieurs années avec Jacques Ville-neuve, le fils de Gilles, pour lui permettre d'amorcer sa carrière en course automobile avec l'écurie italienne PreMa Racing. Il pourra disputer le championnat de formule 3 en Italie.

Pierre-François Lepage, un avocat d'origine montréalaise exerçant à Monaco, l'avait conseillé pour la négociation de ce lucratif contrat. Ainsi, non seulement Jacques se retrouvait-il avec un volant *payé*, mais en plus il avait droit à un salaire, sans compter que ses dépenses étaient remboursées. Du rarement vu à ce niveau de course automobile.

Était-il vraiment assez mature pour avoir droit à un tel traite-ment? La question se posait facilement. Surtout après les trois premières courses de la saison 1989, puisqu'il avait raté sa qualifi-cation aux circuits de Vallelunga, Magione et Varano.

Je l'ai revu à l'occasion du Grand Prix de Monaco où il venait d'échouer dans sa tentative de se qualifier pour la course de formule 3 présentée la veille de l'épreuve de formule 1.

– Il n'y a rien eu de facile pour l'instant. Au championnat d'Italie, il y a plus de 50 inscriptions pour une grille de départ variant de 24 à 28 voitures. L'écart entre le premier et le dernier qualifiés est de moins d'une seconde. Pour un pilote sans expérience comme moi, déjà obtenir une place sur la grille de départ est un exploit.

Il est finalement parvenu à se qualifier lors de la 4e manche. Cela lui a permis de terminer 10e sur le circuit Enna Pergusa, le meilleur résultat de cette première année.

Un confrère de l'hebdomadaire italien *Rombo*, Paulo Ciccarone, suivait à la trace les débuts de Jacques dans ce championnat.

– Tout le monde avait hâte de la voir en piste et espérait qu'il devienne le digne successeur de Gilles. Pour le moment, il constitue une grande déception. Ce n'est pas la première fois que cela se produit pour le fils d'un pilote légendaire. Par contre, il a progressé tout au long de la saison. Il veut apprendre, mais ce n'est pas facile. La pression est forte. On exige beaucoup de lui. On voudrait le voir gagner immédiatement, mais le niveau de compétition est très élevé. Il aura besoin de travailler plus fort.

En fait, on reprochait au *p'tit* Jacques de ne pas être suffisamment sérieux. Distrait, il oubliait souvent des pièces d'équipement comme sa cagoule, ses gants... et même son casque. Sa mère Joann lui servait de chauffeur, mais elle commençait à se fatiguer de tous ces déplacements. Elle envisageait même de lui acheter sa première voiture.

Des progrès constants

Pour sa deuxième année, Jacques était libre dans ses déplacements grâce à la voiture d'occasion que Joann lui avait achetée. Comme son père et son oncle, il n'était pas très sérieux sur la route. Il fut même impliqué dans un accident avec une auto-patrouille de carabiniers italiens.

– J'ai omis de m'arrêter à un stop. Je suis entré en collision avec l'auto des policiers. Ils n'étaient pas tellement heureux et je craignais le pire en remettant mes papiers. En lisant mon nom sur mon permis de conduire, la première question a été: *Es-tu le fils de Gilles Villeneuve?* J'ai répondu *oui* et un des policiers m'a regardé dans les yeux. Il m'a simplement demandé d'être plus prudent à l'avenir. Quelques minutes plus tard, en attendant la dépanneuse, il m'a invité à assister au mariage de sa fille!

Une fois de plus, le nom de Villeneuve servait bien les intérêts de Jacques.

Après cette première année difficile, Jacques a été plus réceptif aux conseils des dirigeants de son équipe et du commanditaire. Il était mieux préparé pour affronter sa deuxième saison.

— Je ne serai pas dépaysé en m'asseyant dans la voiture. Je connais les circuits et je serai plus à l'aise avec les méthodes de travail de l'écurie. Cela devrait m'aider.

À ce moment-là, Jacques était de plus en plus à l'aise en italien, ce qui l'aidait à communiquer avec les responsables de la préparation technique. Cela se traduisit par de meilleures performances: une place de départ pour chacune des courses. Dès la deuxième, Jacques terminait au 6e rang sur le circuit de Pergus, après son abandon lors de la manche initiale à Vallelunga.

Il ajouta une 8e place à Magione, un abandon à Varano, une 5e place à Imola, un abandon à Monza et obtint le meilleur résultat de sa carrière à Binetto en finissant 2e.

Jacques termina l'année avec une 13e place au championnat, après avoir connu une fin de saison difficile avec un abandon à Misano, une 18e place à Monza, une 10e à Varano et à Vallelunga et enfin une 14e à Mugello.

— Au début de la saison, nous étions compétitifs avec la Reynard, mais à la fin, nous étions désavantagés comparativement aux utilisateurs de Ralt. Même si je n'ai pas gagné, ce fut une bonne année. J'ai eu l'impression de beaucoup progresser. J'aimerais bien me battre pour le titre la saison prochaine.

Beurre d'arachide et sirop d'érable

Malheureusement pour lui, l'histoire se répéta puisque l'équipe décidait d'amorcer encore la saison 1990 avec une

Reynard. Après trois courses (abandons à Misano et Binetto et 8ᵉ place à Pergusa), on décida d'acheter une Ralt, tout juste avant la participation de Jacques au Grand Prix de Monaco.

— Je serai désavantagé, car nous n'avons pas eu le temps d'effectuer des essais avec cette nouvelle voiture. Pourtant, il serait important pour moi d'obtenir un bon résultat.

En arrivant à Monaco, quelques jours avant la course, Jacques était tout heureux de m'accueillir à la maison familiale du 3, rue des Giroflées.

— Si j'avais su que tu venais pour cette course, je t'aurais demandé de m'apporter du beurre d'arachide et du sirop d'érable québécois.

Je lui réservais une surprise, puisque Louis Fecteau, un de mes amis montréalais, venait me rejoindre pour assister au Grand Prix. Sans le dire à Jacques, je l'ai joint avant son départ pour lui demander d'apporter la précieuse commande.

— Je veux bien jouer au commissionnaire, mais combien en veut-il?

— Louis, apporte une caisse et il sera sûrement heureux!

Entre-temps, Jacques et sa mère Joann nous ont invités à un repas entre amis pour le vendredi soir. Aussi timide que le *p'tit* Jacques, Louis Fecteau était mal à l'aise en arrivant sous le portique de la maison monégasque des Villeneuve, la caisse sous le bras. Il a fallu lui tordre le bras pour qu'il accepte l'invitation. Pourtant, il a été accueilli comme un véritable héros par Jacques qui était parvenu à se qualifier en 4ᵉ place en début de journée.

Visiblement mal à l'aise en arrivant, Louis Fecteau le fut encore davantage lorsqu'on lui montra, dans le salon, l'urne contenant les cendres de Gilles. Heureusement, Jacques ne mit pas longtemps à détendre l'atmosphère en racontant des anecdotes comme s'il était en compagnie d'une bande de *chums*.

Vingt-quatre heures plus tard, il était moins heureux puisque, en fin de journée, il était impliqué dans un accrochage avec un retardataire, ce qui lui faisait perdre une place assurée sur le podium.

Il termina 23e lors de la course suivante, à Vallelunga, avant de terminer 4e à Magione et à Imola. Il rata sa qualification à Varano après avoir été victime d'ennuis mécaniques lors de l'ultime séance. Il manqua de peu sa première victoire en terminant 2e à Monza après avoir dominé la majorité de la course. Il compléta la saison avec une 24e position à Mugello, une 3e à Monza, une 24e à Mugello et une 3e à Vallelunga, pour terminer 6e au championnat.

– Nous étions plus compétitifs à la fin de la saison. Malheureusement, nous avons perdu un temps précieux en début d'année avec la Reynard. Nous avons également été victimes de quelques malchances. Je dois maintenant viser plus haut. Même si je n'ai pas gagné le titre, je dois penser à disputer un autre championnat l'an prochain (1992). J'aimerais bien évoluer en formule 3000, mais il faudrait trouver un commanditaire pour m'appuyer.

À ce moment-là, les dirigeants de Camel avaient décidé de ne pas poursuivre leur implication avec le pilote d'origine québécoise. Pour terminer la saison, Jacques fut invité à disputer deux épreuves hors championnat, en Asie, regroupant les meilleurs pilotes de formule 3. Au volant de sa Ralt à moteur Alfa, il se qualifia et termina 8e à Macau, mais il impressionna beaucoup de monde en progressant de la 26e à la 8e place, à Fuji.

À ce moment-là, Jacques était accompagné de Craig Pollock, son ancien professeur d'éducation physique au collège suisse Beau Soleil. La relation entre les deux était excellente et Jacques n'hésita pas à lui confier le mandat de négocier une proposition faite par les dirigeants de Toyota pour disputer le championnat japonais de formule 3 durant la saison 1992.

Au pays du soleil levant

Lors de mon passage à Monaco, j'ai posé une question à Jacques Villeneuve:

— Jacques, serais-tu intéressé à conduire une formule Atlantic au Grand Prix de Trois-Rivières, en août prochain?

— Je ne dis pas non, mais il faudra voir s'il n'y a pas de conflit avec une épreuve en Italie.

Des discussions sérieuses eurent lieu quelques semaines avant l'événement trifluvien, mais finalement le clan Villeneuve décida de ne pas accepter.

— Je n'ai pas encore suffisamment d'expérience, surtout que je n'ai jamais conduit de formule Atlantic. Cela aurait sûrement été intéressant, mais je ne dis pas non pour l'avenir.

D'un côté, les demandes monétaires étaient élevées. De l'autre, le Grand Prix trifluvien se relevait d'une interruption de quelques années et les ressources financières n'étaient pas très grandes. On s'interrogeait sur la pertinence d'investir une somme importante sur la venue d'un pilote qui n'avait jamais rien gagné jusque-là. Heureusement, les dirigeants de l'écurie nippone Tom's Toyota étaient plus clairvoyants et offraient un lucratif contrat au fils de Gilles.

Après plusieurs séances d'essais privés, Jacques était prêt mentalement à affronter ce nouveau challenge, surtout qu'il avait coupé le cordon ombilical en déménageant dans un petit appartement de Tokyo.

Il amorça la saison avec une 6e place à Suzuka, une 4e à Tsukoba et une 3e à Fuji et à Suzuka. Après cette épreuve, on le retrouva à Monaco comme pilote invité, au volant d'une Dallara à moteur Alfa préparée par son ancienne équipe PreMa.

Tôt le vendredi matin, alors que tout le monde tentait de se remettre péniblement des fêtes de la veille, les futurs champions qui participaient à cette importante course de formule 3 se préparaient pour les derniers essais.

J'étais l'un des rares journalistes présents dans la ligne des puits, attendant l'arrivée de Jacques. Un commissaire de piste plus réveillé, mais surtout plus zélé que les autres, décida de jouer à l'important en me demandant de déménager de quelques mètres. En regardant près de moi, il n'y avait personne à 10 mètres et j'étais dans une zone sécuritaire, respectant la ligne jaune de démarcation, comme le permettait mon laissez-passer émis par la Fédération internationale de l'automobile. Bref, je n'enfreignais aucun règlement.

Comme j'étais respectueux des règles, je n'avais pas l'intention de bouger. Encore moins d'obtempérer aux ordres de l'imbécile qui tentait de justifier sa présence en jouant au *boss*. Au cours d'une discussion orageuse, je l'ai traité de tous les noms, surtout ceux que les Français détestent souverainement, pour lui faire savoir que je n'avais pas l'intention de bouger d'un centimètre. Nous en sommes même venus à un cheveu d'échanger quelques coups. Fou furieux, il est parti en me disant:

— Vous allez vous expliquer avec le directeur de course et les gendarmes!

Comme il n'y avait pas matière à faire un drame, j'ai pris sa menace avec un grain de sel. Mais il était sérieux... Quelques minutes plus tard, alors que je discutais avec Jacques assis dans sa monoplace, le *zélé* était de retour avec le directeur de course et quelques gendarmes, dont le chef!Ce dernier reçut un ordre formel du directeur de course.

— Expulsez ce monsieur et *son* pilote. Nous ne voulons pas chez nous de personnes impolies qui ne savent pas respecter l'autorité.

Je fus immédiatement entouré. J'étais maintenant bien réveillé, assez pour comprendre qu'on ne blaguait pas avec l'autorité à Monaco. Mon premier réflexe a été de disculper Jacques pour lui permettre de participer à la première séance. On accepta sur le champ et Jacques n'eut pas à subir les contrecoups de ma saute d'humeur. Il avait eu le temps de me confier:

— N'essaie pas de les provoquer, ils sont intraitables. Ils veulent avoir raison et tu ne peux pas gagner avec eux.

Les gendarmes m'ont escorté derrière les gradins pour un sérieux tête-à-tête. Je n'ai jamais rencontré de policiers aussi intransigeants. Après avoir commis une faute aussi grave (!), j'en étais rendu à me demander si je n'aurais pas droit au peloton d'exécution. Il m'a fallu plus de 45 minutes de discussions et de nombreuses excuses pour être libéré.

— Vous ne pourrez plus jamais vous permettre un écart de conduite sur notre territoire. Vous êtes maintenant fiché dans notre système informatique et, à la prochaine faute, vous serez expulsé à tout jamais de Monaco.

L'avertissement était sérieux, mais la discussion s'est terminée sur une note amusante, surtout que le chef m'a parlé du Québec qu'il aimerait visiter. Souriant à la fin, il m'a dit:

— Si vous m'aviez personnellement injurié comme vous l'avez fait avec le commissaire, j'aurais réglé le problème en vous mettant mon poing sur la gueule.

Je l'ai regardé droit dans les yeux avant de lui répondre:

— Entre vous et moi, je pense que cela aura fait une confrontation intéressante, car je n'accepterai jamais d'être traité comme un imbécile par un salaud!

Jacques termina 9e à Monaco. Le rendez-vous suivant avait lieu à la piste de Sendai, le même week-end que le Grand Prix du Canada, à Montréal.

Pendant que Gerhard Berger triomphait au volant de sa McLaren-Honda au circuit Gilles-Villeneuve, Jacques remportait la première course de sa carrière.

— Jacques m'a appelé pour me dire qu'il venait de gagner, m'a expliqué sa mère. Il n'était pas exubérant, juste heureux d'avoir finalement rompu la glace.

J'ai tenté de joindre Jacques à son appartement, mais j'ai eu droit à un message en japonais sur son répondeur. Il était parti fêter avec ses amis dans les discothèques à la mode de Tokyo.

Il ajouta à son palmarès une 3e place lors de la course suivante, à Aida, une deuxième victoire à Mine, une 4e place à Sugo, une 2e à Suzuka, avant sa troisième victoire de la saison obtenue sur le rapide circuit de Suzuka où a lieu le Grand Prix de formule 1 de fin d'année.

Entre deux courses japonaises, les amateurs québécois eurent finalement l'occasion de le voir à l'œuvre. Le commanditaire Player's a décidé de l'inviter à la course trifluvienne et de payer ses dépenses, ses honoraires et la location d'une voiture, en plus de prévoir des essais privés quelques jours avant la course.

On se préparait à vivre un moment historique.

Chapitre 25

Une première consécration...

Jacques Villeneuve se présenta devant les journalistes québécois avec un look assez particulier: tenue décontractée, cheveux longs attachés en queue de cheval et lunettes rondes. À 21 ans, il n'avait rien d'un pilote stéréotypé.

Malgré trois saisons et demie d'expérience en course automobile, il n'avait pas perdu sa timidité. Lors d'une rencontre de presse regroupant quelques journalistes sélectionnés, il cherchait un certain réconfort en me regardant souvent avant de formuler ses réponses. Fidèle à son habitude, il éluda rapidement les questions concernant son père:

— Je ne viens pas à Trois-Rivières pour perpétuer la mémoire de Gilles. Je suis ici parce que l'occasion est excellente pour ma carrière, parce que j'ai envie de participer à cette course importante et de vivre une nouvelle expérience.

Il savait déjà que son oncle serait sur place:

— Ça va sûrement être amusant, mais il a beaucoup plus d'expérience que moi, surtout au volant d'une formule Atlantic. J'espère que personne ne va s'imaginer que je suis venu ici pour le battre. *Jacquot* est un héros à Trois-Rivières, moi je serai un débutant désireux d'acquérir un maximum d'expérience.

Derrière ce visage d'adolescent se cachait un jeune homme très déterminé. Les six derniers mois vécus seul dans l'appartement de Tokyo lui avait permis d'acquérir beaucoup de maturité.

Le lendemain, les journalistes et des curieux étaient nombreux à l'autodrome de Saint-Eustache, au nord de Montréal, pour assister à ses premiers tours de piste au volant d'une formule Atlantic peinte aux couleurs bleue et blanche du commanditaire Player's.

Sa participation à ce Grand Prix de Trois-Rivières fut couronnée d'un immense succès, malgré sa position sur la 6e rangée de la grille de départ, aux côtés de celui que l'on surnommait *l'Oncle* pour différencier les deux Jacques Villeneuve. Le *jeune* prit un excellent départ pour se retrouver 7e à l'issue du premier tour pendant que *l'Oncle* se préparait à l'une de ses remontées spectaculaires qui l'ont conduit de la 12e à la 2e place avant que son moteur n'explose au 41e tour.

Moins rapide, le *jeune* démontra beaucoup d'intelligence.

– Cela ne me servait à rien d'essayer de me battre avec *Jacquot* lorsqu'il a tenté de me dépasser. Il était plus rapide que moi. J'ai essayé de le suivre, mais j'en étais incapable.

Profitant de toutes les occasions qui s'offraient à lui, il se retrouva sur la troisième marche du podium, au grand plaisir des dizaines de milliers d'amateurs qui lui ont réservé une ovation monstre pour sa prestation.

Le lendemain, j'écrivais dans le *Journal de Montréal : l'Oncle fait le spectacle et le neveu récolte les honneurs!*

C'était tellement vrai que, 24 heures plus tard, plusieurs réunions eurent lieu dans les bureaux d'Imperial Tobacco (le siège social de Player's) à Montréal pour trouver une solution: il fallait s'associer le plus rapidement possible à ce jeune prodige. Selon une expression courante sur les marchés boursiers, c'était une valeur sûre!

Trois ans en Amérique du Nord

Le 12 octobre 1992, j'écrivais que l'on discutait sérieusement entre le clan Villeneuve (Jacques et son gérant Craig Pollock) et les dirigeants d'Imperial Tobacco pour assurer la présence du jeune lors des trois saisons suivantes en Amérique du Nord. L'objectif?

Lui permettre la première année de se familiariser avec les pistes nord-américaines en participant aux 14 épreuves de la série de formule Atlantic commanditée par Player's, avant de passer à la série IndyCar pendant deux saisons.

Un projet de plusieurs dizaines de millions de dollars.

De nombreuses rumeurs circulaient, car le clan Villeneuve discutait en même temps avec les dirigeants de Toyota pour une autre saison au Japon, mais cette fois en formule 3000, pour servir de tremplin à la formule 1. Finalement, le 13 janvier 1993, la nouvelle devenait officielle: Jacques Villeneuve revenait dans son pays d'origine.

Il n'était pas le seul à profiter de la manne Player's. Pour faciliter son apprentissage, on se payait le luxe de lui offrir un coéquipier expérimenté en embauchant Claude Bourbonnais. Une nouvelle écurie était formée: Forsythe-Green, sous l'égide du multimillionnaire américain Gerry Forsythe et de Barry Green, reconnu comme l'un des meilleurs directeurs d'équipe en Amérique du Nord.

Le souhait de Player's? Mettre sur pied une organisation *first class* pour permettre au *jeune* d'évoluer dans les meilleures conditions possibles. Rien n'était négligé. Y compris l'embauche du réputé ingénieur Tony Cicale, reconnu pour ses idées novatrices.

Dès les premières rencontres, ce fut le coup de foudre entre Cicale et Villeneuve. Deux introvertis qui s'entendaient comme larrons en foire. C'était plus difficile avec Bourbonnais. Ce dernier avait ses habitudes, son style de pilotage combatif et un caractère bien à lui. Comble de malheur, on lui avait laissé croire que s'il parvenait à éclipser Villeneuve, il pourrait éventuellement avoir sa chance en IndyCar, au détriment de Jacques. Pourtant le contrat du fils de Gilles était sans équivoque: une saison d'apprentissage en formule Atlantic, deux autres en IndyCar.

En raison de son expérience, Bourbonnais amorça la saison à titre de favori du championnat. Au début, il éclipsait régulièrement son jeune coéquipier, comme cela a été le cas lors de la première course sur ovale, à Phœnix.

– Je l'ai mis dans ma petite poche arrière, racontait Bourbonnais à des amis lors d'un entretien téléphonique alors qu'il était assis devant moi dans la salle de presse après la séance de qualification.

Comme le phénomène Villeneuve prenait beaucoup d'importance, on avait décidé que je réduirais mon calendrier de formule 1 afin d'assister à toutes les courses du *jeune* en Amérique du Nord.

Après avoir obtenu la position de tête et terminé 2e derrière Bourbonnais lors de la deuxième course, à Long Beach, Jacques se vit offrir sur un plateau d'argent sa première victoire au circuit de Road Atlanta, en Géorgie. Son coéquipier, trop fougueux à la reprise après une neutralisation, sortit de piste devant lui.

Première victoire d'importance

Après avoir été obligé d'abandonner lors de l'épreuve suivante, à Milwaukee, Jacques était pourtant attendu à Montréal par la presse locale et internationale, même s'il fallait logiquement lui préférer Bourbonnais pour triompher lors de la course présentée la veille du Grand Prix.

Question de bien mettre en évidence son protégé, Craig Pollock me confia quelques jours avant la course:

– Pour ton information, tu dois savoir que depuis le début de la saison, Claude (Bourbonnais) roule plus souvent qu'autrement avec les réglages définis par Jacques et Tony (Cicale).

Après avoir vérifié auprès de Green et Cicale, j'utilisais cette information dans un article publié au début de la semaine du Grand Prix. Évidemment, Bourbonnais fut vexé d'apprendre que j'étais au courant de la situation.

– Je vais prouver que je peux le battre, même avec mes réglages, au circuit Gilles-Villeneuve.

Malheureusement pour lui, qualifié en première place, il brisa un demi-arbre de transmission au départ, restant sur place avant d'être percuté par un autre concurrent. Personne ne fut blessé, mais Claude fut obligé d'assister en spectateur au magnifique duel de Jacques et du Torontois David Empringham. Devant une foule en délire, Jacques effectua un sublime dépassement pour remporter sa deuxième victoire de la saison, la première d'importance de sa carrière.

– Je vis une journée tout simplement extraordinaire, car jamais je n'aurais imaginé que le public québécois m'accorderait un appui aussi exceptionnel.

Lorsqu'on lui rappela que sa confrontation avec Empringham rappelait celle de son père avec Arnoux à Dijon, Jacques eut une belle réponse à offrir:

– Si Gilles a vécu à ce moment-là des émotions comme moi aujourd'hui, il a dû s'amuser. Car moi, j'ai eu beaucoup de *fun* durant cette course.

C'était le début d'une belle histoire d'amour entre Jacques et le public québécois.

On attendait avec impatience son retour à Trois-Rivières. Malheureusement pour lui, une série d'incidents l'empêcha de communier de nouveau avec son public. Le pire, c'est qu'il fut éliminé par son coéquipier alors que tous deux effectuaient une remontée spectaculaire après un départ chaotique.

Barry Green était fou furieux. Il en voulait à Bourbonnais qu'il considérait comme responsable de l'accrochage survenu devant ses yeux:

– Tu nous fais passer pour une bande d'imbéciles!

Ce dernier avait pourtant son lot d'admirateurs, dont le réputé commentateur québécois Jacques Duval, lui-même un ancien champion pilote canadien lors des épreuves d'endurance. Je l'ai constaté lors de la course disputée dans le cadre du Molson Indy dans les rues de Toronto. Duval discutait avec des amis de la télévision de Radio-Canada, tout juste derrière un rideau, près de mon bureau dans la salle de presse. Il affirmait:

– Les gens de Player's n'auront pas le choix. Ils devront y aller avec Bourbonnais en IndyCar. Villeneuve est surclassé depuis le début de la saison et il n'a pas suffisamment de talent pour rivaliser avec Claude.

À ce moment-là, une grande pression était exercée en faveur de Bourbonnais. Mais, à la mi-août, comme prévu, ce fut Villeneuve qui effectua des essais en IndyCar.

Conscient des dernières controverses, Jacques augmenta d'un cran ses performances pour terminer la saison avec une victoire à Mid-Ohio, après avoir dépassé Bourbonnais sur la piste, et un doublé (position de tête et victoire lors des deux courses) à Laguna Seca, en Californie, pour terminer troisième au championnat avec, en prime, le titre de recrue de l'année.

Lors de la dernière course, Bourbonnais n'avait qu'à terminer l'épreuve pour remporter le titre. Mais en tentant de pourchasser Villeneuve, malgré les consignes contraires, il fit exploser son moteur, offrant le titre à David Empringham sur un plateau d'argent. Ce fut le début de la fin pour Bourbonnais et le commencement d'une autre belle histoire pour le *jeune*, officiellement retenu pour conduire la voiture Player's dans la série CART-PPG en 1994.

Une attitude intelligente

La saison de formule Atlantic venait à peine de se terminer que Jacques amorçait une longue série d'essais préparatoires avec une voiture Lola 1992 achetée en attendant la nouvelle Reynard 1994.

– Jusqu'à ce jour, Jacques a été très impressionnant lors des premiers essais. Il travaille bien, il est consciencieux et il ne tente pas de brûler les étapes, une attitude intelligente pour réussir en IndyCar, expliquait Barry Green, devenu un admirateur inconditionnel de Jacques Villeneuve.

Le 18 octobre, je me retrouvais pour la première fois dans le temple de la course automobile des États-Unis, le Speedway d'Indianapolis où est disputée annuellement la Classique Indy 500, la plus importante épreuve en Amérique du Nord. La raison de ce déplacement? Assister aux premiers essais de Jacques sur un *super-speedway*.

Les premiers tours de piste furent accomplis sous haute surveillance, mais avant la fin de la journée, on lui permettait d'augmenter la cadence, les officiels jugeant qu'il avait l'attitude et les aptitudes pour rouler plus rapidement.

– Nous sommes très satisfaits de son rendement. Il a respecté les consignes à la lettre et il n'a surtout pas essayé d'impressionner.

Le lendemain matin, une pluie fine tombait. À notre arrivée au circuit, on demandait des volontaires pour essayer d'assécher la piste en roulant avec des voitures privées. Cela m'a permis d'effectuer plus de 80 tours au volant d'une voiture de location. Mais à la fin, on m'expulsa. Tour après tour, j'avais essayé de rouler plus rapidement en tentant de dépasser les autres véhicules.

– Nous n'avons pas besoin d'un imbécile qui se retrouvera dans un mur de ciment en essayant d'assécher la piste avec une voiture de location. Nous te remercions de ta contribution, mais nous n'avons plus besoin de tes services.

Durant la pause du lunch, j'ai été invité par Bob Walters, le responsable du service de presse, à visiter le célèbre musée ouvert aux visiteurs. J'ai aussi visité celui que l'on garde secret au sous-sol, avec la promesse formelle de ne pas dévoiler les trésors que je verrais à ce moment-là. Quant à Jacques, il était satisfait de cette première expérience:

– Rouler aussi vite entre les murs de ciment, c'est impressionnant au début, mais on s'habitue rapidement. Comme m'avait prévenu Tony (Cicale), il vaut mieux s'arrêter lorsque la voiture devient un peu moins efficace.

Débuts difficiles

Jacques se présenta à la première course de la saison à Surfers Paradise, en Australie, bien préparé après de nombreuses séances d'essais. Il visait une place parmi les cinq premiers, même si, à l'issue de la première journée, il était qualifié en 21e position.

– J'ai de la difficulté à comprendre. Rien ne semblait fonctionner. J'ai l'impression que j'essayais de trop bien faire, trop rapidement.

Heureusement, il corrigea le tir lors de la deuxième séance pour finalement prendre le départ en 8e place. En course, il luttait pour la 5e position lorsque le vétéran Stefan Johansson le tassa contre un mur de ciment.

Il impressionna à la qualification de l'épreuve suivante à Phœnix, en Arizona, en décrochant la 2e place à sa première expérience sur une piste ovale au volant d'une IndyCar. Vingt-quatre heures plus tard, il passa de l'euphorie à la tristesse en vivant les premiers moments de frayeur de sa jeune carrière en course. Oubliant de ralentir alors que les lumières jaunes étaient allumées, signifiant une neutralisation de la course, il arriva à pleine vitesse entre les virages trois et quatre où la voiture du Japonais Hiro Matsushita était immobilisée en travers de la piste. Le choc a été terrifiant.

Aujourd'hui encore, personne ne comprend comment cet accident n'a pas fait de victime. Jacques a sectionné la monoplace du malheureux Japonais en deux, tout juste derrière le siège.

– Je n'ai jamais eu le temps de réagir pour éviter la collision. J'ai visé l'arrière de la voiture, puis je me suis fermé les yeux. En les ouvrant, ma visière était levée et il y avait de la fumée partout. J'ai pris quelques secondes pour analyser la situation et constater que je n'étais pas blessé. J'étais inquiet pour Hiro, mais les premiers secouristes m'ont vite rassuré. J'ai été soulagé d'apprendre qu'il n'avait pas été blessé.

Il ne fut pas blâmé publiquement pour son geste.

En arrivant à Long Beach pour la course suivante, une semaine plus tard, Jacques fut invité à rencontrer discrètement les responsables de la série. Il a eu droit à une sévère remontrance de la part des dirigeants. Après avoir soigné une luxation à l'épaule et à une main, il était prêt pour la course. Une autre performance décevante était au programme: une 15e place après une erreur de pilotage alors qu'il était en position pour amasser ses premiers points, ceux attribués aux 12 premiers à l'arrivée. Barry Green n'était pas tellement heureux: aucun point en trois départs.

– Jacques devra apprendre à mieux gérer ses courses pour essayer d'amasser des points.

Le message passa clairement. Après s'être qualifié avec une impressionnante 4e place à sa première participation à la Classique Indy 500, il terminait en deuxième place derrière Al Unser Jr, mais devant le vétéran Bobby Rahal.

– Au départ, je visais une place parmi les 10 premiers. Je suis donc plus que satisfait de cette 2e place. C'est une excellente façon d'amasser mes premiers points, mais le mérite revient aux membres de l'équipe. Malgré mes déboires du début de saison, ils ne m'ont pas laissé tomber en me supportant durant la course. Leur travail lors des ravitaillements a été impeccable.

Il a toutefois souffert durant cette longue épreuve:

– J'ai eu des crampes à la jambe droite, mais il n'était pas question de m'arrêter. J'ai préféré utiliser mon pied gauche (!) pour appuyer sur l'accélérateur.

Comme il se présentait devant les journalistes américains pour la première fois, il a été de nouveau question de son père.

– Je ne fais pas de la course pour perpétuer sa mémoire, mais j'aurais aimé voir son visage aujourd'hui. Il aurait sûrement été fier.

Non à Trois-Rivières

Il ajouta une 9e place lors de la course suivante, à Milwaukee, une 7e à Detroit, une 6e à Portland, une 4e à Cleveland et une 9e à Toronto avant de se retrouver au Michigan International Speedway, la dernière épreuve avant de revenir à Trois-Rivières où il avait promis de courir en formule Atlantic pour satisfaire une demande de son commanditaire.

– Cela ne m'enchante pas vraiment de retourner à Trois-Rivières pour disputer une course de formule Atlantic. J'aurais préféré me reposer, mais je n'ai pas le choix. Je dois répondre aux exigences de mon commanditaire.

Qualifié en 10e place au Michigan, il fut victime, en course, d'une violente sortie de piste à plus de 200 milles à l'heure alors qu'il pouvait espérer remporter sa première victoire. Heureusement, il ne souffrait que d'une légère blessure à l'épaule. Souriant, il semblait heureux de cette nouvelle lorsque je l'ai rencontré dans le camion après sa visite au centre hospitalier de la piste.

— Une bonne nouvelle pour moi, car les médecins m'ont conseillé de rester inactif au cours des prochains jours. Cela signifie que je ne pourrai pas courir à Trois-Rivières la semaine prochaine.

Comme aurait dit son oncle, il était un peu *feluette*. Aucun doute: il aurait pu facilement disputer la course sans trop prendre de risques.

Le problème? Cette idée ne l'enchantait pas dès le départ!

Tout le monde lui pardonna plus facilement ce rendez-vous raté lorsque, moins de deux mois plus tard, il remporta sa première victoire chez les professionnels de brillante façon sur la piste Road America d'Elkhart Lake, au Wisconsin. Jacques n'a pas mis de temps à prendre confiance sur ce circuit reconnu pour ses grandes courbes rapides. De quoi plaire à celui ayant tendance à hausser d'un cran ses efforts lorsque l'environnement le satisfait pleinement. À 10 tours de la fin, à la reprise après une neutralisation, il luttait pour la troisième place avec les trois pilotes de l'écurie Penske: Al Unser Jr, Paul Tracy et Emerson Fittipaldi.

— Avant le départ, nous avions décidé avec Tony d'enlever de l'appui aérodynamique sur les ailerons pour obtenir une plus grande vitesse de pointe afin de faciliter les dépassements.

Cette décision fut géniale. Lors d'une exceptionnelle manœuvre de dépassement, Jacques s'offrait Unser Jr et Tracy au freinage du premier virage pour prendre la première place qu'il conserva jusqu'à la fin.

— Une victoire dont je vais me souvenir longtemps.

Il compléta cette première saison de brillante façon avec une 7e place à Nazareth et une 3e à Laguna Seca. Il terminait sixième au classement final de la série, en plus d'obtenir le titre de recrue par excellence, exploit qu'il a réussi également lors du Indy 500 à Indianapolis en mai.

La célébrité

En amorçant sa septième saison en course automobile, Jacques Villeneuve avait un handicap majeur à surmonter: il n'avait jamais gagner un championnat.

Signe précurseur? Difficile à dire, mais sa Reynard/Ford bleue et blanche de l'équipe Player's/Green affichait un numéro célèbre: 27! Comment expliquer ce rappel de la mémoire de Gilles? Jacques en avait-il fait la demande pour commémorer la mémoire de son célèbre père? Barry Green fut le premier à répondre à notre interrogation:

— Non, Jacques ne le savait pas, au début. Lorsque les numéros ont été attribués, je ne pouvais pas choisir le numéro 6 en raison de notre classement de l'an dernier, comme le stipule le règlement puisque je n'étais pas membre de l'association des propriétaires. Lorsque j'ai regardé la liste des numéros disponibles, j'ai vu le 27. Je me suis dit que ce serait peut-être une bonne idée, à cause de Gilles.

Quant à Jacques, il fut égal à lui-même:

— Je ne pense pas qu'un numéro puisse changer le résultat d'une course. Tant mieux si je parviens à gagner avec ce numéro, cela fera plaisir à beaucoup de monde.

Malgré la présence de ce numéro porte-bonheur sur sa monoplace, il était difficile de l'établir favori avant le début de cette saison 1995 de la série CART-PPG.

— Aucun doute que j'aimerais gagner le titre, mais la compétition est féroce dans la série. Au moins une douzaine de pilotes seront des candidats à la victoire à chacune des courses. Comparativement à l'an dernier, je devrai éviter les abandons pour accumuler le plus grand nombre de points.

Ces propos, il les tenait avant le début de la saison dans les rues de Miami, en Floride. En raison d'une décevante 8ᵉ place en qualification sur un circuit permettant difficilement les dépassements, il ne fallait pas espérer une victoire. Pourtant, il était premier à l'arrivée devant les vétérans Mauricio Gugelmin, Bobby Rahal, Scott Pruett et le jeune Christian Fittipaldi.

— Une victoire un peu chanceuse, mais je vais la prendre quand même. J'ai profité de nombreux incidents et abandons, mais cela compense pour les courses perdues par des incidents hors de notre contrôle.

Ce fut plus difficile lors des courses suivantes, avec une 20e place en Australie (bris de la boîte de vitesses), 5e à Phœnix et 25e à Long Beach (bris du différentiel), avant de lutter pour la victoire à Nazareth où il termina 2e à quelques dixièmes de seconde du vétéran Emerson Fittipaldi.

La course suivante était l'Indy 500.

— Je n'ai pas tellement le choix. Pour faire mieux que l'an dernier, je devrai gagner.

Cette attitude de gagnant, Jacques l'a conservée tout au long des essais et des qualifications, ce qui lui a permis de prendre le départ en 5e position.

Lors des premières courses, j'ai décidé de m'amuser avec Rick Klein, le président de la compagnie américaine Klein Tools, l'un des commanditaires associés à l'équipe qui appartenait uniquement à Barry Green. Il avait *divorcé* de Gerry Forsythe durant l'intersaison. Ce dernier n'aimait pas le style calculateur de Villeneuve. Il préférait un pilote agressif comme Bourbonnais. Mais en constituant sa propre écurie, il avait opté pour le vétéran Teo Fabi, en promettant de battre Green et Villeneuve au championnat. Par contre, il luttait avec Green pour obtenir le soutien financier de Player's à compter de la saison 1996.

Déjà, celui-ci avait embauché le jeune et prometteur Greg Moore dans l'éventualité du départ de Villeneuve vers la formule 1 à la fin de la saison, comme de nombreuses rumeurs le laissaient entendre.

Le matin de la course Indy 500, Rick est venu me voir:

— À toi de choisir la position de Jacques pour l'arrivée.

On pariait cinq dollars avant chacune des séances de qualification et des courses sur la position de Jacques à la fin. À tour de rôle, on effectuait un choix et c'était sans discussion.

– Aujourd'hui, je choisis Jacques pour terminer en première place.

Habituellement, on se donnait une certaine marge de manœuvre du style «parmi les trois ou les cinq premiers!» Mais c'était la première fois que l'un ou l'autre était aussi catégorique. J'étais confiant.

Je l'étais moins après le premier tiers de la course; Jacques avait été pénalisé de deux tours pour avoir dépassé la voiture de tête durant une neutralisation. Mon cinq piastres américain était déjà sur le coin de la table. Je me préparais mentalement à décrire cette inconduite de la part du futur héros québécois. Pourtant, moins de trois heures plus tard, le relationniste Bob Walters venait me chercher en catastrophe dans la salle de presse:

– Ta place n'est pas ici, viens vite avec moi, une escorte nous attend.

Effectivement, des responsables de la sécurité du circuit nous attendaient à l'extérieur de la salle de presse pour nous conduire sur le podium d'honneur, un cylindre gigantesque élevant le gagnant de cette prestigieuse course, sa voiture et les membres de son équipe à plusieurs mètres dans les airs.

Sur place, la fête avait commencé pour les membres de l'équipe Green-Player's. Jacques Villeneuve venait d'inscrire son nom à tout jamais dans l'histoire de cette classique grâce à un triomphe après avoir parcouru 505 milles. Il a en effet effectué deux tours de plus que tout le monde, mais cela ne l'a pas empêché de respecter la tradition pour boire du lait sur le podium.

Sur place, Rick Klein m'attendait le sourire aux lèvres:

– Je n'ai jamais été aussi heureux de ma vie de respecter un pari.

Joignant le geste à la parole, il sortit de sa liasse d'argent un billet de 50 dollars.

– Cette victoire vaut bien cette somme aujourd'hui.

Mon premier réflexe a été de lui dire:

– Jamais je ne dépenserai ce billet.

Incrédule, il souriait. Quelques semaines plus tard, je lui faisais signer, tout comme à Jacques Villeneuve, le billet laminé.

Depuis, pour commémorer le premier succès d'un pilote canadien au Indy 500, il est placé bien en évidence dans mon bureau.

Cette victoire au volant d'une voiture affichant le célèbre numéro 27 propulsait Jacques en tête du championnat alors qu'il restait 11 épreuves à disputer. Il venait d'atteindre à tout jamais la célébrité. Nous étions à deux semaines du Grand Prix du Canada à Montréal et le débat était ouvert: devait-il ou non passer dès la saison suivante en formule 1?

Question épineuse

En inscrivant ainsi son nom en grosses lettres dans le livre de la fabuleuse histoire de la course automobile, Jacques offrait à Craig Pollock tous les atouts pour négocier avantageusement son avenir avec les meilleures écuries de formule 1. Chez Player's, on discutait ferme. Avait-on les moyens de retenir Jacques Villeneuve pour une 3e saison en IndyCar?

Question difficile puisque des dirigeants suggéraient fortement de s'associer à Gerry Forsythe et à Greg Moore, surtout que l'on appréciait peu l'intransigeance des demandes de Pollock.

Le président Don Brown, un inconditionnel du pilote québécois, décidait de prendre le dossier en main. Une entente de principe fut conclue, mais Pollock posait une condition:

– Jacques doit avoir la liberté d'effectuer des essais au volant d'une formule 1 avant de finaliser l'entente.

C'est dans cet état d'esprit qu'il fit le tour des équipes de pointe durant son séjour à Montréal dans le cadre du Grand Prix du Canada.

– Oui, mais à la fin de la saison, obtenait-il comme réponse.

Chez Player's, on exigeait la signature de l'accord définitif avant la fin de l'été.

Chez les amateurs, l'opinion était partagée. On désirait voir Jacques en formule 1 rapidement pour venir l'encourager sur le circuit montréalais. D'autres, comme moi, croyaient qu'il avait besoin d'une année supplémentaire en IndyCar. Surtout qu'il était loin, à la mi-juin, d'être assuré d'un premier titre. Pourtant, j'étais profondément convaincu qu'il avait le talent pour s'imposer en formule 1.

Dans la réalité, je prêchais pour mes intérêts. Je ne désirais pas retourner en Europe, en Australie et même en Asie pour suivre encore à plein temps les activités de la formule 1. J'étais heureux de mes déplacements nord-américains qui me permettaient d'être plus souvent et plus longtemps à la maison près des miens.

Durant la semaine du Grand Prix, j'acceptais de participer à un débat avec Christian Tortora, à CKAC, sur le sujet.

Inconditionnel de la F-1, *Torto* était catégorique:

— Il ne faut pas rêver. Aucune équipe de pointe n'embauchera un pilote de l'Indy. Jacques aura besoin de venir en Europe, de faire ses classes, avant de trouver une voiture de premier plan. L'IndyCar est une série propre aux États-Unis. Nigel Mansell a prouvé (1993) que le niveau de pilotage n'était pas très relevé en gagnant le championnat dès sa première saison.

J'ai posé à Christian la question suivante:

— À combien de courses IndyCar as-tu assisté lors des dernières années?

— Aucune! Je n'ai pas besoin d'aller aux États-Unis pour savoir que le calibre de pilotage n'est pas très relevé. Il suffit de se rappeler l'échec de Michael Andretti pour s'en convaincre.

Deux semaines plus tard, des représentants de Renault venus en éclaireurs à Portland (Oregon) assistaient à l'obtention de la première position de tête du Québécois en IndyCar, puis à sa domination en course avant qu'un bris de suspension le force à l'abandon. À leur arrivée sur circuit, Craig Pollock avait pris soin de me dire:

— Tu reconnais ces représentants de Renault. Ils ne sont pas ici par hasard. Ils sont en mission spéciale.

Cela m'a incité à demander à Bernard Dudot et à Christian Contzen le motif de ce déplacement dans l'Ouest américain.

— Nous sommes dans la région en vacances et nous avons voulu profiter de l'occasion pour assister à une course de la série CART-PPG. Sait-on jamais, cela pourrait peut-être intéresser Renault un jour!

C'était de la poudre aux yeux car, quelques mois plus tard, ils confirmaient avoir été présents à cette course pour épier les performances du Québécois d'origine.

Jacques renouvela son exploit de la saison précédente avec une magistrale victoire à Elkhart Lake lors de l'épreuve suivante, avant de terminer 3e à Toronto. Il fut particulièrement étincelant à Cleveland en passant de la 4e à la première place dans les derniers tours de piste. En arrivant à cette course le vendredi matin, un message m'attendait: Barry Green voulait me voir.

— Pierre, tu as des contacts en Europe? Tente de les rejoindre pour te faire confirmer la nouvelle: Jacques effectuera des essais avec l'écurie Williams d'ici quelques semaines. Nous n'avons pas eu le choix, il nous (lui et les patrons de Player's) a fallu accepter.

Vingt-quatre heures plus tard, j'annonçais la nouvelle en primeur dans le *Journal de Montréal* après avoir eu des confirmations de personnes bien informées en France.

Jacques ajouta une 10e place à son palmarès lors de l'épreuve suivante au Michigan International Speedway avant de prendre l'avion pour l'Angleterre. Craig Pollock et Julian Jakobi (l'ancien gérant des champions mondiaux Ayrton Senna et Alain Prost), son nouvel associé pour gérer le phénomène Villeneuve, étaient sur le point de conclure une entente avec Frank Williams. À la mort de Senna, Jakobi avait assuré Williams que la famille n'intenterait pas des poursuites au civil. Le propriétaire de la meilleure équipe de formule 1 était dans une position qui ne lui permettait pas de

refuser la demande du clan Villeneuve en vertu du vieux principe:
un service en attire un autre!

Le championnat

Encore une fois, Christian Tortora appartenait au groupe des
sceptiques. Lors de ses reportages à CKAC pour confirmer la
nouvelle publiée en primeur dans le *Journal de Montréal*, il affirmait:

— Cessez de croire aux miracles. Jacques a beaucoup de talent,
mais il ne faut pas s'imaginer qu'il s'imposera dès ses premiers tours
de piste. Les voitures de formule 1 ont une technologie totalement
différente, beaucoup plus sophistiquée que celles utilisées en
IndyCar. Jacques aura peu de temps pour s'habituer au freinage
avec les freins au carbone, à la puissance du moteur Renault et à la
tenue de route exceptionnelle de la Williams.

Joint à Silverstone après les premiers essais, Jacques n'était pas
impressionné outre-mesure par ce premier contact:

— Aucun problème d'adaptation jusqu'à maintenant. Le
moteur de mon IndyCar est plus puissant, mais la Williams est
plus légère, donc plus facile à manier. La tenue de route est exceptionnelle, tout comme les freins au carbone. J'aime beaucoup la
boîte de vitesses semi-automatique; c'est comme si l'on manipulait
les manettes d'un jeu informatisé.

Il prouva ce qu'il avançait puisqu'en moins de trois jours d'essais privés, Jacques s'imposa au point que Frank Williams lui
proposait sur-le-champ un contrat ferme pour deux saisons avec
son équipe et une option sur une troisième. Ces essais eurent lieu
quelques jours après la présentation du Grand Prix Player's de
Trois-Rivières où j'ai rencontré le président Don Brown:

— Je reste convaincu que Jacques a besoin d'une autre saison
d'apprentissage en Amérique du Nord et qu'il restera avec nous.

Cela m'incitait à écrire dans le *Journal de Montréal*:

— Jacques doit penser à la formule 1, mais pas pour l'instant,
sachant qu'il ne pourra plus s'amuser lorsqu'il fera partie intégrante
du grand cirque. C'est davantage son gérant Craig Pollock qui le

motive à penser formule 1. Surtout qu'il a un ego plus grand que la planète et que l'IndyCar n'a plus suffisamment d'attrait à ses yeux.

Comme il était facile de l'imaginer, l'orgueilleux gérant fut insulté par ce commentaire. Cela allait créer de sérieux remous dans nos relations à compter de ce jour-là! La prochaine étape pour Jacques était son retour en piste sur le circuit de Mid-Ohio; le jeudi matin, avant de partir pour cette course, je recevais un appel de Barry Green:

— C'est fait. Jacques s'en va en formule 1. Il a signé avec Williams.

Quelques heures plus tard, les dirigeants de Player's, furieux de cette décision, envoyaient un communiqué de presse aux médias pour confirmer que Jacques Villeneuve quittait l'IndyCar. Le fait d'officialiser la nouvelle souleva la colère du clan Villeneuve. On voulait attendre quelques jours avant de confirmer les rumeurs. Un peu perturbé, Jacques effectuait une de ses rares sorties de piste durant les premiers essais.

— Je dois réapprendre à conduire une IndyCar. Je m'ennuie déjà de la boîte semi-automatique de la Williams.

Il éluda rapidement toutes les questions sur son éventuel passage à la formule 1:

— Je ne veux plus en parler d'ici la fin de la saison. Je suis ici pour essayer de gagner le championnat IndyCar. Lors des prochaines semaines, je veux me consacrer exclusivement à atteindre cet objectif. Après, nous aurons amplement de temps pour parler de formule 1.

Il termina le week-end avec une 3e place avant d'ajouter une 4e à Loudon, au New Hampshire, une 12e à Vancouver et une 11e place à Laguna Seca. Un résultat suffisant pour lui assurer le premier championnat de sa carrière.

— Je me sens prêt maintenant pour entreprendre ma carrière en formule 1.

Chapitre 26

Vice-champion du monde

Immédiatement après l'obtention de son premier championnat, le *p'tit* Jacques, devenu grand, retournait en Europe, sa terre d'adoption. Un nouveau défi l'attendait: se familiariser avec le pilotage d'une formule 1 avant d'entreprendre la saison 1996 et ses 16 Grands Prix.

Intelligents et prévoyants lors des négociations intensives, Craig Pollock et Julian Jakobi ont exigé de Frank Williams la participation de Jacques à de nombreux essais privés pour qu'il s'intègre bien à l'équipe, en plus de se sentir à l'aise au volant de ce nouveau type de monoplace. Pas n'importe laquelle: une Williams-Renault reconnue par tous les observateurs et spécialistes comme étant la meilleure monoplace du moment. L'histoire se répétait. Encore une fois, Jacques amorçait une nouvelle étape de sa carrière dans des conditions de rêve. Jamais, même pas son père avec Ferrari et sa piste d'essais privés à Fiorano, un nouveau venu en formule 1 n'avait autant roulé en essais privés avant le début d'une première saison.

– J'ai effectué plus de 10 000 kilomètres d'essais sur différents circuits. J'ai l'impression de toujours avoir conduit une formule 1 et d'avoir plus d'une année d'expérience.

Vrai au niveau de sa préparation physique et mécanique, mais ces essais sur piste n'avaient rien de comparable au défi d'un week-end de Grand Prix: la présence des innombrables journalistes venus des cinq continents, des représentants de tous les commanditaires de l'équipe, le nombre limité de tours pour s'adapter à un circuit méconnu, sans oublier la tension d'une séance de qualification ne pouvant pas être simulées en essais privés.

Il restait donc beaucoup à apprendre.

À la demande des dirigeants de Rothmans, le commanditaire principal, Jacques était revenu à Montréal pour une tournée promotionnelle, en janvier, dans le cadre du Salon de l'auto. L'accueil qu'il y a reçu était digne de celui d'une méga-star: limousine, escortes, gardes du corps, rencontre minutée avec les représentants des médias.

– Un accueil chaleureux et motivant à quelques semaines du début de la saison. À ma prochaine visite dans le cadre du Grand Prix du Canada, au mois de juin, j'espère que je serai à la hauteur des attentes de tout ce monde.

À ce moment-là, je vivais une période sombre. De nouveau, la relation avec ma conjointe était à la dérive. Pour ajouter à mon désarroi, je devais recommencer à voyager à travers le monde. Le seul point positif: l'arrivée de Jacques en formule 1 suscitait un intérêt et une passion inégalés envers un athlète de chez nous. Cela m'ouvrait les portes au plan professionnel. Sans compter qu'un nouveau défi m'attendait avec une nouvelle association signée durant l'hiver afin d'effectuer des reportages pour les stations radiophoniques CKVL et CKOI de Montréal. De l'autre côté, Craig Pollock n'avait rien oublié de mon commentaire acerbe, six mois plus tôt. Durant l'hiver, son message était catégorique.

– Tu n'auras plus aucun privilège auprès de Jacques. Tu seras un journaliste comme les autres. Il ne sera pas question de cohabiter avec l'écurie comme tu le faisais en IndyCar.

En guise de représailles, il n'avait pas hésité à signer une entente avec le quotidien *La Presse*, le concurrent du *Journal de Montréal*, pour la publication d'une chronique de Jacques, 48 heures après chacun des Grands Prix.

Le climat n'était pas idéal pour amorcer mon retour à temps plein à la couverture des Grands Prix de formule 1 et je tenais à poursuivre mon expérience avec la série CART entre deux Grands Prix. Pour éviter un boycott complet du clan Villeneuve, j'ai fait appel à une vieille connaissance au sein de l'écurie Williams, la relationniste Ann Bradshaw – elle accompagnait Jacques à Montréal – pour essayer de trouver un terrain d'entente.

– Pierre, ne sois pas inquiet. Nous avons travaillé pendant plusieurs années ensemble et ton professionnalisme est reconnu. Nous allons établir une politique pour favoriser les rencontres entre Jacques et les journalistes canadiens. Tu seras traité comme tous tes confrères. Le passé appartient au passé et nous repartons de zéro sans tenir compte de tes difficultés avec Craig. Je vais d'ailleurs lui en parler.

J'étais prêt à faire intervenir Bernie Ecclestone s'il le fallait. Nous avions développé une relation cordiale entre 1988 et 1992, surtout après l'histoire Labatt-Molson. Je lui avais d'ailleurs fortement recommandé l'embauche de Normand Legault au poste de directeur général. Il est devenu depuis le propriétaire de cet événement.

Malgré les propos de madame Bradshaw, les patrons du *Journal de Montréal* étaient inquiets:

– Comment vas-tu te débrouiller? Nous ne voulons pas souffrir de ton conflit avec le clan Villeneuve!

J'étais le premier conscient de la situation:

– J'ai toujours atteint mes objectifs. Il suffit de me faire confiance. Je saurai bien me débrouiller pour que les lecteurs du Journal soient bien informés, tout comme les auditeurs du réseau radiophonique CKVL-CKOI.

New kid on the block

Moins de deux mois plus tard, j'arrivais à Melbourne, en Australie, pour le premier Grand Prix de la carrière de Jacques Villeneuve et je constatais qu'il n'avait pas changé d'un iota. Il affichait toujours son allure décontractée, comme en série CART. La présence de centaines de journalistes qui avaient côtoyé et parfois vénéré son père ne l'empêchait pas de refuser de parler de lui ouvertement:

– Je ne suis pas ici pour perpétuer la mémoire de Gilles. Je suis fier de ce qu'il a accompli, mais j'ai toujours voulu devenir pilote de course pour atteindre mes propres objectifs.

Ses propos directs choquaient, comme son accoutrement et son attitude. Avant même d'avoir effectué ses premiers tours de piste officiels, il avait ses dénigreurs. Surtout qu'il remplaçait l'Écossais David Coulthard, un pilote sympathique et populaire auprès des journalistes, aux côtés de Damon Hill, le mal-aimé de la formule 1. Le fils de l'illustre Graham Hill véhiculait la réputation d'un pilote mentalement trop fragile. Surtout qu'il avait échoué lors des deux années précédentes, au volant d'une voiture dominante, dans sa tentative d'arracher un titre mondial à l'illustre pilote allemand Michael Schumacher. Ce dernier était devenu numéro 1 chez Ferrari après avoir accepté un contrat de plus de 25 millions de dollars en devises américaines.

Jacques était loin de cette somme. Quelques indiscrétions avaient permis de savoir que ses émoluments atteignaient 18 millions pour trois ans, s'il parvenait à atteindre tous ses objectifs.

En arrivant dans le paddock, après un voyage de 31 heures entre Miami, Los Angeles, Sydney et Melbourne, ma première rencontre fut avec Jacques Villeneuve. Spontanément, il s'est arrêté pour venir me saluer pendant que Craig Pollock discutait avec un groupe de personnes. Il venait de participer à une rencontre de presse que j'avais ratée à cause de mon arrivée tardive:

– Bonjour Pierre, je suis heureux de te revoir.

L'entretien dura quelques secondes seulement. Craig, dès son retour comme garde du corps, exigeait de sa part qu'il poursuive son chemin:

– Excuse-nous, Jacques a un rendez-vous important et nous sommes en retard.

Quelques minutes plus tard, je revoyais Jacques dans le garage de l'équipe – l'accès m'était interdit – blaguant avec des amis.

Ça commençait sur une mauvaise note.

Les observateurs prédisaient un championnat facile à Damon Hill. De l'avis de tous, l'écurie Williams disposait encore de la meilleure combinaison voiture/moteur. Le Britannique n'avait pas à redouter Schumacher qui se retrouvait au sein d'une écurie encore désorganisée. Sans compter que les premiers essais comparatifs d'avant-saison n'avaient rien de rassurant. Selon ces mêmes spécialistes, Villeneuve ne représentait pas une menace sérieuse en raison de son inexpérience et des nombreuses pistes qu'il ne connaissait pas. Ni son titre de champion de la série IndyCar, ni sa victoire au Indy 500 ne pesaient lourd dans l'analyse des aspirants au titre.

À l'issue de la première journée d'essais sur cette piste nouvelle pour tout le monde, il y avait beaucoup de visages longs dans la salle de presse: Villeneuve était premier devant tout le monde, y compris Hill.

Sarcastique, je n'ai pu m'empêcher de dire à mes confrères:

— Pas si mal pour un gars de l'IndyCar. Mais il m'a un peu déçu (!). Je suis convaincu qu'il aurait pu faire mieux.

Jacques affichait un sourire espiègle, surtout heureux d'avoir bousculé les idées préconçues des connaisseurs!

— Certaines personnes vont peut-être prendre conscience de la valeur de la série IndyCar et de la qualité de pilotage qu'on y retrouve.

Ses détracteurs avaient préparé une réplique:

— Attendons les essais officiels avant de crier victoire.

D'autres avaient été plus rapides sur la gâchette en titrant: *The new kid on the block!*

De passage dans la salle de presse, même Bernie Ecclestone, heureux d'avoir arraché ce talentueux pilote à la série IndyCar qu'il déteste à s'en confesser, avait été élogieux:

— Il est aussi bon que Michael Schumacher et je le favorise pour remporter le championnat.

Ce n'était pas suffisant pour convaincre les sceptiques pas plus que le fait qu'il se qualifia premier devant son coéquipier Hill et les Ferrari d'Irvine et de Schumacher.

— Attendons le résultat de la course!

À cinq tours de l'arrivée, Jacques était toujours premier, mais son moteur laissait échapper une inquiétante fumée depuis une légère sortie de piste après son ravitaillement. Cela avait provoqué une petite fissure dans un conduit d'huile. En assistant à la démonstration de ce virtuose du volant, je ne cessais, tour après tour, de répéter à ces confrères:

— Pas si mal pour un gars de l'IndyCar. Peut-être qu'un jour il sera au niveau des meilleurs de la formule 1.

Comme tous les supporters de Jacques, j'étais déçu de le voir ralentir pour laisser passer Damon Hill en fin de course.

— J'ai hésité longtemps, je tenais tellement à gagner cette première course. Je devais ralentir car je risquais l'abandon. Je n'avais presque plus d'huile dans le moteur.

Il aurait inscrit son nom dans le livre des records à tout jamais en remportant son premier Grand Prix. Mais il venait de prouver à beaucoup de monde, moi y compris, qu'il avait sa place en formule 1.

Dialogue avec un ingénieur surdoué

En arrivant au Brésil quelques semaines plus tard pour la deuxième course, j'avais une idée en tête: rencontrer Craig Pollock pour trouver un terrain d'entente afin de faciliter mon travail. Cela n'avait pas mal fonctionné à Melbourne, mais il y avait place pour de l'amélioration. Dans mon esprit, une bonne discussion s'imposait:

— Je reconnais avoir exagéré dans mon commentaire lors de la décision de venir en formule 1. Ce fut une erreur de ma part. Jacques a prouvé à tout le monde, et à moi le premier, qu'il était prêt pour ce changement.

Cette confession mit un peu de baume sur la plaie. En contrepartie, Pollock acceptait d'adoucir sa position pour faciliter mon travail auprès de Jacques. À compter de ce moment-là, sans retrouver l'entière complicité de nos trois années en Amérique du Nord, notre relation de travail fut beaucoup plus agréable.

En IndyCar, Jacques a développé une relation particulière avec son ingénieur. Pouvait-il réussir à nouveau en formule 1 avec Jock Clear, un jeune et brillant ingénieur britannique formé à l'école Williams?

— C'est différent d'avec Tony, mais notre relation est excellente. Le support technique n'a rien de comparable à celui de l'équipe en IndyCar et nous avons beaucoup de ressources pour travailler.

J'ai profité de ce Grand Prix du Brésil pour rencontrer Jock Clear quelques heures avant le début de la course.

— Jusqu'à maintenant, nous avons tous été impressionnés par les qualités de Jacques. Il travaille fort, n'hésite jamais à essayer de nouvelles choses pour tenter d'améliorer le rendement de la voiture. Avec son expérience de l'IndyCar, il apporte des idées nouvelles. Elles ne vont pas toujours dans la direction que nous désirons, mais il faut lui faire confiance.

Cette interview m'a permis d'établir de bons contacts. À plusieurs reprises, par la suite, j'ai profité de la volubilité de Jock qui s'efforçait de discuter en français.

Incapable de répéter son exploit australien, Jacques n'était pas malheureux de prendre le départ en troisième position, mais un défi de taille l'attendait pendant la course: il pleuvait.

— Nous n'avons pas effectué beaucoup d'essais dans ces conditions et je n'ai jamais disputé une course sur une piste détrempée en IndyCar. Il m'a donc fallu quelques tours avant de m'habituer.

Une erreur de jeunesse le poussa à commettre une faute au 26e tour. Le pilote français Jean Alesi, un spécialiste de ces conditions, venait de le surprendre. En voulant reprendre sa 3e place rapidement, Jacques se retrouva à l'extérieur de la piste et perdit de précieux points.

Il se présenta, une semaine plus tard, à Buenos Aires pour le Grand Prix d'Argentine avec le double défi d'être performant tout en se familiarisant avec un nouveau circuit:

— Pas facile, surtout avec le nombre limité de tours et de pneus mis à notre disposition.

Ce handicap ne l'empêcha pas de se qualifier de nouveau 3e derrière Hill et Schumacher. Malheureusement pour lui, un départ raté le relégua en 9e place.

— Cela m'a permis de m'amuser un peu durant les premiers tours en effectuant quelques bons dépassements.

Après son premier ravitaillement, il était de retour à la 4e place, tout juste avant de revivre les bons moments de l'IndyCar, avec l'utilisation d'une voiture de tête pour dégager les voitures accidentées:

— On devrait l'utiliser davantage. Cela permettrait d'assister à des courses plus serrées.

Les abandons de Schumacher et de Berger lui permirent de terminer deuxième, comme en Australie, derrière Hill vainqueur des trois premiers Grands Prix, et qui totalisait maintenant 30 points contre 12 pour Villeneuve.

La première victoire

— Je crois en mes chances de remporter le championnat, mais j'aurais besoin de gagner prochainement pour empêcher Damon de prendre une avance insurmontable.

Ce vœu pieux, Jacques l'exprimait en arrivant sur le circuit du Nürburgring, en Allemagne, théâtre du Grand Prix d'Europe, la première manche du championnat disputée sur le vieux continent. Craig Pollock – nos relations s'étaient améliorées au fil des courses – ne mit pas beaucoup de temps à comprendre que son protégé était déterminé:

— Je le connais bien. Il est déterminé et il nous prépare un grand coup d'éclat. J'en suis convaincu.

Après s'être qualifié 2ᵉ tout juste derrière Damon Hill, Jacques invitait ses proches à être attentifs:

— Ne ratez pas le départ, j'ai l'intention de prendre rapidement les devants.

Profitant dès le départ de la maladresse de son coéquipier, Jacques s'octroyait la position de commande dès les premiers instants de la course. Derrière lui, David Coulthard ne pouvait pas soutenir le rythme de Jacques, mais Michael Schumacher, le héros local, était en pleine remontée. Après la première ronde de ravitaillement, il était sur les talons de la Williams numéro 6 de Villeneuve. À deux tours de l'arrivée, les chronomètres électroniques ne contredisaient pas les images diffusées aux trois quarts de milliard de personnes: Schumacher était à 210 millièmes de seconde de Jacques. En fait, le rouge de sa Ferrari remplissait totalement les rétroviseurs de la monoplace de Jacques. Après une attente de près de 15 ans, l'hymne national canadien se faisait entendre de nouveau sur un podium de formule 1: Jacques venait de remporter sa première victoire à son 4ᵉ Grand Prix en devançant un double champion du monde par sept dixièmes de seconde!

— Je n'étais pas inquiet d'être devancé par Michael sur une piste dégagée, mais je redoutais une attaque de sa part lorsque j'arrivais derrière un retardataire. Remporter la victoire de cette façon, tout juste devant un pilote de la trempe de Michael, donne un excellent *feeling*. Je préfère de beaucoup une course comme celle-ci plutôt qu'une chevauchée seul en tête.

Encore une fois, il refusait d'associer ce triomphe au souvenir de son père:

— Il doit sûrement être heureux, mais je veux dédier cette victoire à l'équipe.

Dans la course au championnat, Jacques retranchait sept points à l'avance de Hill (33 à 22), quatrième à l'arrivée.

Courses à oublier

Pour les épreuves suivantes, Jacques avait un handicap de moins à surmonter: il connaissait les circuits.

En arrivant à Imola pour le Grand Prix de San Marino, il faisait preuve d'une confiance tout à fait justifiée:

– J'ai couru ici en formule 3 et nous avons effectué des essais privés avant le début de la saison. Je n'ai donc pas à me soucier d'apprendre le circuit.

Une première déception l'attendait: une 3e place sur la grille de départ.

– Je n'ai pas bien exploité les dernières minutes de la séance, contrairement à Michael et à Damon plus expérimentés que moi dans ces situations.

Cela ne l'empêchait d'être confiant pour le départ, sauf que le vrai scénario n'avait pas été prévu:

– Après un accrochage avec Jean (Alesi) au départ que j'ai partiellement raté, j'ai été obligé de revenir à mon stand sur trois roues pour remplacer mon pneu crevé.

Dernier après cet arrêt, Jacques remontait jusqu'en 6e place avant d'abandonner en raison d'une panne électrique, à cinq tours de l'arrivée. La 4e victoire de sa saison assurait à Damon Hill 43 points au championnat contre 22 pour Jacques. C'était suffisant pour que j'écrive dans le *Journal de Montréal: Damon Hill sera champion du monde!*

Deux semaines plus tard, Jacques était heureux de courir chez lui à Monaco. Pour y avoir marché des centaines de fois et l'avoir parcouru durant ses années en formule 3, le tracé de la Principauté ne représentait pas un handicap.

– Sauf que c'est totalement différent au volant d'une formule 1.

Alors qu'on attendait une brillante performance de sa part, Jacques se sentait étouffé, incapable de surmonter cette pression externe. Un problème analogue à celui qu'il avait vécu lors de sa première présence au Molson Indy de Toronto dans la série CART-PPG où il avait été surmené en raison d'un travail promotionnel mal planifié.

– Je n'ai pas l'impression d'être chez moi, même si je vis ici depuis 17 ans maintenant.

Mentalement, on le sentait diminué au point d'être incapable de faire mieux qu'une 10ᵉ place lors de la qualification.

Craig Pollock y voyait un signe précurseur:

– Tout au long du week-end, Jacques s'est senti étouffé. Il y avait trop à faire en dehors du pilotage. Nous ne commettrons pas la même erreur à Montréal.

Revenu en 4ᵉ place dans le dernier tiers de l'épreuve, Jacques pouvait espérer une place sur le podium en raison des nombreux abandons, mais Luca Badœr, un retardataire, refusa de lui céder le passage. La bonne nouvelle, c'est que l'écart au championnat n'avait pas changé, Damon Hill ayant lui aussi abandonné.

Jacques retrouvait la forme pour le Grand Prix d'Espagne, à Barcelone, avec une 2ᵉ place lors de la qualification, de nouveau derrière Hill. Un problème de taille attendait toutes ces stars de la formule 1, le dimanche matin: il pleuvait abondamment, ce qui rendait les conditions difficiles.

– Après mes deux abandons d'Imola et de Monaco, j'ai besoin d'un bon résultat. Ce ne sera pas facile, car je manque toujours d'expérience sous la pluie, mentionna Jacques.

Cette inexpérience ne l'empêchait pas de surprendre tout le monde au départ pour se retrouver à la position de leader.

– J'avais de la difficulté à garder la voiture sur la piste tant les conditions étaient difficiles au début. Je n'avais pas les bons réglages pour ces conditions. Lorsque j'ai vu Michael (Schumacher), puis Jean (Alesi) derrière moi, je n'ai pas essayé de résister. Je savais qu'ils étaient plus rapides en raison de leur expérience. Pour moi, l'important était de terminer la course.

Jacques était donc heureux de se retrouver sur le podium pour la quatrième fois de l'année avec cette 3ᵉ place:

– Ce fut une course longue et difficile. J'avais terriblement froid dans la voiture et je grelottais encore sur le podium, mais l'important est d'avoir retranché des points à l'avance de Damon.

Seulement 17 points les séparaient, sauf que Jacques avait de la compagnie au 2ᵉ rang avec Michael Schumacher qui, en l'emportant en Espagne, totalisait désormais 26 points, tout comme lui.

À Montréal, comme un héros

L'épreuve suivante était attendue avec impatience par Jacques et ses admirateurs de plus en plus nombreux, comme en témoignaient les gradins remplis à pleine capacité et tous les billets vendus à l'avance, une première dans l'histoire du Grand Prix du Canada au circuit Gilles-Villeneuve de l'île Notre-Dame. Craig Pollock avait pris une importante décision:

— Il n'est pas question de soumettre Jacques à un horaire de fou. S'il avait fallu accepter toutes les demandes, il n'aurait jamais eu le temps de piloter sa voiture. En accord avec les dirigeants de l'équipe et du commanditaire, il consacrera une seule et unique journée aux représentants des médias.

Jacques avait droit à toute l'attention d'un public désireux de vibrer de nouveau et de journalistes empressés de mieux connaître ce nouveau phénomène.

— Je suis un peu angoissé, car rien ne me ferait plus plaisir que de gagner à Montréal.

Jacques détestait l'idée d'être autant sous les feux de la rampe et il l'a clairement exprimé lors d'une gigantesque rencontre de presse retransmise en direct par toutes les chaînes de télévision:

— Je me sens un peu comme une souris en cage.

Malgré lui, il fut au centre d'une polémique le vendredi matin à la suite d'un article du confrère Mario Leclerc publié dans le *Journal de Montréal* et coiffé du titre: *C'est qui ça, Jacques Villeneuve?*

Joint à son domicile de Saint-Cuthbert, *l'Oncle* en avait gros sur le cœur à propos de son neveu. Ses propos laissaient croire qu'il jalousait la réussite du *jeune*. Il lui reprochait de ne pas cultiver les liens familiaux. Encore une fois, même si *l'Oncle* n'avait pas entièrement tort dans ses commentaires, le *timing* était mauvais pour s'exprimer publiquement. Durant cette semaine-là, son neveu aurait pu être élu Premier ministre de la province sur-le-champ tant il était populaire.

Le *jeune* n'a pas mâché ses mots dans sa réplique:

— Si c'est si facile de conduire une formule 1, comment se fait-il qu'il est encore planté à la maison?

Plus tôt dans la journée, avant le début des essais, j'ai rencontré Jacques pour lui faire lire l'article.

— Pierre, je ne veux pas répliquer à cela sur la place publique. Il a droit à ses opinions.

Dans mon esprit, il devait répondre aux propos de son oncle, surtout qu'il n'avait rien à se reprocher.

— Jacques, je sais que tu as versé au moins 10 000 dollars à ton oncle l'hiver dernier pour lui permettre de participer aux courses de motoneiges. Il me l'a confié. C'est injuste qu'il te dénonce de la sorte aujourd'hui. Tu dois réagir.

Après quelques secondes de réflexion, il m'a dit:

— Si tu as cette information d'une autre source que moi, tu peux l'écrire, moi je ne peux pas t'empêcher d'effectuer ton travail.

J'ai effectivement fait la mise au point.

Cet incident n'a pas empêché Jacques de s'imposer avec une deuxième place lors de la qualification, à seulement deux centièmes de seconde de Hill. Les nombreux amateurs présents pour la course auraient aimé entendre le *Ô Canada* lors des cérémonies, mais Jacques échoua par seulement quatre secondes derrière Hill.

— J'aurais préféré gagner, mais je dois me satisfaire de cette 2e place. Tout s'est joué au départ. Si j'avais pu devancer Damon, le résultat aurait probablement été différent. Je n'avais jamais disputé une course avec une aussi grande tension, mais cela m'a motivé.

Cette course marquait la fin de la première moitié de la saison tout à l'avantage de Damon, avec cinq victoires et 53 points comparativement à 32 points pour son jeune coéquipier.

Accumulation de victoires

L'épreuve suivante était le Grand Prix de France présenté au circuit de Magny-Cours, étape importante dans la saison pour le motoriste Renault, partenaire de premier plan de l'écurie Williams.

On attendait beaucoup du duo Hill-Villeneuve, mais Jacques compromettait sérieusement ses chances de victoire en se payant une spectaculaire sortie de piste lors de la qualification, à plus de 220 kilomètres à l'heure.

— Je n'ai pas eu le temps d'avoir peur, mais cet accident survenu à haute vitesse aurait pu avoir des conséquences beaucoup plus graves. J'ai mal au cou, mais rien pour m'empêcher de prendre le départ de la course.

La coque était détruite, mais après avoir travaillé toute la nuit sans interruption, les mécaniciens lui offraient une nouvelle voiture pour prendre le départ en 6e place. Jacques leur offrit une superbe récompense en venant terminer deuxième derrière Hill, permettant à Renault d'inscrire une première: les quatre monoplaces équipées de leur V-10 terminaient devant tout le monde, car Alesi et Berger suivaient immédiatement les deux pilotes Williams.

— Je devais bien cela à mes mécaniciens.

Jacques était impatient de renouer avec la victoire et il avait fait une promesse avant de quitter Montréal:

— J'en dois une à Damon et je serai très motivé lors du prochain Grand Prix d'Angleterre.

Encore une fois, Jacques passa de la parole aux actes à cette épreuve britannique, la plus importante pour son écurie. Pour la première fois de l'année, j'étais absent car j'avais décidé de prendre un peu de répit après un début de saison sans trêve d'un week-end à l'autre. Je paissais plus de temps dans les aéroports, les avions et les hôtels qu'à la maison, avec le calendrier combiné de couverture formule 1/IndyCar. Cela ne m'empêchait pas de suivre cette course à distance. Comme tout le monde, j'avais le cœur à la fête en voyant Jacques se moquer de son coéquipier au départ. Hill devait abandonner après seulement 26 tours.

– Une victoire importante qui me replace dans la course au championnat.

Effectivement, le score était de 63 à 48 quand les deux aspirants au titre se présentèrent sur le circuit d'Hockenheim pour la présentation du Grand Prix d'Allemagne. Sur un des tracés rapides de la saison, Jacques offrit sa deuxième contre-performance de l'année en se qualifiant 6e. Il a fallu attendre jusqu'au dimanche matin pour connaître la source de son problème :

– En vérifiant la voiture, hier soir, les mécaniciens ont découvert un amortisseur grippé. Cela me coûtait quelques dixièmes de seconde qui auraient pu faire la différence.

Heureusement, il se reprit un peu en course et termina troisième pour son 7e podium de la saison, pendant que Damon Hill reprenait une priorité de 21 points grâce à sa septième victoire de l'année. Son plus bel exploit a été son superbe dépassement de Schumacher après son ravitaillement.

– Il savait que je venais de sortir des puits et ne s'attendait probablement pas à une tentative de dépassement de ma part. Je l'ai surpris par l'intérieur au bout de la ligne droite.

Logiquement, Jacques partait négligé pour la manche suivante, au bizarre circuit de Budapest, en Hongrie, surnommé *le tourniquet* par les confrères de la presse française. Il ne connaissait pas ce tracé et se sentait toujours plus à l'aise sur un parcours rapide :

– Honnêtement, je ne suis pas tellement optimiste pour ce Grand Prix. À première vue, le circuit me semble inintéressant, mais j'ai besoin d'un bon résultat pour le championnat.

À sa grande surprise, il disposait d'une voiture compétitive qui lui permettait d'être rapide presque instantanément. Il était donc heureux d'être 3e lors de la qualification à seulement un dixième de seconde de Schumacher.

– J'étais sur le bon côté de la piste pour le départ. Lorsque Damon a éprouvé des difficultés, j'ai pu en profiter pour suivre Michael. Il pilotait une voiture moins efficace que la mienne.

L'idée de s'arrêter trois fois a fait la différence, puisque j'ai pu dépasser Michael avant qu'il soit victime de son bris mécanique.

La fin de course fut excitante en raison de la remontée de Damon Hill.

— Sa voiture était un peu plus efficace que la mienne, mais à moins que je commette une faute, je savais qu'il ne pouvait pas me dépasser. Il n'y pas de place pour l'erreur et j'étais heureux de croiser la ligne d'arrivée puisqu'il était tout juste derrière moi.

Ce nouveau doublé assurait le titre des constructeurs à Williams.

— Maintenant, je pourrai penser en fonction du championnat des pilotes.

Rapidement, Jacques tomba amoureux du majestueux circuit de Spa-Francorchamps, en Belgique, reconnu comme l'un des plus difficiles de la saison.

— Il devrait en exister plusieurs autres comme celui-là. Le challenge est très intéressant.

Il le prouva en s'adjugeant la deuxième position de tête de sa carrière, près d'une demi-seconde devant Hill, même s'il découvrait ce parcours:

— Il ne m'était pas parfaitement inconnu puisque je l'avais parcouru à plusieurs reprises sur un jeu vidéo. J'avais également visionné des cassettes des courses précédentes.

Jacques mit à profit sa position de tête pour dominer le premier tiers de la course, mais une erreur de communication lui coûta la victoire obtenue par Schumacher.

— Pour dégager une voiture sur la piste, les dirigeants venaient d'exiger l'utilisation de la voiture de tête. Jock (Clear) m'a appelé par radio pour me demander de m'arrêter, mais je n'ai pas bien compris son message. En m'arrêtant un tour plus tard, je savais que je venais de perdre la course. Comme Damon était loin en arrière, j'ai fait le maximum pour obtenir le plus de points.

Une fin de saison animée

Au départ du Grand Prix d'Italie, à Monza, seuls 13 points séparaient Jacques de son coéquipier. Comme plusieurs autres pilotes, dont Damon Hill, Jacques commettait l'erreur de toucher aux cônes mis en place pour empêcher de court-circuiter la première chicane, ce qui endommagea la suspension avant.

L'avant-dernière manche du championnat était celle du Grand Prix du Portugal à Estoril, là où Jacques avait effectué plus de la moitié de ses essais hivernaux:

— J'ai l'impression de connaître tous les défauts du revêtement.

Jacques avait une idée en tête: se qualifier en première place.

— Surtout que le circuit offre peu d'endroits pour dépasser.

Ce qui ne l'a pas empêché d'affirmer à Jock Clear et à ses acolytes:

— Si, en course, je suis obligé d'effectuer un dépassement décisif, j'ai l'intention de le faire à l'entrée de la dernière courbe rapide en utilisant l'extérieur.

La réponse a été instantanée de leur part:

— Si tu tentais une telle manœuvre, nous te ramasserions à la petite cuillère dans les glissières de sécurité. Il faut oublier cela Jacques, c'est complètement absurde comme idée.

Jacques rata son objectif par seulement neuf millièmes de seconde, battu par Damon Hill et une averse en fin de séance.

— C'est frustrant d'échouer d'aussi peu, surtout que j'aurais pu améliorer mon temps sans cette pluie. Je dois rester confiant car je l'ai déjà battu avant aujourd'hui alors qu'il était devant moi au départ.

Cette version, c'était celle réservée à tous les journalistes étrangers. En privé, il était plus catégorique:

— Je suis *en crisse* puisque j'y tenais beaucoup à cette *pole*. Il faut que je termine au moins quatre points devant Damon pour conserver mes chances de remporter le titre au Japon.

Le départ de la course n'a rien eu de rassurant puisque, au lieu de lutter pour la première place, Jacques se retrouvait 4e, derrière Damon, Alesi et Schumacher. Dans le clan Villeneuve, le moral était bas à la fin du premier tour, mais Jacques, souvent accusé de ne pas être batailleur comme un *vrai* Villeneuve, n'avait pas dit son dernier mot. En complétant le 16e tour, il fit vivre à tout le monde un des grands moments de cette saison de formule 1.

— Je pourchassais Michael depuis plusieurs tours déjà quand j'ai constaté qu'il s'approchait d'une voiture plus lente (la Minardi de Giovanni Lavaggi) à l'entrée du dernier virage. J'avais besoin de l'effet de surprise pour réussir ma manœuvre. C'est en voyant ma roue à ses côtés que Michael a réalisé ce qui se passait. Heureusement, il a joué fair-play en gardant sa position.

Ce dépassement spectaculaire, comme on en voit souvent en IndyCar, a été montré des centaines de fois aux téléspectateurs du monde entier, ébahis par une telle audace.

— Mon premier réflexe a été de dire par radio à mes ingénieurs: voyez, j'ai réussi!

Jacques était deuxième derrière Damon qu'il dépassa durant le troisième ravitaillement.

— Une victoire importante qui me permet d'avoir une chance de remporter le titre à l'occasion de la dernière course au Japon.

Hill était toujours premier avec ses 87 points, mais Jacques pouvait espérer le devancer avec une victoire combinée à un abandon du Britannique.

Quelques semaines auparavant, pour des raisons budgétaires et un manque de confiance dans les chances de voir Jacques lutter encore pour le titre au Japon, nous avions pris la décision de ne pas effectuer le déplacement. De plus, le décalage horaire était un handicap pour la publication des textes. C'est donc de mon bureau, avec la collaboration du confrère Gerry Donaldson, que j'ai assuré la couverture de cette course déterminante. Après avoir parcouru plus de 200 000 kilomètres en avion en six mois, je n'étais pas fâché d'éviter ce long déplacement.

– Contrairement à Damon, je n'ai rien à perdre lors de cette dernière course, mais tout à gagner. J'ai l'intention de rouler au maximum du début à la fin de ce week-end sur un circuit que j'affectionne.

Jacques a tenu sa promesse en s'offrant sa troisième position de tête de la saison à l'issue d'une magistrale performance face à Damon et à Schumacher.

– La pression est sur les épaules de Damon. Moi, j'y vais pour gagner; lui n'a pas le droit à l'erreur, racontait Jacques aux journalistes après les qualifications.

Hill est reconnu pour flancher sous la pression, contrairement à Jacques, mais ce dernier rata complètement son départ pour se retrouver 6e pendant que son coéquipier menait le troupeau. Au 36e tour, après son deuxième arrêt, les espoirs de Jacques prirent fin dans un bac à graviers, après la perte d'une roue, pendant que Damon filait vers sa huitième victoire de l'année et s'assurait un premier titre.

– Je suis déçu, mais je n'ai pas à rougir de cette première saison. Peu de personnes m'accordaient de chances d'être encore dans la course au titre lors du dernier Grand Prix. Je suis donc satisfait.

Dans les faits, Jacques n'avait pas tout perdu. Il était champion de la deuxième moitié de l'année avec 56 points comparativement à 44 pour Damon. Le championnat s'était joué au Brésil, à Imola et à Monaco où Jacques a perdu de précieux points. D'un autre côté, il venait d'emmagasiner suffisamment d'expérience pour bien préparer sa deuxième saison en formule 1.

Chapitre 27

Champion du monde

Jacques avait laissé échapper de peu le titre à sa première année. Mais, il avait gagné ses lettres de noblesse. La saison était à peine terminée qu'il arborait déjà la couronne de favori pour la suivante.

Il était acquis depuis le Grand Prix d'Italie, au mois de septembre 1996, qu'il aurait un nouveau coéquipier, puisque les services de Damon Hill, même s'il était en route vers son premier titre mondial, n'étaient pas retenus par l'écurie Williams. Frank Williams et son associé Patrick Head avaient suffisamment confiance en Jacques pour lui confier le poste de leader de l'équipe aux côtés de l'Allemand Heinz-Harald Frentzen.

Pendant que Jacques préparait sérieusement sa deuxième saison de formule 1 avec un vigoureux entraînement physique, je vivais une deuxième séparation. Du même coup, j'annonçais à Yvon Pedneault, le nouveau directeur des sports au *Journal de Montréal*:

– C'est ma dernière saison pour assurer la couverture des Grands Prix de formule 1. Il faudrait prévoir immédiatement la préparation d'un nouveau journaliste pour prendre la relève. Je vieillis et je me prépare à une 31e saison dans le monde de la course automobile, dont 22 comme responsable de la couverture des sports motorisés pour le Journal. Je ressens le besoin d'avoir un peu de stabilité, de retrouver mes enfants que je n'ai pas vu grandir.

La tête en paix, j'étais heureux de me diriger vers Melbourne (Australie) pour le premier Grand Prix. La semaine précédente, Jacques était dans une forme resplendissante lors de notre rencontre à Miami où il s'était arrêté pour revoir ses amis de la série CART-PPG. Quelques mois auparavant, dans le cadre du Grand Prix du Portugal, j'avais pris quelques minutes pour discuter avec Craig Pollock:

– Les patrons du *Journal de Montréal* étaient très déçus cette année de ne pas avoir la chronique de Jacques après chacun des Grands Prix. Si jamais il y avait un problème dans les négociations pour le renouvellement avec *La Presse*, sois assuré que nous sommes intéressés.

Sa réponse a été franche et directe:

– Nous n'avons pas été pleinement satisfaits de notre partenariat cette année. Je te remercie de ton offre et je vais m'en souvenir.

Au début de janvier, je recevais chez moi, par télécopieur, une proposition du clan Villeneuve. On nous offrait la possibilité d'avoir la chronique de Jacques. Quelques heures plus tard, j'étais au bureau, avec la proposition, pour rencontrer Yvon Pedneault. Le lendemain matin, les négociations étaient entreprises et le contrat signé en moins de 48 heures.

Lors d'un dîner de planification de début de saison, avant mon départ pour la Floride, mes patrons m'ont lancé:

– Tout ce qui nous manque, c'est la collaboration de Jacques pour enregistrer un message télévisé incitant les amateurs à lire sa chronique dans le *Journal de Montréal*.

Ma première réaction fut de remettre les pendules à l'heure:

– Il ne faudrait pas rêver en couleurs. Nous devrions déjà être comblés d'avoir pu conclure cette entente au détriment de *La Presse*.

Comme je savais d'avance que Jacques serait à Miami, j'étais décidé à lui demander une faveur spéciale. Tout le monde était de bonne humeur lors de cette première rencontre à la piste d'Homestead au sud de Miami. C'était une excellente occasion de tester, auprès de Pollock, l'état de mes relations avec le clan Villeneuve.

– Enregistrer un commercial pour promouvoir la chronique? Pourquoi pas? Je vais en discuter avec Jacques.

Vingt-quatre heures plus tard, Jacques s'exécutait devant la caméra de mon ami Jacques Poitras, présent à cette course pour la télédiffusion au Québec des images des courses CART et de formule Atlantic. Immédiatement après le tournage, une copie de l'enregistrement prenait la route de Montréal afin de préparer rapidement un commercial télévisé incitant les amateurs à lire la chronique de notre plus célèbre collaborateur. Ça commençait bien l'année.

Irvine, le joueur de bowling

– J'ai rarement été aussi bien préparé pour entreprendre une saison. J'ai travaillé très fort ma préparation physique et l'expérience de la première saison me sera très utile. Je sais à quoi m'attendre et il sera important de ne pas répéter les mêmes erreurs que l'an dernier.

D'être considéré comme le principal candidat au titre ne semblait pas exercer de pression sur lui, mais plutôt le motiver.

On le sentait plus libre de s'exprimer, plus confiant d'émettre ses opinions, même celles qui pouvaient causer des remous:

– Au début de la saison dernière, on m'imposait des réglages qui ne convenaient pas à mon style de pilotage, surtout avant le Grand Prix de Hongrie. Lors d'une séance d'essais privés sur la piste de Nogaro, en France, Patrick Head a finalement accepté de me laisser expérimenter certains réglages à mon goût. Comme j'ai gagné la course suivante, cela m'a ouvert les portes.

Jacques démontra qu'il fallait lui faire confiance dès cette première séance de qualification de la saison, en terminant une seconde et sept dixièmes devant son nouveau coéquipier Heinz-Harald Frentzen et plus de deux secondes devant les autres pilotes. Malheureusement, cette confortable avance a rapidement été anéantie dès les premiers instants de la course. Son ancien copain du Japon, Eddie Irvine, a décidé de jouer au bowling en retardant beaucoup trop son freinage à l'entrée du premier virage. Par cette manœuvre, l'Irlandais envoyait Jacques et Johnny Herbert dans le décor avant d'abandonner lui-même quelques mètres plus loin.

— Le pire idiot que je connaisse, clama Jacques Villeneuve en revenant à son stand la rage au cœur, le visage prêt à exploser.

En tête du championnat

Il était encore fou de rage en arrivant au Brésil trois semaines plus tard:

— Ce sont des points perdus comme ceux-là qui font la différence à la fin d'une saison.

Avait-il eu l'occasion de discuter avec Irvine?

— Cela n'aurait pas servi puisqu'il a la tête vide. Il n'a jamais rien compris et il ne comprendra jamais rien!

Jacques trouva un excellent moyen de se calmer en obtenant la position de tête, sa troisième consécutive, cette fois avec seulement une demi-seconde devant Schumacher, mais neuf dixièmes devant Frentzen qualifié en 8e place. Comme à Melbourne, Jacques voyait rouge au départ, cette fois avec l'arrivée en trombe de la Ferrari de Schumacher à ses côtés. Oubliant pendant une fraction de seconde sa mésaventure australienne, Jacques acceptait la confrontation directe en tentant une manœuvre risquée par l'extérieur pour garder sa position. Mal lui en prit. L'Allemand avait décidé de vivre avec son coup de poker, Jacques aussi. Se retrouvant sur la partie poussiéreuse de la piste, Jacques se vit déporté à l'extérieur pour une courte excursion sur le gazon; il était 7e à son retour en piste.

Béni des dieux, mais crucifié par les patrons de l'écurie, il avait la chance de son côté. Comme la voiture de Barrichello (le favori des Brésiliens) restait immobilisée sur la grille de départ, les dirigeants décidèrent d'interrompre la course avant la fin du premier tour. Cela signifiait une reprise des procédures de départ, donc une nouvelle chance pour Jacques...

— J'ai eu l'air d'un débutant lors de ce premier départ.

Jacques n'a pas la réputation de commettre la même erreur deux fois. À la reprise, malgré la même manœuvre du pilote de Ferrari, Jacques cédait au premier freinage.

— Durant l'interruption, je me suis préparé à une nouvelle tentative de sa part. Je lui ai cédé le passage car je savais que je pourrais reprendre ma position au bout de la ligne droite.

Il mit moins d'un tour à concrétiser son plan.

À l'arrivée, 72 tours plus tard, il était premier et remportait la 5e victoire de sa carrière, devant Gerhard Berger, Olivier Panis, Mika Hakkinen, Michael Schumacher et Jean Alesi. Ce triomphe lui permettait de rejoindre David Coulthard, vainqueur de la première course, en tête du championnat du monde. C'était la deuxième fois qu'un pilote canadien occupait cette position... 18 ans après Gilles!

Une sixième victoire

Deux semaines plus tard, le cirque de la formule 1 débarquait à Buenos Aires pour y disputer le Grand Prix d'Argentine. Mon confrère Pierre Durocher, comme prévu, me remplaçait puisque j'étais en Californie pour une course de la série CART-PPG.

Jacques n'avait surtout pas besoin de ma présence pour s'imposer. Encore une fois, le rôle de favori au championnat lui seyait très bien. Il le prouva en signant sa troisième *pole position* de la saison, sa quatrième de suite, cette fois huit dixièmes de seconde devant Frentzen qui l'accompagnait sur la première rangée de la grille de départ. Le pilote allemand était toujours à la recherche de ses premiers points au volant d'une Williams et la presse britannique commençait déjà à critiquer Frank Williams d'avoir congédié Damon Hill. Cette position de tête était d'autant plus méritoire que Jacques n'était pas au sommet de sa condition physique.

— J'ai attrapé (!) un virus entre les deux courses et je ne garde aucune nourriture depuis deux jours. Je me sens faible, expliquait Jacques.

Après le réchauffement du dimanche matin, on doutait même de ses capacités à prendre le départ. Pierre Durocher m'a joint en Californie pour m'annoncer:

— Jacques passe plus de temps aux toilettes qu'avec ses ingénieurs.

Encore une fois, le *feluette* refusa d'abdiquer en prenant le départ malgré sa mauvaise condition physique. Sans jamais défaillir au volant de sa Williams, il signait la 6e victoire de sa carrière.

— De loin, la plus difficile physiquement.

Du même coup, il égalait le nombre de victoires de son illustre père.

— Il faut cesser ces comparaisons. Je ne suis pas ici pour battre la marque de Gilles. Son souvenir est éternel. Même si je gagnais dix fois plus de Grands Prix, jamais je ne pourrais le faire oublier.

Ces propos, Jacques les tenait en arrivant à Imola pour y disputer le Grand Prix de San Marino. Quelques heures plus tard, lors d'une rencontre de presse obligatoire organisée par la FIA, Jacques en profitait pour frapper fort avec des commentaires acerbes que lui permettait son rôle de leader au championnat du monde:

— La nouvelle réglementation de la FIA prévue pour 1998, c'est de la merde. Cela nous enlèvera tout plaisir de conduire une formule 1. Si cela devait se produire, je n'hésiterais pas à retourner dans la série CART.

Quelques jours auparavant, l'écurie Williams avait amorcé les premiers essais avec les pneus rainurés et une voiture plus étroite de 20 centimètres, conforme à la nouvelle réglementation votée pour la saison 1998.

La critique était sérieuse et discréditait les dirigeants de la FIA, dont le président Max Mosley qui avait personnellement conduit ce dossier dans le dessein de réduire la vitesse des formules 1.

Cette prise de position n'empêcha pas Jacques de dominer de nouveau la séance de qualification, trois dixièmes de seconde

devant Frentzen. Avec cette cinquième position de tête consécutive, on commençait à relire le livre des records. Il lui en manquait
trois pour égaler le record du légendaire Ayrton Senna entre les
saisons 1988 et 1989. Jacques perdait sa première place à l'issue du
premier ravitaillement lorsque ses mécaniciens tentèrent de régler
un problème avec sa boite de vitesse. Au 40ᵉ tour, Jacques ne
pouvait plus continuer:

— Les rapports changeaient sans que j'intervienne.

La réplique

Ses commentaires furent tellement percutants que le président de la FIA, Max Mosley, ressentit le besoin de lui répliquer lors
du Grand Prix suivant, à Monaco.

— À l'écouter, on a l'impression que tous les pilotes étaient
médiocres avant son arrivée en formule 1.

C'était pour le moins cinglant.

Cela n'empêchait pas Jacques de dénoncer ces nouveaux
règlements. Il avait difficilement digéré les propos du président de
la FIA:

— Il a droit à ses opinions, mais ces nouveaux règlements sont
ridicules. Les voitures deviendront très difficiles à piloter.

Tout comme à sa première saison, Jacques perdit le sourire à
ce Grand Prix monégasque dès la séance de qualification. Pour la
première fois de l'année, il était devancé par Frentzen – vainqueur
de la course précédente à Imola – et par Schumacher.

— J'avais la voiture pour réussir, mais j'ai commis une faute
dans la deuxième moitié de mon tour rapide pour perdre quelques
dixièmes.

Ce problème était une peccadille comparativement à ce qui
l'attendait au départ de la course perturbé par une averse. Pendant
que Schumacher décidait de partir avec ses pneus sculptés pour la
pluie, les deux pilotes Williams, sur la recommandation de leurs
dirigeants, partaient avec des pneus pour le sec.

— Notre spécialiste de la météo prévoyait un assèchement rapide de la piste.

Jacques, comme son coéquipier, roulait sur une patinoire à cause d'un mauvais choix de pneus.

— Une décision de l'équipe que j'ai endossée, mais ce n'était sûrement pas la bonne.

Retour en tête

Grâce à sa victoire à Monaco, Schumacher se présentait à Barcelone pour le Grand Prix d'Espagne avec une avance de quatre points au championnat. Loin d'être découragé, Jacques reprenait sa bonne habitude en décrochant sa cinquième position de tête de la saison, devant Frentzen, pendant que son principal rival au championnat ne pouvait faire mieux qu'une 7e place. Le dimanche matin, tout le monde redoutait l'arrivée de la pluie, Villeneuve un peu plus que les autres:

— J'ai besoin d'une victoire pour reprendre le premier rang avant d'arriver à Montréal.

La pluie redoutée n'était pas au rendez-vous, au grand plaisir des supporters de Jacques. Il en profita pour prendre la commande dès le départ. À son grand étonnement, dans ses rétroviseurs, il apercevait la Ferrari de Schumacher dont l'incroyable départ lui avait fait gagner cinq positions.

— Je n'étais pas inquiet, surtout que ma Williams était moins gourmande en pneumatiques. Je savais que Michael ne pouvait pas soutenir un rythme rapide comme ma Williams me le permettait.

Sans difficulté, Jacques croisait la ligne d'arrivée devant deux autres francophones: Olivier Panis et Jean Alesi pendant que Schumacher terminait 4e. Du coup, il remportait sa troisième course de la saison et la 7e de sa carrière, pour éclipser la marque de son père. En arrivant dans la salle de presse, il était mal à l'aise de parler de cet exploit:

— Génial... mais je ne suis pas en formule 1 pour essayer de battre les records de mon père. C'est déjà une légende du sport automobile et même cette victoire ne changera rien à sa renommée!

Devant la FIA

Il était de retour en tête du championnat avant d'arriver à Montréal pour son Grand Prix national. Le week-end précédent l'épreuve montréalaise, un message m'attendait à l'hôtel, à Detroit où je m'étais rendu pour la course de la série CART-PPG: Craig Pollock voulait me parler. Il était 22 heures lorsque nous avons finalement pu nous joindre:

– Pierre, ça va mal pour Jacques. Les dirigeants de la FIA l'ont convoqué à une réunion spéciale mercredi prochain à Paris à cause de sa dénonciation publique des nouveaux règlements. La situation est sérieuse. Il pourrait être suspendu et ne pas participer au Grand Prix à Montréal.

Comme nouvelle, c'était une bombe! Pouvait-on imaginer la FIA empêchant Jacques Villeneuve, leader du championnat, de disputer son Grand Prix national? C'était courir le risque de provoquer la colère des milliers d'amateurs qui attendaient depuis des mois de célébrer les succès d'un Québécois de naissance. Pour la FIA, c'était une occasion unique de rabrouer un pilote devenu un peu trop contestataire au goût des autorités en place. Publiée à la *une* du *Journal de Montréal*, le samedi matin, cette nouvelle a rapidement fait le tour de monde par le biais de toutes les agences d'information.

Les cinq journées suivantes, tout le monde était sur les dents. Tous les scénarios étaient envisagés par le clan Villeneuve déjà arrivé à Montréal. On redoutait les effets négatifs sur la préparation mentale de Jacques à la suite de cette comparution. Pollock et les dirigeants de l'écurie britannique, avec leurs conseillers juridiques, s'étaient préparés à toutes les éventualités. Un jet privé de Bombardier avait été mis à la disposition de Jacques pour faciliter ce déplacement aller-retour à Paris. Finalement, après une brève comparution qui a permis à Jacques de s'expliquer, l'histoire se terminait en queue de poisson avec un blâme; ni suspension, ni

amende. Durant la nuit (fin de matinée à Paris), après la comparution, Craig Pollock laissait un message sur mon répondeur:

— Jacques est soulagé.

En réalité, il fulminait d'avoir été victime d'une aussi grosse
mise en scène pour une sanction aussi ridicule. Encore une fois,
très intelligent, Pollock avait bien joué ses atouts en communi-
quant l'information pour ameuter tout le monde. La nouvelle
avait tellement pris d'ampleur qu'elle empêchait les dirigeants de la
FIA d'imposer une sanction trop sévère. Cette thèse a d'ailleurs été
confirmée, plus tard dans la saison, par Francesco Longanese, le
responsable du service de presse de la fédération:

— La publication de cette nouvelle dans le *Journal de Montréal*
nous a causé beaucoup de soucis.

Jacques était soulagé à son retour à Montréal où une foule
immense de journalistes l'attendait de nouveau.

— Il faut maintenant oublier cette histoire et penser à la
course. Aucun doute, je veux faire mieux que l'an dernier.

Dans son esprit, seule une victoire pouvait le satisfaire.

Il enregistra sa première déception le samedi après-midi,
battu à l'issue de la séance de qualification comme l'année précédente par son principal rival au championnat.

— Seulement 13 millièmes de seconde, c'est frustrant.

Vingt-quatre heures plus tard, sa frustration se multipliait à
l'infini avec une vulgaire sortie de piste alors qu'il tentait de
compléter son troisième tour de piste. En ratant son point de corde
au freinage du dernier virage de la piste, Jacques perdait le contrôle
de sa Williams avant de percuter un mur de ciment.

— Entièrement de ma faute et de loin ma plus grande déception de la saison.

La douleur fut plus intense avec la victoire de Schumacher
qui reprenait ainsi le premier rang au championnat lors de cette
course écourtée en raison de la violente sortie de piste d'Olivier
Panis, blessé sérieusement aux jambes.

La vie en blond

De retour à Monaco, Jacques avait le goût de s'afficher librement, de transformer son look, même s'il se doutait qu'il provoquerait des remous. La veille de son départ pour le Grand Prix de France à Magny-Cours, il prenait une décision: se faire teindre les cheveux en blond.

— Il y a longtemps que j'y pensais. J'ai finalement pris la décision de le faire.

Non prévenu, Craig Pollock fut estomaqué en le voyant arriver sur le circuit.

— Il m'étonnera toujours, celui-là. Il aime provoquer, mais je n'ai pas l'intention de jouer son jeu. Il n'est pas question que je lui en parle, du moins pour l'instant.

En raison de la grève des contrôleurs aériens qui l'a empêché de se déplacer en jet privé avant la fin de l'après-midi, Jacques n'était pas à la rencontre de presse obligatoire de la FIA en fin d'après-midi, le jeudi. À la dernière minute, les responsables de Williams et de Renault décidèrent d'organiser une rencontre avec les médias pour satisfaire toutes les demandes. Cheveux blonds ou pas, cela n'allait pas lui couper la parole. Comme il l'avait fait à plusieurs reprises depuis le début de l'année, il n'a affiché aucune retenue dans ses commentaires, surtout lorsqu'il a été question de l'accident de Panis:

— Je déteste l'hypocrisie de certains pilotes. Ils se disaient tous attristés des blessures d'Olivier, après la course à Montréal, comme si sa vie était en danger. En réalité, il avait uniquement des fractures aux jambes, rien pour l'empêcher de poursuivre sa carrière après sa guérison. S'ils étaient sincères, ils n'avaient pas besoin de faire transmettre leur message par les médias. Ils n'avaient qu'à communiquer directement avec lui.

Dans ces propos généralisés, Jacques visait surtout Michael Schumacher. Jacques a toujours dénoncé la comédie du pilote allemand devant les journalistes. Encore une fois, il fut la cible de sévères critiques pour ses commentaires, certains l'accusant de n'avoir aucune sympathie envers ses confrères. Mais quelques mois plus tard, Olivier Panis lui donnait raison en revenant sur un circuit de formule 1 :

– Jacques fut le seul pilote à m'appeler au centre de réadaptation pour prendre directement de mes nouvelles et je lui en suis très reconnaissant.

Obligé d'utiliser le mulet préparé à l'intention de Frentzen pour compléter la qualification, Jacques ne put faire mieux que la 4ᵉ place à Magny-Court.

– Comme je suis le plus sérieux aspirant au titre pour l'équipe Williams, la voiture de réserve devrait toujours être à ma disposition.

En course, Jacques terminait quatrième après s'être battu avec acharnement pour terminer en force dans des conditions difficiles en raison d'une averse un peu après la mi-course. Pour la première fois de l'année, Jacques terminait sans gagner, mais il appréciait ses trois points :

– Cela pourrait faire la différence à la fin de la saison.

Il affichait maintenant 14 points de retard sur Schumacher, vainqueur pour une troisième fois.

– Il suffirait d'une victoire au prochain Grand Prix pour me replacer dans la course au titre.

Avant même de quitter Magny-Cours, Jacques préparait son retour en Angleterre où il était le champion défendant de la course de Silverstone. Impeccable lors de la qualification, Jacques profita des malheurs de Schumacher (bris de suspension) pour égaler la marque de sa première saison formule 1 avec une 4ᵉ victoire.

Le scénario se répète

Personne ne pouvait l'accuser d'être inconstant dans ses propos ou ses résultats. Comme en IndyCar, Jacques démontrait qu'il obtenait difficilement de bons résultats sur les pistes qu'il n'aimait pas (Imola, Monaco, Magny-Cours), mais qu'il devenait un adversaire redoutable sur ses pistes préférées comme Melbourne, Buenos Aires, Barcelone, Montréal, etc. Il ne fallait donc pas s'attendre à des miracles en arrivant à Hockenheim pour le Grand Prix d'Allemagne où il n'avait pas connu de succès en 1996. Il le prouva avec une décevante 9ᵉ place lors de la qualification.

– Ma pire performance depuis que je suis en formule 1. J'ai tout essayé, mais la voiture n'était pas efficace. Je tenterai d'amasser un maximum de points en course.

La volonté de réussir était là. À la mi-course, on le retrouvait en 4ᵉ place, talonné par Jarno Trulli, le remplaçant d'Olivier Panis au sein de l'écurie Prost. Ce dernier profitait d'une légère faute de Jacques pour le devancer, mais celui-ci acceptait difficilement l'affront. En voulant repasser rapidement le jeune Italien, Jacques ratait son freinage au bout de la ligne droite pour finalement sortir de piste à 12 tours de la fin.

Deuxième à l'arrivée derrière le surprenant Gerhard Berger, Michael Schumacher reprenait une priorité de 10 points au championnat.

Si on voulait respecter une certaine logique, il fallait favoriser de nouveau Jacques pour le Grand Prix suivant à Budapest, en Hongrie, où j'étais absent.

Comme tout le monde, Jacques fut surpris de la performance de Michael Schumacher, le plus rapide lors de la qualification avec un nouveau châssis modifié, mais surtout de la troisième place de son ancien coéquipier Damon Hill. Devenu premier pilote de l'écurie Arrows, le Britannique avait l'avantage d'utiliser des pneus Bridgestone, plus efficaces sur le circuit Hungaroring. Auteur d'un départ moyen, Jacques se retrouvait cinquième au premier tour avec Schumacher en position de leader, mais sérieusement menacé par Hill qui l'a dépassé au 11ᵉ tour. À ce moment-là, Jacques est revenu en troisième place avec un bon choix de pneus à gomme tendre. À la faveur des ravitaillements, il se retrouvait en deuxième place, mais ne pouvait rien faire contre la domination de Hill avec sa monoplace Arrows chaussée de pneus très efficaces. La question se posait: Hill pouvait-il finalement profiter d'une certaine fiabilité de sa monture? Cela n'avait pas été le cas lors de la première moitié de saison.

À trois tours de la fin, Villeneuve était résigné:

– Je me préparais à accepter cette deuxième place lorsqu'on m'a prévenu du ralentissement de Damon. Immédiatement, j'ai accentué mon rythme pour réduire l'écart le plus rapidement possible.

Une décision intelligente puisque les 33 secondes d'écart n'existaient plus au début du dernier tour.

– Je suis arrivé très rapidement derrière Damon et je devais effectuer ma tentative de dépassement rapidement.

Sans hésiter, Jacques déborda son ancien coéquipier en mettant les roues sur le gazon pour se retrouver premier avec un demi-tour à compléter.

– Je suis déçu pour Damon, il méritait la victoire, mais j'en avais besoin pour le championnat.

Effectivement, cela lui permettait de revenir à trois points de la première place toujours détenue par Schumacher, quatrième à l'arrivée devant son frère Ralf.

Un dernier Grand Prix

Comme tous ses confrères, Jacques était heureux de se retrouver sur le majestueux circuit de Spa-Francorchamps pour disputer le Grand Prix de la Belgique, à la fin d'août.

Sans le savoir à ce moment-là, j'assistais à ma dernière course de formule 1 à l'extérieur du Canada.

L'histoire se répétait, puisque Jacques rééditait son exploit de sa première saison avec une magistrale performance qui lui permettait de signer une autre position de tête lors de la qualification:

– Je disposais d'une voiture parfaite. Je suis confiant de pouvoir remporter la victoire. Cela me permettrait de devancer Michael au championnat.

Malheureusement pour lui, il avait oublié un détail dans son scénario: il pleut souvent dans les Ardennes belges... et il n'avait pas plu lors des deux premières journées. Le ciel était clair le dimanche matin mais, quelques minutes avant le départ, un violent orage incitait les dirigeants de la course à ordonner un départ lancé derrière la voiture de tête.

Bien informé et connaissant à l'avance cette procédure de départ, Schumacher décidait de partir avec des pneus de pluie intermédiaires. Quant à Jacques et son équipe, ils optaient pour les pneus de pluie, une autre mauvaise décision. Une fois la voiture de tête disparue, Schumacher se moqua de ses rivaux sur une piste qui séchait rapidement et remporta sa 4e victoire de l'année, pendant que Jacques terminait cinquième, après avoir connu de sérieuses difficultés avec les pneus inadaptés aux conditions:

– Je suis extrêmement déçu, surtout que j'avais la voiture parfaite pour gagner sur le sec.

Fin de saison captivante

En rentrant à Montréal, j'étais épuisé mentalement et mora-lement. Surtout que je tentais de structurer ma vie personnelle pendant que je parcourais le monde. Mon prochain déplacement planifié était celui vers l'Ouest de l'Amérique du Nord pour les épreuves de Vancouver et Laguna Seca de la série CART-PPG, un voyage que j'ai toujours apprécié. Le jeudi après-midi, mes valises étaient bouclées. Je me dirigeais vers l'aéroport lorsque Gilles Terroux, l'adjoint du directeur des sports, Yvon Pedneault (il était retenu chez lui par la maladie), parvenait à me convaincre de retourner à la maison.

– Pierre, tu es visiblement épuisé. Pourquoi t'entêter à vouloir continuer. Je te conseille fortement de prendre quelques journées de repos pour essayer de récupérer. Tu travailleras de chez toi si tu veux.

Effectivement, je refusais de prendre un repos forcé. Je voulais continuer à écrire, à suivre le déroulement des courses. Mais je devais être assez honnête pour constater que je n'avais plus la force ni le désir de continuer à voyager. Cela m'a finalement permis de constater qu'une seule décision s'imposait, si je ne voulais pas devenir victime d'un burn-out: je devais mettre un terme à tous ces déplacements semaine après semaine. Je n'étais donc pas à Monza pour le Grand Prix d'Italie, mais cela avait été planifié ainsi.

Encore une fois, Jacques répéta l'expérience de 1996 avec une décevante 3e place lors de la qualification, mais il se comptait chanceux d'avoir terminé 5e devant Michael Schumacher après le Grand Prix le plus ennuyeux de la saison:

– Ma seule consolation: j'ai grugé un point à l'avance de Michael. Je n'ai plus le choix maintenant avec quatre Grands Prix à disputer, je dois gagner.

Jacques a disputé ce Grand Prix avec une sérieuse menace au-dessus de la tête. Parce qu'il avait effectué un dépassement alors que des drapeaux jaunes étaient agités (comme en Belgique, deux semaines plus tôt, où il avait eu droit à un avertissement), les commissaires sportifs lui avaient imposé une sanction exemplaire: un Grand Prix de suspension avec sursis, applicable en cas de récidive lors des neuf épreuves suivantes.

Le lendemain matin, comme Yvon Pedneault était de retour au travail, je lui fis part de ma décision prise après des semaines de réflexion:

– Demande à Pierre (Durocher) de prendre la relève. Je décroche, je ne veux plus voyager. Je me sens incapable de repartir, surtout que j'ai besoin de récupérer au cours des prochains mois. Je veux donner un nouveau sens à ma vie en continuant à travailler au *Journal de Montréal*, mais dorénavant je veux dormir chez moi. Ça fait trop longtemps que je vis à contre-courant.

Pierre Durocher acceptait de relever le défi pour compléter la saison à ma place. Il fut témoin de l'exceptionnelle remontée de Jacques avec la position de tête et une splendide victoire au Grand Prix d'Autriche, sur le circuit tout neuf de Zeltweg.

Avec l'aide de son gérant, Jacques a été obligé de hausser le ton à l'intérieur de l'écurie:

– La direction technique voulait encore m'imposer des réglages.

Comme il avait répété ses victoires en Angleterre et en Hongrie, il fallait miser fortement sur ses chances de l'emporter sur circuit de Nürburgring au Grand Prix du Luxembourg. Après avoir battu Mika Hakkinen par neuf centièmes de seconde en qualification, une semaine plus tôt en Autriche, Jacques se vit rendre la monnaie de sa pièce par le Finlandais qui le devança à son tour par neuf centièmes. Depuis son triomphe autrichien, Schumacher avait vu son avance fondre à un seul point.

– J'ai vraiment besoin d'une autre victoire.

Dès le départ de la course, le principal adversaire de Jacques n'était pas Schumacher, mais les deux pilotes (Hakkinen et Coulthard) McLaren, avec la nouvelle version de leur puissant moteur V-10 de Mercedes. À la mi-course (34 tours), Jacques semblait condamné à terminer 3e mais, 10 tours plus tard, il était premier... les deux V-10 Mercedes ayant explosé à un tour d'intervalle alors que Hakkinen et Coulthard dominaient.

– Oui, j'ai été chanceux avec ce double abandon, mais je l'ai été davantage en apprenant en début de course l'accrochage, puis l'élimination de Michael (Schumacher).

Jacques était de retour au premier rang du championnat avec neuf points d'avance.

La sanction

En arrivait au Japon, il avait besoin d'une 6e place ou mieux pour être sacré champion:

– J'aimerais en finir avec cette course au championnat immédiatement et la meilleure façon de réussir serait d'obtenir la victoire.

Malheureusement pour lui, après s'être adjugé la position de tête une nouvelle fois, les commissaires sportifs l'ont convoqué.

Le matin, lors de la séance libre, il avait, comme cinq autres pilotes, refusé de ralentir alors qu'un drapeau jaune était déployé le long de la ligne droite.

– C'était tout à fait ridicule d'avoir un drapeau jaune à cet endroit.

Son explication ne fut pas satisfaisante, puisqu'on décida de lui imposer la sanction décrétée en Italie: suspension immédiate d'un Grand Prix puisqu'il y avait récidive de sa part.

Il ne pouvait donc pas prendre le départ du Grand Prix, sauf si l'écurie en appelait de la sentence. Cet appel était illogique, mais Jacques le désirait puisqu'il voulait empêcher Schumacher de marquer un maximum de points. Sa manœuvre fonctionna pendant quelques tours, mais Eddie Irvine surprit tout le monde en dépassant Schumacher, puis Jacques.

– Cela ne servait à rien de lui résister; ma préoccupation était Michael.

Une fois installé en tête, Irvine accepta de jouer le jeu d'équipe en laissant passer Schumacher qui avait eu un meilleur premier ravitaillement que Jacques. Il s'assura de garder Villeneuve derrière lui. Jacques, qui avait perdu toute motivation, comme son équipe, termina 5ᵉ.

Quelques jours plus tard, l'équipe concluait un marché avec la FIA en retirant l'appel pour assurer sa participation au dernier Grand Prix de la saison, celui d'Europe à Jerez-de-la-Frontera, en Espagne.

Du coup, Jacques perdait les deux points obtenus au Japon et Schumacher était de retour en tête du championnat avec 78 points contre 77.

Champion du monde

La tension était à son comble à Jerez, mais Jacques était confiant. Il savait qu'il avait besoin de terminer devant Schumacher et dans les points pour remporter son premier titre. Une position beaucoup plus confortable qu'au dernier Grand Prix de sa première saison.

– Depuis le Japon, j'ai travaillé énormément sur ma préparation physique pour oublier tous les incidents. Cela m'a permis d'être prêt mentalement.

Autant la pression du travail à effectuer à l'extérieur de la voiture affectait Jacques, autant la pression à l'intérieur de sa monoplace l'a toujours motivé. Elle monta d'un cran le samedi matin lorsque son *chum* Eddie Irvine décidait de le *bouchonner* pour essayer de l'intimider. Pour la première fois, on voyait publiquement Jacques perdre son calme. Dès son retour au stand, il détachait ses ceintures pour rejoindre le stand de Ferrari afin de parler à Irvine dans la face!

— Je suis allé lui dire directement qu'il était un idiot, mais cela n'a rien servi puisqu'il n'a jamais rien compris de toute sa vie!

Pourtant, les dirigeants de la FIA avaient tenu à avertir tout le monde: *on ne tolérera aucun geste répréhensible envers l'un des aspirants au titre*. On ne voulait pas revivre les histoires à la Prost/Senna survenues une dizaine d'années auparavant. Comme si l'intérêt n'était pas assez grand avec ce scénario d'apothéose, la séance de qualification donna lieu à une première dans l'histoire de la formule 1. Jacques, Michael et Frentzen enregistraient à tour de rôle un temps identique au millième de seconde. Les positions de départ furent décidées par l'ordre dans lequel les pilotes avaient réussi leur tour chronométré durant la scéance de qualification. Jacques avait la *pole position*, Schumacher partait deuxième et Frentzen, troisième.

Le départ était attendu avec impatience. Au Québec, de nombreux amateurs étaient réunis dans des lieux publics pour assister à cette finale endiablée. Pour ma part, j'étais dans les studios de CKOI avec un groupe d'animateurs, une centaine d'admirateurs dont plusieurs amis de Jacques, comme le comédien Michel Barrette.

Tout le monde retenait son souffle avant le départ et un silence de mort régnait après qu'on a vu Jacques cafouiller, laissant le champ libre à Schumacher. À la suite du deuxième ravitaillement, la tension était à son comble. Jacques pourchassait toujours l'Allemand. La situation commençait à être désespérée. C'était mal connaître le Québécois d'origine. Il n'avait pas dit son dernier mot. Il se permit donc de porter une attaque décisive à 22 tours de l'arrivée.

Surpris par le dépassement kamikaze de Villeneuve, Schumacher tentait une dernière manœuvre de survie, en essayant de sortir la Williams avec un coup de roue, mais sa tentative échoua. Pis, il se retrouvait dans le bac à graviers, laissant Jacques se diriger vers son premier titre mondial. Reconnaissant envers Hakkinen et

Coulthard qui ne l'avaient pas attaqué en début de course, Jacques leur céda le passage dans le dernier tour pour terminer troisième.

– Le plus beau jour de ma vie.

Les quatre points de la troisième place étaient suffisants pour lui permettre de compléter la saison de 17 courses avec 81 points, trois de plus que Schumacher, blâmé sur les cinq continents pour son acte commis à l'endroit de Jacques.

Le Québec était en fête, mais on souhaitait revoir Jacques le plus rapidement possible pour célébrer avec lui cette victoire mémorable.

Retour triomphal

Malgré tout l'intérêt de cette dernière course, j'avais refusé de revenir sur ma décision. Je préférais travailler de Montréal pour assurer une couverture complète de ce moment historique. Aussi étrange que cela puisse paraître, je n'avais aucun regret en assistant de loin au couronnement de Jacques, à ce premier titre mondial acquis par un pilote canadien. Comme tout le monde, j'étais heureux d'apprendre qu'il acceptait de venir à Montréal pour célébrer ce triomphe quelques jours plus tard. Il était attendu avec impatience à l'aéroport de Dorval par des centaines d'admirateurs. Le nombre des partisans était si considérable que le service d'ordre a quelque peu cafouillé. Les policiers ont escorté Jacques jusqu'au Centre Molson où plus de 10 000 supporters de ce nouveau champion du monde s'étaient réunis pour saluer le retour du héros. Tous les médias étaient sur place pour retransmettre une rencontre de presse, en direct, avec le public, puis une deuxième en privé avec les journalistes présents. On avait décidé de l'honorer en soirée au début du match de hockey du Canadien. Tout comme en après-midi, il eut droit à une ovation monstre de plusieurs minutes:

– J'en étais gêné, mais c'est à ce moment-là que j'ai vraiment réalisé toute l'importance de mon titre.

L'animateur Pierre Houde avait prévu dans son plan une certaine forme de récompense à mon endroit, en suggérant à

Jacques que je sois le premier journaliste dans la salle à lui poser une question. Il a accepté la suggestion, sachant d'avance sur quoi porterait ma question.

Entre les deux rencontres de presse de cette journée-là, il a pris quelques secondes pour venir me voir:

– Tu ne pouvais pas t'empêcher de me questionner sur mon père?

– Non, Jacques, je ne pouvais pas m'en empêcher!

Jamais je ne pourrai dissocier de ma vie professionnelle ces années incroyables vécues avec Gilles, l'oncle et le *jeune*!

La question était de mise. Pour moi, elle mettait un terme à une merveilleuse aventure.

Épilogue

Lors des dix dernières années, en parcourant les pays et les circuits de course automobile, l'un après l'autre à travers le monde, alors que j'étais seul dans un avion, dans un aéroport ou dans une chambre d'hôtel, je rêvais d'écrire ce livre. Raconter les coulisses de la vie que j'ai passée auprès de pilotes de réputation internationale comme les Villeneuve.

Professionnellement, j'ai vécu des moments enivrants, trop souvent au détriment de ma vie privée. Les dernières années, surtout avec les succès de Jacques, j'avais l'impression de surpasser, comme journaliste, tous les rêves, les objectifs du début de ma carrière. En fait, jamais je ne me serais permis de rêver à la consécration d'un pilote que j'avais vu naître; surtout après la mort de Gilles en 1982.

Honnêtement, après avoir écrit et relu ce livre à plusieurs reprises lors des derniers mois, je me considère choyé d'avoir vécu pleinement tous ces moments mémorables.

Aujourd'hui, j'ai le goût de vivre de nouveaux défis, mais près des miens, de me rapprocher de mes filles, Mélanie et Karine, de ma nouvelle compagne Anne et de ses superbes jumeaux Alexandre et Benjamin.

Je ne sais pas ce que l'avenir me réserve.

Je ne suis pas inquiet, j'ai confiance.

J'ai toujours été choyé par la vie.

J'espère l'être pendant plusieurs autres années auprès de ceux que j'aime.

Ce livre, je l'ai écrit en pensant à eux, en espérant qu'ils sauront y puiser une source de motivation pour atteindre leurs objectifs comme j'ai atteint les miens!

Merci de m'avoir lu...

Table des matières

Remerciements

La réalisation de ce livre n'aurait pas été rendue possible sans la précieuse collaboration de plusieurs personnes. Qu'il me soit permis de remercier en premier lieu mes employeurs au *Journal de Montréal* pour leur appui depuis le début de ma carrière professionnelle.

Ils m'ont également permis d'utiliser à profusion le centre de documentation, textes et photos, qui s'est révélé une source d'informations indispensable; je tiens également à remercier mes confrères photographes qui ont autorisé l'utilisation des nombreuses photos de ce livre.

Tout au long de la rédaction du manuscrit, j'ai pu compter sur la compétence de Jean-Guy Fugère, un chef de pupitre à la section sportive du *Journal de Montréal*. Il m'a servi de conseiller, de moraliste dans les moments difficiles, d'ange-gardien à tout moment, en plus d'avoir rempli fidèlement ses fonctions premières... de réviseur.

Mes filles Mélanie et Karine ont largement contribué au fastidieux travail de recherche; ma compagne Anne a su se montrer compréhensive lorsque mes heures de travail empiétaient sur la qualité de notre vie commune.

D'autres personnes se sont révélées d'excellentes sources d'information comme l'indispensable Yvon Larrivée; Gaston Parent, l'ancien gérant de Gilles et Jacques; Alain Belhumeur du Musée Gilles-Villeneuve; François Cartier, Louis Payette et Diane

Marchand du Groupe Edelman (Player's); Serge Laurence et Michel Flageole, de Flagworld; Gerry Donaldson, de Toronto, auteur des livres: *Gilles Villeneuve, la vie légendaire d'un pilote automobile*, et *Villeneuve, ma première saison en formule 1;* le confrère Jacques Rainville, de Québec; Paul Fradette, l'ancien signaleur des courses de motoneiges; l'animateur Pierre Houde, pour ses recommandations; les dirigeants de Rothmans, à Toronto, et leurs collaborateurs de la firme de relations publiques ICN.

Je tiens à témoigner à toutes ces personnes, et toutes les autres que j'aurais pu omettre, mes plus sincères remerciements.

Pour joindre l'auteur par courrier électronique:
plecours@journalmtl.com

IMPRIMERIE QUEBECOR
L'ÉCLAIREUR